अवधेश प्रीत

कथाकार, पत्रकार अवधेश प्रीत का जन्म 13 जनवरी, 1958 को ग़ाज़ीपुर, उत्तर प्रदेश के ताराँव गाँव में हुआ। पढ़ाई-लिखाई की शुरुआत गाँव से हुई। उच्च शिक्षा कुमाऊँ विश्वविद्यालय, उत्तराखंड से पाई। साहित्य लेखन व रंगकर्म की शुरुआत उधमसिंह नगर से की। 1985 से बिहार में पत्रकारिता करने लगे।

उनकी प्रकाशित कृतियाँ हैं—'अशोक राजपथ', 'रुई लपेटी आग' (उपन्यास); 'हस्तक्षेप', 'नृशंस', 'हमज़मीन', 'कोहरे में कंदील', 'चाँद के पार एक चाभी', 'अथ कथा बजरंग बली' (कहानी-संग्रह)।

देश की तमाम पत्र-पत्रिकाओं में उनकी कहानियाँ, लेख एवं समीक्षाएँ प्रकाशित हो चुकी हैं। कई कहानियों के अनुवाद उर्दू, अंग्रेज़ी, मराठी और गुजराती में हो चुके हैं। कुछ कहानियों के मंचन भी हुए हैं जिनमें 'नृशंस' (एन.एस.डी., दिल्ली), 'बाबू जी की छतरी' (एक्ट वन, दिल्ली), 'ग्रासरूट' (थिएटर यूनिट, पटना), 'हमज़मीन' (अक्षरा, पटना; इंटीमेट थिएटर, इलाहाबाद), 'तालीम' (रंगश्री, पटना) और 'चाँद के पार एक चाभी' (थिएट्रॉन, लखनऊ) उल्लेखनीय हैं। 'अली मंज़िल' और 'अलभ्य' कहानियों पर दूरदर्शन द्वारा टेलीफ़िल्म का निर्माण व प्रसारण हुआ है।

उन्हें 'बनारसी प्रसाद भोजपुरी कथा सम्मान', 'सुरेन्द्र चौधरी कथा सम्मान', 'विजय वर्मा कथा सम्मान', 'फणीश्वरनाथ रेणु कथा सम्मान' से सम्मानित किया गया है।

'दैनिक हिन्दुस्तान', पटना में वर्षों तक सहायक सम्पादक रहे। सेवानिवृत्ति के बाद फ़िलहाल स्वतंत्र लेखन।

ई-मेल : avadheshpreet950@gmail.com

चांद के पार एक चाभी

अवधेश प्रीत

राजकमल पेपरबैक्स

राजकमल पेपरबैक्स में
पहला संस्करण : 2016
दूसरा संस्करण : 2023

राजकमल पेपरबैक्स : उत्कृष्ट साहित्य के जनसुलभ संस्करण

राजकमल प्रकाशन प्रा.लि.
1-बी, नेताजी सुभाष मार्ग, दरियागंज
नई दिल्ली-110 002
द्वारा प्रकाशित

शाखाएँ : अशोक राजपथ, साइंस कॉलेज के सामने, पटना-800 006
पहली मंजिल, दरबारी बिल्डिंग, महात्मा गांधी मार्ग, प्रयागराज-211 001
1, अनमोल सोराबजी संतुक लेन, धोबी तलाव, मरीन लाइंस, मुम्बई-400 002
वेबसाइट : www.rajkamalprakashan.com
ई-मेल : info@rajkamalprakashan.com

बी.के. ऑफसेट
नवीन शाहदरा, दिल्ली-110 032
द्वारा मुद्रित

मूल्य : ₹250

CHAND KE PAAR EK CHABHI
Stories by Avadhesh Preet

ISBN : 978-81-267-2839-8

क्रम

चांद के पार एक चाभी

जब वह मुझे पहली बार मिला था, तब हमारी दुनिया में मोबाइल का आगमन नहीं हुआ था। जब वह दूसरी बार मिला, तब हमारी जिंदगियों में मोबाइल हवा, धूप, पानी की तरह शामिल हो चुका था।

पहली बार जब वह मुझे मिला था, तो हम दोनों के बीच एक चिट्ठी-भर परिचय था। उसने सुदूर एक कस्बा होते गांव से मुझे अंतर्देशीय पत्र लिख भेजा था, जिसमें उसने अपने बारे में जितना अस्फुट-सा कुछ लिखा था, उससे ज्यादा उसने मेरी कहानी के बारे में लिखा था। कह सकते हैं, उसने उस पत्र में मेरी कहानी पर अपनी प्रतिक्रिया तो दी थी, लेकिन वह सिर्फ प्रतिक्रिया भर नहीं थी। प्रतिक्रिया के बहाने उसने अपनी पीड़ा को भी शब्द दिया था। हालांकि उसके शब्द बहुत सधे, संतुलित, गढ़े, कढ़े और भारी-भरकम नहीं थे। लेकिन उन शब्दों में निहित उसकी भावनाएं गहरे अर्थ खोल रही थीं। मुझे तब धीरे-धीरे उसकी भावनाओं की ताकत समझ में आई थी और मुझे लगा था, हमारी लफ्फाजियां कितनी कृत्रिम और अक्षम हैं, कि हम जिसे कहने के लिए इतने शीर्षासन करते हैं, उसे कहने के लिए उसके पास कुछ अनगढ़ शब्द थे और संभवत: बहुत सीमित, फिर भी उसकी भावना कहीं ज्यादा उद्वेलित करने वाली थी। मुझे समझ में आ गया था, कि एक लेखक और पाठक के बीच संबंध शब्दों का नहीं, उस स्वर का होता है, जो दोनों छोरों पर साफ-साफ सुनाई पड़े।

पहली बार जब वह मुझे मिला था, तब वह नायक नहीं था। नायक हो जाने जैसी कोई बात मुझे उसमें नजर भी नहीं आई थी। वह पहली बार मुझे उन्हीं दिनों मिला था, जब हमारे पास मोबाइल का वजूद तो दूर, हम इस शब्दावली तक से अनभिज्ञ थे। तब हमारे घरों में चिट्ठियां आती थीं। हम चिट्ठियां भेजते थे और इन चिट्ठियों के आने-जाने के दरम्यान डाकिए का इंतजार करते थे।

चिट्ठी-भर परिचय

ऐसे ही किसी इंतजार भरे दिन में उसकी अंतर्देशीय चिट्ठी मिली थी। पते के स्थान पर जो लिखावट थी वह अनगढ़ तो थी ही, अक्षरों का आकार भी काफी

बड़ा था। पहली ही नजर में यह अंदाज लग गया था कि पत्र-लेखक या तो कम पढ़ा-लिखा है या उसने अक्षरों को चुन-चुनकर लिखने में महारत हासिल नहीं की है। उस चिट्ठी के प्रति मेरे भीतर कोई उत्सुकता, कोई आकर्षण नहीं पैदा हुआ था। सच कहूं तो उस दिन डाक से आई कई चिट्ठियां नामी लेखकों की थीं और उससे भी ज्यादा गर्व की बात यह थी, कि उनमें एक चिट्ठी एक बड़े आलोचक की थी। उस आलोचक ने तो मेरी कहानी की भूरि-भूरि प्रशंसा करते हुए मुझसे मेरे कहानी संग्रहों तक की मांग की थी, ताकि वह समग्र रूप से मेरी कहानियों पर लिख सके। कुछ नामी लेखकों ने तो मुझे नई पीढ़ी के सबसे समर्थ और संभावनाशील कथाकार बताया था और मेरे उज्ज्वल भविष्य की कामना भी की थी। ऐसे पत्र रोज आ रहे थे और मैं हर रोज कुछ ज्यादा ही धन्य-धन्य हुआ जा रहा था।

उस दिन भी धन्य-धन्य होता मैं उस अंतर्देशीय-पत्र को बड़ी देर तक खोलने-पढ़ने का वक्त नहीं निकाल पाया और जब उस पर नजर पड़ी, तब तक मैं जमीन से कुछ ऊपर उठा हुआ था। ठीक इसी वक्त वह अंतर्देशीय-पत्र फड़फड़ाते हुए जमीन पर जा गिरा था। मैंने झुककर उस पत्र को उठाया और एक बार उसे उलट-पुलटकर देखा। उसकी पीठ पर यानी प्रेषक वाले भाग पर प्रेषक का नाम नहीं था। हां, ढिबरी, जिला समस्तीपुर जरूर लिखा था। तब मैं ढिबरी नामक किसी जगह को नहीं जानता था और जब जाना, तब उसी के जरिए जाना। मैं आज भी नहीं जानता कि ढिबरी नामक कोई जगह है या नहीं। लेकिन जैसे मुझे उस दिन, जिस दिन उसका पत्र मिला था, यह विश्वास था, कि वह ढिबरी का रहने वाला है, आज भी यह विश्वास है कि वह ढिबरी का ही रहने वाला है और ढिबरी है जरूर।

ढिबरी से आए उस अंतर्देशीय-पत्र को मैंने बेहद सावधानी से खोला और उसमें, जो कुछ भी लिखा था, उसे उतनी ही सावधानी से पढ़ गया, क्योंकि सावधानी से नहीं पढ़ता तो उसे ठीक-ठाक समझ पाना मुश्किल होता और उसकी भावना को समझना तो और भी मुश्किल होता, लिहाजा मेरी सावधानी ने सब कुछ आसान कर दिया। आपकी आसानी के लिए यहां मैं उसके पत्र का सार-संक्षेप दे रहा हूं।

सर, प्रणाम!

मेरा नाम पिंटू कुमार है। मैं ढिबरी का रहने वाला हूं। यह एक गांव है और छोटा-मोटा बाजार है। यहां पढ़ने-वढ़ने की ज्यादा सुविधा नहीं है। एक हाई स्कूल है, जिसमें लाइब्रेरी भी नहीं है। हमारे एक शिक्षक हैं शिवप्रसाद बाबू। उनसे ही कभी-कभार कोई किताब, पत्रिका पढ़ने को मिल जाती है। हम

आपकी कहानी 'नई इबारत' जिस पत्रिका में पढ़े वह भी शिवप्रसाद बाबू से लेकर ही पढ़े। यह कहानी हमको बहुत अच्छी लगी। कहानी को पढ़ते-पढ़ते लगा कि आप हमारी कहानी ही कह रहे हैं। एक-एक घटना सच्ची। एक-एक बात वास्तविक। हम तो पूरी कहानी एक ही सांस में पढ़ गए। मुसहरों की जिंदगी नरक है, सर! लोग मुसहरों को इंसान नहीं समझते। जो इस नरक से निकलना चाहता है, उसके सामने बहुत मुसीबत है। इतनी मुसीबत कि इस नरक से निकलने की कोई हिम्मत ही नहीं करता। आप इस सच्चाई को दुनिया के सामने ले आए, यह हमको बहुत अच्छा लगा। आपको बहुत-बहुत धन्यवाद सर!

आपका पाठक
पिंटू कुमार, ढिबरी।

इस पत्र से कुछ बातें साफ हुईं कि उसका नाम पिंटू कुमार है, कि उसे मेरी कहानी 'नई इबारत' इसलिए पसंद आई कि उसमें उसके जैसे लोगों की जिंदगी का सच चित्रित किया गया था, कि वह इस बात से खुश था कि मैं इस कहानी के जरिए एक सच्चाई दुनिया के सामने ले आया था। लेकिन ठहरिए, यह उससे पहला परिचय-भर था। अभी उससे पहली मुलाकात बाकी थी।

उससे पहली मुलाकात कब हुई, ठीक-ठीक तो याद नहीं। लेकिन इतना याद है कि तब तक उसकी स्मृति धुंधली पड़ चुकी थी। यहां तक कि उसके पत्र में कही गई बातें भी विस्मृत हो चुकी थीं। इस बीच न कभी उसका पत्र आया, न ही मैंने उसके किसी पत्र की अपेक्षा की। जाहिरन, इस बीच काफी वक्त गुजर गया। संभवतः दो वर्ष। ऐसे ही बीतते वर्ष की किसी एक सुबह उससे अचानक मुलाकात हुई।

उससे पहली मुलाकात

गर्मियों के जाने और सर्दियों के आने का कोई दरमियाना दिन था, जब सुबह चटक उजली थी और हवा जुंबिशों से भरी थी। मेरे भीतर कोई कहानी मचल रही थी और मैं भीतर तक लरजा जा रहा था। पता नहीं, यह मौसम का असर था या मिजाज की फितरत कि मुझमें कोई प्रेम कहानी जनमती जान पड़ रही थी। जरखेज जजबातों के बीच कोई झरना, कोई पहाड़, बर्फ की झरती फुहियां, देवदार के पेड़, गुलमोहर, अमलतास के फूल, चांद, चांदनी से गलबहियां करते कालिदास के 'मेघदूतम' से ऊदे-ऊदे बादल और अचानक तेज होती बारिश, बारिश में भीगती स्मृतियां और स्मृतियों से झांकती नायिका और उसके कंधे

पर हाथ रखता नायक, पीछे मुड़कर देखती नायिका और किसी छलिए-सा गायब हो चुका नायक, उतरा सन्नाटा, कॉटेज से सरकती शाम की धूप, गहरी उसांस लेती शिवालिक की पहाड़ियां छुपा-छुपाई कर रही थीं और मैं यह निश्चित था कि यह कहानी किसी भी वक्त लिखना शुरू कर सकता हूं।

ऐसे रोमानी समय की उस सुबह पिंटू कुमार का आगमन हुआ।

दस्तक बहुत धीमी थी जैसे कोई संकोच से भरा हो। संकोच और मेरे दरवाजा खोलने के बीच, जो शख्स खड़ा था, वह औसत कद-काठी लेकिन साफ रंग का एक लड़का था, जिसने नीले रंग की हाफ शर्ट और खाकी रंग की पैंट पहन रखी थी। पहली ही नजर में यह स्कूल ड्रेस की तस्दीक थी और मुझे लगा कि सरकारी स्कूल का यह लड़का कोई चंदा-वंदा मांगने आया होगा। मैंने उसके चेहरे पर अपना सख्त सवाल चस्पां कर दिया, 'क्या है?'

वह मेरे सख्त सवाल और मुद्रा से विचलित होने के बजाय उसी विनम्रता से हाथ जोड़कर प्रणाम करते हुए बोला, 'सर, मैं पिंटू कुमार हूं। आपकी कहानी 'नई इबारत' पर मैंने आपको पत्र लिखा था।'

मैं थोड़ा ढीला पड़ा। अपनी स्मृति पर जोर दिया और सचमुच वह पत्र मुझे याद आ गया, 'ढिबरी से?'

पहचान लिए जाने की खुशी में उसकी आंखें चमकीं। उसने सिर हिलाया। मुझे लगा, अपने प्रिय लेखक से मिलने का रोमांच उसे मेरे दरवाजे तक खींच लाया है। लिहाजा उसे अंदर आमंत्रित करते हुए मैंने पूछा, 'कैसे-कैसे आना हुआ, पिंटू कुमार?'

'बस सर, आपसे मिलने चला आया।' वह ड्राइंगरूम में खड़ा, संकोच से गड़ा हुआ था।

मैंने सोफे की ओर इशारा कर उसे बैठने को कहा। वह बैठ गया। मैंने गौर किया, उसकी आंखें ड्राइंगरूम का मुआयना कर रही थीं।

उसके सामने बैठते हुए मैंने पूछा, 'क्या करते हो तुम?'

'सर, अभी मैट्रिक पास किया है।' उसकी आंखें मेरे चेहरे पर टिक गई थीं।

'तो आगे क्या इरादा है?' मैंने अगला सवाल किया।

'इंटर में नाम लिखाना है, सर!' उसने अटकते हुए जवाब दिया, 'इसीलिए यहां आया हूं।'

'यहां कोई रहता है?'

'हां, सर, पिताजी रहते हैं।'

'पिताजी, क्या करते हैं?'

'सर, वह रिक्शा चलाते हैं। यहीं मुसल्लहपुर हाट में रहते हैं।' बगैर किसी झिझक के उसने बताया।

उसका यह सच्चापन अच्छा लगा। मन में उसके प्रति सहानुभूति भी जागी। मैंने उसे प्रोत्साहित करने की गरज से कहा, 'पिंटू, एडमिशन ले लो। पढ़ाई करो। मेरी मदद की जरूरत हो तो बताना।'

वह जवाब देता, इससे पहले ही अंदर से पत्नी की आवाज आई, 'चाय तैयार है।'

मैं उठकर अंदर चला गया। एक ट्रे में दो कप चाय और एक गिलास पानी लेकर लौटा तो देखा, वह बुकशेल्फ के सामने खड़ा किताबों के 'टाइटल' पढ़ रहा था। मुझे चाय की ट्रे लेकर आता देख वह पुनः सोफे पर जा बैठा।

मैंने ट्रे सेंट्रल टेबल पर रखते हुए कहा, 'चाय पियो!'

'सर!' इस बार मुझे उसकी आवाज डूबती-सी लगी, 'मैं उसी जाति से हूं, जिस पर आपने वह कहानी लिखी थी!'

मुझे जैसे बिजली का-सा झटका लगा। इस वक्त जबकि मैं उसके लिए चाय और पानी लेकर आया था, उसने यह बात क्यों कही? समझना मुश्किल नहीं था। मुश्किल था तो स्वयं को इस शर्मिंदगी से उबारना। उसने एक झटके में मेरे आभिजात्य को निर्वसन कर दिया था। उसके पक्ष में लिखे तमाम लिखे को उसने जैसे आईना दिखा दिया था। मैं उसके कठघरे में था। अंदर बहुत कुछ टूट-फूट होती रही और पिंटू कुमार के रूप में एक सोलह-सत्रह साल का लड़का साबुत मेरे सामने चुनौती बना बैठा था। वह अपनी जाति की शर्म के साथ संकोच से भरा था और चाय पीने का मेरा आग्रह सकते में सुन्न पड़ा था।

मैंने खुद को बटोरते हुए साहस जुटाया, 'पिंटू, चाय पियो।'

उसने मुझे इस तरह देखा गोया वह यकीन कर लेना चाहता हो कि मैंने जो कहा है, वह होशो-हवास में ही कहा है।

मेरे होंठों पर स्नेहिल मुस्कान तैरी। शायद उसे यकीन आ गया कि मेरा उसे चाय पीने के लिए कहना कोई छद्म नहीं है। उसके संकोच को दूर करने के लिए मैंने स्वयं पानी का गिलास उठाकर उसकी ओर बढ़ाया, 'पानी पियो?'

उसने उसी संकोच के साथ गिलास लिया और पानी पीने लगा। एक ही सांस में गिलास खाली करते देख लगा, वह बड़ी देर से प्यासा रहा होगा। मैंने पूछा, 'और पानी लोगे?'

'नहीं सर।' खाली गिलास रखता वह तृप्त-सा जान पड़ा। उसका संकोच धीरे-धीरे तिरोहित हो रहा था। उसने चाय का कप उठाया और मुंह से लगाकर सुड़का। आवाज ड्राइंगरूम में भर-सी गई। मुझे याद आया, बचपन में सुड़कने की आवाज पर पिताजी अक्सर डांट लगाते थे, 'गंदी आदत!'

इस वक्त, जबकि वह उसी सुड़कती आवाज में चाय पी रहा था, मेरे भीतर गुदगुदी-सी छूटी और जी में आया मैं भी चाय सुड़ककर पिऊं। लेकिन चाहकर

भी ऐसा कर पाना संभव नहीं हुआ। मैं धीरे-धीरे चाय 'सिप' कर रहा था, जबकि उसने चाय तेजी से खत्म कर ली थी।

खाली कप हाथ में लिये उसने आग्रह किया, 'सर, पानी दीजिए तो कप धो दूं।'

इस बार तो मैं सचमुच अंदर तक हिल गया। मेरे सामने एक ऐसा यथार्थ था, जो मेरे तमाम लिखे-पढ़े को मुंह चिढ़ा रहा था। यह किताबों से परे, फैंटेसी से बाहर, सांघातिक अनुभव था, मेरे ऊपर घड़ों पानी डालता हुआ।

'नहीं पिंटू, इसकी कोई जरूरत नहीं है।' मैंने उसे बरजने के लिए एक-एक शब्द पर जोर दिया, ताकि वह इस आग्रह से उबर जाए।

कप ट्रे में रखकर उसने मुझे कृतज्ञ भाव से देखा और फिर जैसे उसके अंदर खदबदाती बेचैनी बेसाख्ता बाहर निकल आई, 'सर, गांव में आज भी कुछ नहीं बदला है। छुआ-छूत, शोषण, दबंगई सबकुछ वैसे ही है।'

उसकी आवाज में हताशा थी, तो चेहरे पर हाहाकार। मेरे लिए यह मुश्किल क्षण था। मेरे पास जो आश्वासन के शब्द थे, वे निहायत खोखले जान पड़ रहे थे। मैं जो कहना चाह रहा था, उसमें आदर्शवादी चिमगोइयां थीं और मैं निश्चित नहीं था, कि यह कहकर मैं उसके अंदर कोई हौसला पैदा कर पाऊंगा। लेकिन कुछ तो कहना था। वह मुझसे मुखातिब था और जाहिरन मेरी प्रतिक्रिया की प्रतीक्षा कर रहा था। मैं पहली बार किसी बौद्धिक बहस के बाहर एक ऐसे शख्स को संबोधित कर रहा था, जहां ऐकडमिक टूल्स बेमानी थे। मैंने बेहद कठिनाई से उसे समझाने की कोशिश की, 'पिंटू, बदलाव में समय भले लगे, लेकिन समय के साथ बदलाव आता है। जैसे-जैसे शिक्षा बढ़ेगी, लोग बदलेंगे। समाज बदलेगा। तुम जैसे नौजवान आगे आएंगे तो मेरा विश्वास है, हालात भी बदलेंगे।'

वह मेरी बात मंत्रमुग्ध-सा सुनता रहा। लेकिन मेरे चुप होने के साथ ही उसके चेहरे पर अफसोस तिर आया। उसने उसी अफसोसनाक अंदाज में कहा, 'सर, पढ़ना-लिखना बहुत मुश्किल काम है। एक तो मुसहर लोग को पढ़ने में रुचि नहीं है और कोई पढ़ना चाहे तो इतना अडंगा है कि पूछिए मत। हम कितना मुश्किल से पढ़े, कितना कुछ सहना पड़ा, हमीं जानते हैं।'

मेरी आदर्श कामना और उसके कड़वे सच के बीच जो फासला था, उससे आंख मिलाना कठिन हो रहा था। मैंने फिर भी उसकी हताशा को हौसला देने की कोशिश की, 'पिंटू, तुम पढ़ो। मुझसे जो मदद चाहिए बेझिझक बताना।'

'सर!' उसने संक्षिप्त-सा जवाब दिया।

हमारे बीच संवाद का कोई सिरा नहीं रह गया था। मैं चुप-सा उसके फिर कुछ बोलने की प्रतीक्षा करता रहा था कि वह एक झटके उठ खड़ा हुआ।

मैंने अचकचाकर पूछा, 'क्या हुआ?'

'सर, चलता हूं।' उसने दोनों हाथ जोड़कर प्रणाम किया।

मैंने भी उसे रोकने-टोकने की कोई कोशिश नहीं की। हम दोनों दरवाजे तक आए। उसने एक बार फिर प्रणाम किया। मैंने जवाब दिया और वह लपकता हुआ ओझल हो गया।

उसके जाने के साथ ही जुंबिशों भरी हवा पछाड़ खाती महसूस हुई। उस सुबह की सारी रोमानियत हवा हो चुकी थी।

हमारी दुनिया में मोबाइल का आना

जब वह मुझे दूसरी बार मिला, हमारी दुनिया में मोबाइल दाखिल हो चुका था। हम नई-नई शब्दावलियों से वाकिफ हो रहे थे। लोगों से मिलना-मिलाना कम होता जा रहा था और जानने वालों के मोबाइल नंबर याद रखने के बजाय उसे सेव करना सीख गए थे। कई बार इन सेव नंबरों से वर्षों बातचीत नहीं होती थी और मेमोरी फुल होने पर उन्हें डिलिट कर देने में कोई दिक्कत भी नहीं होती थी।

इन्हीं दिनों में वह दूसरी बार मिला।

वह यानी पिंटू कुमार। वह अब नायक होने जा रहा है, इसलिए अब वह, वह नहीं पिंटू कुमार है।

पिंटू कुमार जब दूसरी बार मुझसे मिला, तब उसे पहचानने में थोड़ी दिक्कत हुई। तो वह तकरीबन दस साल बाद मिल रहा था, लिहाजा उसकी शक्ल-सूरत, पहनावे, ओढ़ावे में काफी परिवर्तन आ गया था। तफसील में बताऊं तो वह उस दिन सुबह नहीं, दोपहर बाद आया था। दरवाजे पर दस्तक हुई थी। दरवाजा पत्नी ने खोला था। पत्नी उसे पहचान नहीं पाई थीं। तब उसने कहा था, 'मेरा नाम पिंटू कुमार है। ढिबरी से आया हूं।'

पिंटू कुमार! तकरीबन दस साल पहले सुना-जाना नाम, ढिबरी की वजह से याद आया और सोलह-सत्रह साल के लड़के का चेहरा आंखों में उभर आया। थोड़ा ताज्जुब भी हुआ कि इतने अर्से तक वह कहां गुम रहा और आज अचानक उसे मेरी याद कैसे आ गई? कई-कई सवाल, खयाल मन में अनायास आते गए और मैं जो इस वक्त एक प्रेम कहानी पढ़ रहा था, उसे छोड़कर दरवाजे तक आया।

पिंटू कुमार दरवाजे पर प्रतीक्षारत था। उसने मुझे देखते ही प्रणाम किया। उसकी भाव-मुद्रा में पहली बार का-सा संकोच नहीं था। मैंने उसे ऊपर से नीचे तक देखा। उसने चारखाने की हाफ शर्ट व नीले रंग की जींस पहन रखी थी। पैरों में स्पोर्ट्स शूज थे। बाल करीने से कटे। चेहरा भरा-भरा और क्लीनशेव्ड। एक भरा-पूरा जवान। जमाने के आईने में खड़ा कुछ-कुछ माचोमैन-सा।

मैंने परिचय के पुराने सिरे को पकड़कर पिंटू कुमार का हुलसकर स्वागत किया, 'आओ भाई, आओ। कहां रहे इतने दिन? तुम तो एकदम गुम ही हो गए?'

वह मेरे पीछे-पीछे ड्राइंगरूम में आया। मैंने उसे बैठने का इशारा कर पूछा, 'अच्छा पहले ये बताओ, क्या लोगे, चाय या कुछ ठंडा-वंडा?'

'सर, कोई तकलीफ करने की जरूरत नहीं है।' सोफे पर बैठते पिंटू कुमार ने जवाब दिया, 'बस, एक गिलास पानी चलेगा, सर।'

मैं अंदर गया। ट्रे में खाली गिलास और एक बोतल ठंडा पानी लेकर लौटा तो पिंटू कुमार को बुकशेल्फ के सामने खड़े होकर किताबों के टाइटल पढ़ते पाया। मुझे देखते ही वह लपककर मेरे पास आया और मेरे हाथों से ट्रे लेते हुए बोल पड़ा, 'सर, आपसे कुछ लंबी बात करनी है। आपके पास टाइम होगा?'

जरूरी बात? मेरे दिमाग में घंटी-सी बजी – कहीं यह लेखक तो नहीं बन गया और इस वक्त मुझे अपनी कोई रचना तो नहीं सुनाना चाहता?

अपनी कोई किताब छपवाने-वपवाने के लिए मेरी मदद तो नहीं चाहता? या इन गुजिश्ता वर्षों में उसे कोई बड़ी कामयाबी तो नहीं हासिल हो गई, जिसकी दास्तानगोई से अपने मौजूदा रुतबे का अहसास कराना चाहता हो? जो भी हो, उसे सुनने-जानने में मेरी दिलचस्पी हो आई थी, लिहाजा मैंने उसे आश्वस्त किया, 'टाइम की कोई बात नहीं है, पिंटू कुमार, तुम इत्मीनान से बात कर सकते हो।'

पिंटू कुमार के चेहरे पर आश्वस्ति दिखी। उसने गिलास में पानी भरा और पूरा गिलास एक ही सांस में खाली कर दिया। खाली गिलास टेबल पर रखकर बोला, 'सर, इतने साल बाद मैं आपके पास इसलिए आया कि मुझे लगा, आप ही हैं, जिसने भरोसा दिलाया था कि जैसे-जैसे शिक्षा बढ़ेगी। लोग बदलेंगे। समाज बदलेगा।'

मैंने ऐसा कुछ कहा था, ठीक-ठीक याद नहीं। लेकिन पिंटू कह रहा है, तो हो सकता है, प्रसंगवश मैंने ऐसा कहा होगा। मैंने मुस्कराकर पूछा, 'तो तुमको मेरी बात अब तक याद है?'

'हां सर!' वह संजीदा था, 'आपकी एक-एक बात याद है। मुझे भी लगा था, पढ़ने-लिखने से ही हालात बदलेंगे। आपके यहां से जाने के बाद मैं अपने पिता के पास गया था। सोचा था, उनके साथ ही रहकर यहां पढ़ूंगा। लेकिन सर, जब मैं पिता से मिला तो उनकी हालत देखकर सदमा पहुंचा। वह दिन-भर रिक्शा खींचते थे। रात में दारू पीकर फुटपाथ पर ही सो जाते थे। वह टी.बी. के मरीज हो चुके थे। वह जीने के लिए पीते थे या पीने के लिए जीते थे। मुझे कुछ समझ नहीं आया। उनकी हालत देखकर मैं घबरा गया। उस वक्त पिता के अलावा मेरे लिए कुछ भी सोचना संभव नहीं था। पटना में एक-दो डॉक्टरों को दिखाया। लंबा इलाज, आराम और अच्छा भोजन उनके लिए जरूरी था। मैं उन्हें लेकर ढिबरी चला गया।'

पिंटू कुमार रुका। पहली बार उसे इतना लंबा और धाराप्रवाह बोलते सुन रहा था मैं। समझते देर नहीं लगी कि वह भीतर तक भरा हुआ है। वह जैसे वह सब कुछ कह जाना चाहता है, जो इन वर्षों में उसके साथ गुजरा है। लिहाजा मैंने उसे टोकना उचित नहीं समझा।

उसने बात जहां खत्म की थी, वहीं से फिर आगे बढ़ा, 'सर, ढिबरी में हाईस्कूल से आगे पढ़ने की सुविधा नहीं थी। मां की मजदूरी से मेरी पढ़ाई भी संभव नहीं थी। मेरे सामने कमाने की मजबूरी थी। मैंने सोचा, दो-चार ट्यूशन मिल जाएगा, तो कुछ आसानी होगी। लेकिन, सर, मुसहर से कोई अपने बच्चों को पढ़ाने के लिए तैयार नहीं हुआ। उल्टे लोग ताना मारते–अब ये दिन आ गया है कि हमारे बच्चों को मुसहर-डोम पढ़ाएगा।'

पिंटू कुमार की आवाज सीली-सीली लगी। मुझे लगा, शायद उसकी आंख भी पनिया गई है। मैंने झट से गिलास में पानी भरकर, उसे पानी पीने का इशारा किया। उसने इस बार महज दो घूंट पानी पिया।

'सर, क्या करता, भागकर समस्तीपुर चला गया। वहां कुछ दिन मजदूरी करता रहा। वहीं एक ठेकेदार मिला। वह लड़कों को मजदूरी के लिए पंजाब भेजता था। उसी ने बताया कि वहां ज्यादा मजदूरी मिलती है। वहां छुआछूत का भी चक्कर नहीं है। बस, एक दिन आठ-दस लड़कों के साथ मुझे लेकर वह ठेकेदार लुधियाना चला गया।'

पिंटू की तफसील से मेरे सामने उसके बीते दिनों के दृश्य टुकड़े-टुकड़े आकार ले रहे थे। वह बता रहा था, 'सर, दो साल एक फैक्ट्री में काम करने के बाद, मैंने वहीं मोबाइल रिपेयरिंग का काम सीखना शुरू कर दिया। काम सिखाने वाला सरदार बोला, इसका बहुत स्कोप है। तू चाहे तो अपने देस में भी यह काम कर सकता है। भूखों नहीं मरेगा।'

पिंटू के बोलने में जितनी साफगोई थी, उतने ही मोड़ थे। वह हर मोड़ पर रुकता और फिर जैसे मेरे चेहरे का जायजा लेता, कहीं मैं उसकी बातों से ऊब तो नहीं रहा। वाकई मैं ऊबने के बजाय उत्सुकता से भरा हुआ था और शायद यह मेरे चेहरे से भी जाहिर हो रहा था। उसका मुझ पर इत्मीनान बढ़ता जा रहा था और वह जिस मोड़ पर रुकता ठीक उसी से आगे बढ़ता। उसने आगे बताना शुरू किया, 'एक दिन खबर मिली कि पिताजी नहीं रहे। मेरे लिए यह खबर अप्रत्याशित नहीं थी। मैं जानता था, यह अनहोनी तो एक दिन होनी ही है। आश्चर्य तो यह था सर, कि वह इतने वर्षों तक चल कैसे गए?'

यह पिंटू कुमार का सवाल था, या तंज, मैं समझ नहीं पाया। लेकिन यह समझना मुश्किल नहीं था, कि उसके अंदर एक किस्सागो बैठा है, जो अपनी बात तरतीब से कहना जानता है। उसने उसी तरतीब के साथ कहना जारी रखा,

'सर, मैं लौटकर ढिबरी आ गया। यहां आने पर पता चला मां भी ज्यादा बूढ़ी और बीमार हो चुकी हैं। पिता के बाद उसकी देखभाल के लिए कोई सहारा नहीं था। मैंने लुधियाना लौटने का इरादा छोड़ दिया। वहीं ढिबरी में सड़क किनारे एक खोखा (गुमटी) डाला और मोबाइल रिपेयरिंग की दुकान शुरू कर दी।'

'अरे वाह, यह तो तुमने बहुत ही अच्छा किया!' मैंने उसे दाद देने के साथ हौसला आफजाई की, 'मोबाइल तो अब गांव-गांव हो गया है। आजकल तो इसका बिजनेस खूब चल रहा है।'

पिंटू कुमार बड़ी देर बाद मुस्कराया लेकिन उसकी मुस्कराहट का रंग चटख नहीं था। मेरे अंदर कुछ चटखा—कहीं कुछ गलत तो नहीं कह गया? वह बोला तो कुछ नहीं, लेकिन बहुत कुछ अनबोला उसकी मुस्कराहट में शेष था।

ढिबरी बाजार में पिंटू कुमार

नेशनल हाईवे बन जाने के बाद ढिबरी की रौनक बढ़ गई थी। ढिबरी का वह हिस्सा, जो नेशनल हाईवे से सटा हुआ था, अब अच्छे-खासे बाजार में तब्दील हो गया था और वह बकायदे ढिबरी बाजार कहा जाने लगा था। ठीक इसके उलट बाकी हिस्से का मूल रूप बरकरार था और इस प्रकार ढिबरी गांव और बाजार साथ-साथ बने हुए थे। दोनों के होने से हुआ यह था कि गांव की चौपाल उजड़ गई थी और बाजार में बैठकें बढ़ गई थीं। चाय-पान की दुकानों पर लोग जुटते और दुनिया भर की बतकही में दुपहरिया कर देते। खाद-सीमेंट की दुकानों पर आस-पास के गांवों के लोगों की भीड़ जुटती और देर शाम तक खरीद-बिक्री जारी रहती। शाम को एगरोल और चाउमिन के ठेले गुलजार हो जाते, जहां ज्यादातर जवान हो रहे लड़कों की भीड़ स्वाद के चटखारे ले रही होती। उसी के बगल में देसी शराब की दुकान तो देर रात तक खुली रहती और पीने वाले आपस में गाली-गलौज करते जमीन-आसमान के बीच कुलांचे भर रहे होते। चिप्स, कुरकुरे, पेप्सी, कोकाकोला तो पान की दुकानों पर भी बिक रहे थे और वहां स्कूली लड़के-लड़कियों की आमद-रफ्त दिन-भर बनी रहती।

वह हाई स्कूल, जहां से पिंटू कुमार ने मैट्रिक किया था और अब वह उत्क्रमित होकर इंटर हो गया था, इसी नेशनल हाईवे पर था, जिसके चारों ओर बाउंड्री बन गई थी और सामने एक बड़ा-सा गेट भी बन गया था, जिसके ऊपर नीले रंग से स्कूल का नाम लिखा था- उत्क्रमित राजकीय उच्च माध्यमिक विद्यालय, ढिबरी।

इस स्कूल के इंटरमीडिएट हो जाने की सूचना से पिंटू कुमार के अंदर एक गहरी हूक उठी थी और आगे की पढ़ाई न कर पाने का मलाल हमेशा के लिए घर कर गया था। उसने इस अफसोस को साझा करने के लिए मास्टर शिवप्रसाद

की तलाश की, तो पता चला कि उनका तबादला हो गया है और वह समस्तीपुर चले गए हैं।

ये बेहद उदासियों और बेचैनियों से भरे दिन थे।

पिता की मौत के बाद मां को छोड़कर कहीं जाना संभव नहीं था और ढिबरी में रहकर बेकारी और हिकारत के बीच रहना मुश्किल था। लुधियाना से लेकर आया जमा-पूंजी धीरे-धीरे खत्म हो रही थी और संघर्ष के दिन नजदीक आते लग रहे थे। लेकिन कोई दो टूक फैसला लेना भी संभव नहीं हो रहा था।

मुसहर टोली के हालात जस के तस थे। बच्चे दिन भर सूअरें चराते और खेतों में मूस ढूंढ़ते फिरते। औरतें खेतों में मजदूरी करतीं और खाली वक्त में आपस में लड़ती-झगड़ती रहतीं। मर्द कच्ची दारू पीकर निठल्ले पड़े रहते और कच्ची का जुगाड़ नहीं होने पर अपनी बीवियों से गाली-गलौज, मारा-पीटी करते।

इन सबके बीच पिंटू कुमार का कलेजा कलपता। वह अगर किसी को समझाने की कोशिश करता तो दारू के नशे में पिनका कोई मर्द उसकी ऐसी-तैसी कर देता, 'मुसहर पैदा हुए हैं, मुसहरे मरेंगे। पढ़-लिख के कोई बाभन ना बन जाएगा।'

पहली बार यह बात दिल को लगी तो जरूर थी, लेकिन धीरे-धीरे उसे भी अहसास होने लगा था, कि वह मुसहर ही पैदा हुआ है और मुसहर ही मरेगा।

यह रोज का जीना था, रोज का मरना।

वह रोज सोचता, ढिबरी बाजार में मोबाइल रिपेयरिंग की दुकान खोले और रोज यह फैसला दम तोड़ देता।

उसने जब डिबरी बाजार में एक छोटी-सी दुकान लेने की पहल की भी तो वह पहल भी बवाल बन गई। खाली दुकान के मालिक थे विशंभर मिश्रा। छूटते ही आग बबूला हो गए, 'मुसहर स्साला, तोरा दिमाग खराब हो गया है क्या, रे? अब हमरी बराबरी में बिजनेस करेगा तू? एतना जूता मोरेंगे कि ढिबरी बाजार भुला जाएगा।'

उस दिन के बाद कई दिनों तक पिंटू को ढिबरी बाजार जाने की हिम्मत नहीं हुई। पड़े-पड़े वह दिन रात बस यही सोचता– मां मरे चाहे जिये, वह लुधियाना लौट जाएगा। इस जिल्लत से तो बेहतर है, वह कहीं बाहर चला जाए, जहां कम से कम अपनी जाति तो छुपा ही सकता है। लेकिन यह छुपा-छुपाई क्यों? यह सवाल उसका मन मथने लगता और फिर उसका निर्णय कमजोर पड़ने लगता। उसे जैसे ही लगता कि वह भागना चाहता है, उसके अंदर से कोई पूछता, अपने घर-गांव के बीच वह क्यों नहीं रह सकता?

इस सवाल का जवाब था। लेकिन पिंटू को इस सवाल का तोड़ चाहिए था।

तोड़ तो थे दिगंबर मिश्रा। ढिबरी पंचायत के मुखिया विशंभर मिश्रा के गोतिया। दोनों में छत्तीस का रिश्ता था। मुखियागिरी हथियाने के लिए विशंभर मिश्रा हमेशा

भीतरघात में लगे रहते और मुखियागिरी बचाने के लिए दिगंबर मिश्रा हमेशा कमान कसे रहते। दिगंबर मिश्रा का थाना-पुलिस, बीडीओ, सीओ सबके साथ जुगाड़ सेट था और इकबाल बुलंद। उनकी ढिबरी पंचायत में तूती बोलती थी, जिसकी काट उनके गोतिया विशंभर मिश्रा अभी तक नहीं निकाल पाए थे।

विशंभर मिश्रा से चोट खाया पिंटू एक दिन सीधे दिगंबर मिश्रा की दुआर पर जा पहुंचा। सिर झुकाकर प्रणाम किया और चुपचाप गेट की ओट थामे खड़ा रहा।

दिगंबर मिश्रा झकझक कुर्ता-धोती पहने सीओ ऑफिस जाने के लिए निकल रहे थे। पिंटू पर नजर पड़ते ही कड़ककर पूछे, 'क्या है, रे पिंटुआ, काहे गेट थामे खड़ा है?'

'हम ढिबरी बाजार में मोबाइल रिपेयरिंग की दुकान खोलना चाह रहे हैं। लेकिन कोई जगह नहीं दे रहा है?' बगैर किसी लाग-लपेट के पिंटू ने आने का मकसद बता दिया।

'सुने तो थे कि विशंभर मिश्रा तोरा दुकान देवे से मना कर दिए हैं।' दिगंबर मिश्रा मुस्कराए। इस मुस्कराहट में 'सब खबर' रखने का दर्प चुगली खा रहा था।

'जी!' पिंटू फुसफुसाया।

'तब?' दिगंबर मिश्रा की आंखें पिंटू के चेहरे पर आकर टिक गईं।

'जी, आप कुछ उपाय कर देते, तो जीने-खाने का सहारा हो जाता।' पिंटू याचना की हद तक दोहरा हो आया था। उसे अहसास तक नहीं हुआ कि उसकी पीठ में रीढ़ भी है।

दिगंबर मिश्रा अब कुछ हड़बड़ी में दिखे। शायद उन्हें देर हो रही थी। वह गेट से लगी खड़ी मोटरसाइकिल पर बैठते हुए बोले, 'दुआर पर आए हो तो कुछ सोचना पड़ेगा। सांझी को मिलो तो बात करते हैं।'

पिंटू के मन के किसी कोने में आस जगी। दिगंबर मिश्रा की मोटरसाइकिल धुआं उगलते हुए आगे बढ़ गई और वह देर तक ऊभ-चूभ होता रहा।

उस शाम दिगंबर मिश्रा ने साफ-साफ कहा, 'देख पिंटुआ, ढिबरी बाजार में तोरा कोई दुकान देवे वाला ना है। दुकान तो हमरो खाली है। लेकिन हमू समाज से अलग तो जा नहीं सकते हैं। इसलिए तोरा मदद करना बड़ा मुश्किल बुझाता है।'

पिंटू का दिल बैठ गया। वह सिर झुकाए-झुकाए बोला, 'तब हम चले जाते हैं लुधियाना। वहीं मर-खप जाएंगे।'

क्षण-भर को चुप्पी बनी रही, फिर दिगंबर मिश्रा खैनी थूककर उसकी ओर मुखातिब हुए, 'एक उपाय है। स्कूल के कोना में खाली जगह है। वहीं एक ठो गुमटी डाल ले।'

'ले...ले... लेकिन कोई मना किया तो?' उसने आशंका जताई।

'किसका मजाल है, रे जो मना करेगा? दिगंबर मिश्रा का दिन इतना खराब ना हुआ है।' एकबारगी गरज पड़े दिगंबर मिश्रा, गोया वह अपने इकबाल की मुनादी कर रहे हों।

पिंटू सकते में खड़ा रहा। दिगंबर मिश्रा बोलते रहे, 'एक बात कान खोल के सुन ले, पिंटुआ, गुमटी का सौ रुपया महीना देना पड़ेगा।'

'जी!' बड़ी मुश्किल से बोल पाया पिंटू।

उस शाम घर लौटते हुए पिंटू के पांव बोझिल थे। लेकिन मन हल्का हो चुका था। उसने उस दिन जहर से जहर काटने का गुर सीख लिया था।

जिस दिन पिंटू ने उत्क्रमित राजकीय उच्च माध्यमिक विद्यालय की बाउंड्री के कोने में अपनी गुमटी रखी, उस दिन विद्यालय के छात्रों का हुजूम उसके इर्द-गिर्द जमा हो गया। सामान जमाते, काउंटर संभालते-संभालते ढिबरी बाजार में आश्चर्यजनक रूप से हलचल बढ़ गई थी। इन हलचलों के बीच ही पिंटू ने गुमटी के ऊपर साइन बोर्ड टांगा– पिंटू मोबाइल रिपेयरिंग सेंटर। नीचे लिखा था–यहां हर प्रकार के मोबाइल की उचित मूल्य पर रिपेयरिंग की जाती है।

विद्यालय के छात्रों ने साइनबोर्ड पढ़कर तालियां बजाईं। अचानक एक लड़का उत्साह से भरा करीब आया और पिंटू को अपना मोबाइल दिखाते हुए बोला, 'देख तो रे, इसका 'पी' वाला बटन काहे नहीं काम करता है?'

पिंटू ने उस लड़के के मोबाइल को खोला। झाड़-फूंक किया। फिर थोड़ी देर तक अपनी कारीगरी में लगा रहा। जब उसने मोबाइल उस लड़के को लौटाया और लड़के ने की पैड दबाकर जांच लिया कि 'पी' ठीक से काम करने लगा है, तो उसकी आंखें फट पड़ीं। उस लड़के ने झट से पूछा, 'कितना पैसा हुआ?'

पिंटू मुस्कराया। बोला, 'पहला कस्टमर है इसलिए फ्री।'

इतना सुनते ही लड़कों ने जोश में तालियां बजाईं, जिसकी अनुगूंज ढिबरी बाजार में दूर तक सुनी गई।

गोपाल पांडे का शास्त्र-ज्ञान और दिन का सपना

पूरे ढिबरी बाजार में मोबाइल रिपेयरिंग की पिंटू की दुकान इकलौती थी, जबकि ढिबरी ही क्या, आसपास के दसों गांवों में मोबाइल रखने वालों की अच्छी खासी तादाद थी। गरज कहिए या विकल्पहीनता, झिझकते-झिझकते ग्राहक आने लगे। पिंटू कुमार व्यस्त रहने लगा। हाथ में हुनर था, व्यवहार में शालीनता, इसलिए उसके सामने तत्काल कोई समस्या नहीं आई। छोटी-मोटी मुश्किलें जरूर आतीं, जिन्हें वह अपने तरीके से हल करना सीख गया था। ऐसी ही एक मुश्किल पहली बार तब आई, जब ढिबरी के रमेश पांडे एक मोबाइल बनवाने आए और बन

जाने पर पैसों को लेकर बकझक करने लगे। इसी क्रम में उन्होंने पिंटू को औकात बताने की कोशिश की, 'स्साला मुसहर, तोर दिमाग ढेर चढ़ गया है, क्या रे?' पिंटू मुस्कराया और पूरे धैर्य से रमेश पांडे को जवाब दिया, 'हम तो मुसहर हैं, बाबा। मुसहर ही रहेंगे। लेकिन आप कौन बाभन का धरम निभा रहे हैं?'

'अब तू हमको धरम-करम सिखाएगा?' रमेश पांडे टेंटियाए, 'तू सिखाएगा धरम?'

'रजकुमरिया पासिन को एक से एक लभ मैसेज भेजते हैं, तब धरम-करम नहीं सोचते हैं?' पिंटू ने सीधे रमेश पांडे की कमजोर नस दबा दी थी।

रमेश पांडे का तो चेहरा ही फक पड़ गया। एकबारगी बोलती बंद हो गई। लगा गला जाम हो गया हो। बड़ी मुश्किल से थूक घोंटकर मिमियाए, 'तू...तू...तू क्या बोल रहा है फालतू?'

'रजकुमरिया का मोबाइल हमीं बनाए हैं, बाबा।' सकते में पड़े रमेश पांडे को पिंटू ने थोड़ा और झटका दिया, 'एक से एक मस्त मैसेज भेजते हैं। है न, बाबा?'

उस दिन रमेश पांडे, पिंटू के आगे घिघियाए सो घिघियाए ही, उसे अपना राजदार बनाने के लिए भी विवश हो गए। उनका पिंटू की दुकान पर आना-जाना ही नहीं बढ़ गया, धीरे-धीरे हंसी-मजाक का भी दोस्ताना हो गया।

रमेश पांडे इंटर फेल करने के बाद अपने पिता के साथ पुरोहिताई का काम करने लगे थे। जजमानों के यहां जब पूजा-पाठ कराने जाते तो धोती-कुर्ता और गमछा पहनते, नहीं तो बाकी दिनों में जींस टी-शर्ट पहने हीरो बने फिरते। उन्हें जितने श्लोक नहीं याद थे, उससे ज्यादा फिल्मी गाने याद थे और वह पिंटू की दुकान पर बैठे-बैठे रामचरित मानस की चौपाइयों को फिल्मी धुन में तब्दील कर इस कदर भाव-विभोर हो सुनाते कि स्कूल आने-जाने वाले लड़के जानबूझकर रुकते और भक्ति-भाव से भगवद-कथा का रसास्वादन करते।

रमेश पांडे मूड में आते तो एक से एक मौलिक चौपाइयां भी सुनाते। उनकी विरचित एक चौपाई इन दिनों काफी मशहूर हो रही थी– सिया लिन्हीं सिर पर संदूका। राम लिए कर में बंदूका। आगे चल रिक्शा किन्हा। उतर गए पैसा नहीं दीन्हा।

कुल मिलाकर रमेश पांडे की पिंटू की दुकान पर स्थायी अड्डेबाजी होने लगी थी। धीरे-धीरे पिंटू को भी यह विश्वास होने लगा था कि रमेश पांडे के लखेड़ेपन में एक तरह का विद्रोह है। वह ब्राह्मण कुल में पैदा होने के बावजूद, अपनी ही तरह से परंपरा-भंजक भी हैं। यही वजह थी कि घर-समाज के बरजने के बावजूद उन्होंने पिंटू की दुकान पर उठना-बैठना बंद नहीं किया। जिस दिन वह नहीं आते खुद पिंटू को खाली-खाली-सा लगता।

ऐसे ही एक खालीपन वाले दिन, जबकि रमेश पांडे किसी यजमान के यहां संकल्प कराने गए थे, तारा कुमारी का पिंटू की दुकान पर आना हुआ।

पिंटू उस वक्त 'चुनी हुई शायरी' पढ़ रहा था। तारा कुमारी को सामने देखकर हड़बड़ाया और किताब काउंटर पर रखकर खड़ा हो गया। तारा कुमारी ने एक निगाह 'चुनी हुई शायरी' पर डाली और दूसरी निगाह पिंटू पर। फिर अपना मोबाइल काउंटर पर रखते हुए बोली, 'देखिए तो क्या गड़बड़ी है?'

'गड़बड़ी तो आप न बताइएगा!' पिंटू ने तारा कुमारी को भर आंख देखा।

'हमी बताएंगे तो आप कौन बात के मेकेनिक हैं!'

तारा कुमारी की टनक आवाज और अंदाज से तो पिंटू लरजकर रह गया। गुदगुदी से भरे मन के साथ काउंटर पर रखा तारा कुमारी का मोबाइल उठाया और 'की बटन' दबाकर देखा। मेन्यू चेक किया। फिर तारा कुमारी से मुखातिब हुआ, 'सब तो ठीक है।'

'उधर से आवाज आती है। हमारी आवाज दूसरे को सुनाई नहीं पड़ती।' तारा कुमारी ने पिंटू के ज्ञान को चुनौती दी।

'ओह, तो ये बोलिए न!' पिंटू इस बार सचमुच मुस्कराया।

तारा कुमारी मुस्कराई नहीं। लेकिन उसके मुखमंडल पर व्याप्त चंचलता चुगली खा रही थी।

पिंटू ने मोबाइल का कवर खोला। फोरसेप से कुछ चेक किया, फिर बोला, 'टाइम लगेगा। मोबाइल छोड़ जाइए तो बना देंगे।'

'ठीक है। चार बजे तक बना दीजिएगा।' स्वयं ही मियाद तय करती तारा कुमारी पलटी और सड़क किनारे खड़ी अपनी साइकिल की ओर बढ़ गई।

पिंटू अवाक तारा कुमारी को देखता रहा। सफेद सलवार, ब्लू कुर्ता, सफेद चुन्नी में चपल चंचला तारा कुमारी अपनी दो चोटियों को झटका देते हुए साइकिल पर चढ़ी और फुर्र से उड़ गई।

पिंटू के हाथ में तारा कुमारी का मोबाइल था और आंखों में तारा कुमारी का चेहरा। जाने कैसे तो मन में कोई नामालूम-सा रिंगटोन बजने लगा, जिसे वह ठीक-ठीक पकड़ नहीं पा रहा था। इस कोशिश में उसने खुद को असहाय-सा महसूस किया और बेबसी में सिर को यूं झटका दिया, गोया खुद को बेखुदी से बाहर लाने की जिद कर रहा हो। लेकिन उसकी इस जिद को बार-बार परे ढकेलती तारा कुमारी जेहन से जाने का नाम ही नहीं ले रही थी। थक-हारकर उसने आंखें मूंदीं और कल्पनाओं के सारे घोड़े खुले छोड़ दिए। ये घोड़े समतल हरियालियों के बीच चौकड़ी भरते-भरते, हवा में उड़ने लगे। बादलों को चीरते, समंदरों को लांघते वे अचानक किसी कंदरा में घुस गए। घुप्प अंधेरे से भरी इस कंदरा में सांसें घुटती-सी लगीं। देह छिलती जान पड़ी। तारी होती मूर्च्छा

से मोर्चा लेता वह घबराहट के मारे पसीने-पसीने हो आया। आंखें खुलीं, तो सामने रमेश पांडे खड़े दिखे।

रमेश पांडे काउंटर पर दाहिनी हथेली पीटे जा रहे थे, 'क्या रे पिंटुआ, दिने में सपना देखे लगा क्या?'

पिंटू हड़बड़ाया जैसे रंगे हाथ पकड़ा गया हो। सामने खुले पड़े तारा कुमारी के मोबाइल को काउंटर के अंदर बने दराज में धीरे से खिसकाते हुए मुस्कराया, 'बाबा, दिन में सपना देखने का क्या अर्थ होता है?'

'बेटा, दिन को देखा सपना कब्बो सांच ना होता है।' रमेश पांडे स्टूल खींचकर अपनी पंडिताई बघारने लगे, 'शास्त्र में कहा गया है सपना और संभोग दिन के प्रहर में वर्जित कार्य हैं। जो यह कार्य करता है, पाप का भागी होता है।'

'तब तो आप पर अब तक बहुत पाप चढ़ गया होगा, बाबा!' पिंटू ने दाहिनी आंख दबाकर रमेश पांडे को टहोका।

'स्साला, तुम क्या जानो शास्त्र की बात।' रमेश पांडे की गाढ़ी होती मुस्कराहट में चुहल अठखेलियां करने लगी, 'शास्त्र में हर पाप का निवारण बताया गया है।'

'तो दिन में देखे सपने के पाप का निवारण बताइए न, बाबा!' पिंटू के निहोरे में भी हास्य मुखर था।

'शूद्दर के लिए शास्त्र-ज्ञान वर्जित है।' रमेश पांडे का ज्ञान-दर्प हास्य पर हावी हुआ, 'पाप निवारण तो बिल्कुल असंभव।'

'बाबा, तब अपना शास्त्र अपने पास रखिए। हमको अपना काम करने दीजिए तो।' घड़ी देखता पिंटू इस शास्त्रार्थ को टालने की गरज से बोला, 'बहुत अरजेंट काम करना है।'

'कितना तो बोले हैं कि हमको भी मोबाइल बनाना सिखा दो। तुमरा सब अरजेंट काम हम निबटा देंगे।' खैनी में चूना मलते रमेश पांडे ने उलाहना दिया।

'ए बाबा, शूद्दर का काम बाभन से ना निबटेगा।'

'जिनगी भर शूद्दर ही रह जाओगे!'

'तो आप भी जिनगी भर बाभन ही रह जाइएगा।' तुर्की-बतुर्की जवाब देते पिंटू ने फिर घड़ी देखी। ढाई बज रहे थे। पता नहीं क्यों, उसको शक हुआ कि घड़ी स्लो चल रही है। शक दूर करने के लिए रमेश पांडे से पूछ बैठा, 'आपकी घड़ी में टाइम क्या हो रहा है, बाबा?'

रमेश पांडे ने खैनी ठोंकी, चुटकी से मुंह में डाला फिर घड़ी देखते हुए गुलगुलाए, 'अढ़ाई बज रहा है।'

'आपकी घड़ी स्लो तो नहीं ना है?' पिंटू अब भी आश्वस्त नहीं हुआ।

'मंगनी का बूझ लिये हो क्या?' रमेश पांडे ने दांतों के बीच दबाए जीभ की नोंक से थूक की लंबी पिचकारी छोड़ी।

इससे पहले कि पिंटू रमेश पांडे को कोई जवाब देता रमेश पांडे का मोबाइल बजने लगा। रमेश पांडे ने मोबाइल जेब से निकाला। स्क्रीन पर देखा, फिर कंटीली मुस्कान के साथ उठ खड़े हुए, 'उसी का है। आते हैं।'

'उसी का है' मतलब रजकुमरिया पासिन का। पिंटू मुस्कराया। रमेश पांडे कान में मोबाइल सटाए एकांत की तलाश में उत्क्रमित राजकीय उच्च माध्यमिक विद्यालय के पिछवाड़े की ओर बढ़ गए।

पिंटू ने राहत की सांस ली। घड़ी पर नजर डाली। दो बजकर चालीस मिनट हुए थे। यानी तारा कुमारी के आने में एक घंटा बीस मिनट का समय बाकी था। उसने जल्दी से दराज में हाथ डाला। हाथ में कोई कील चुभी। झट से हाथ बाहर खींचा। बीच की उंगली में खून की बूंद रिस आई थी। क्षण-भर को खून को निहारा, फिर उंगली मुंह में रखकर चूसने लगा। पीड़ा कुछ कम हुई। तारा कुमारी का मोबाइल निकालकर काउंटर पर रखा और बनाने में जुट गया।

रमेश पांडे जब तक लौटकर आए, तारा कुमारी का मोबाइल बन चुका था। मोबाइल दराज में रखकर पिंटू ने घड़ी देखी—सवा तीन बजे थे। उसे फिर लगा कि उसकी घड़ी स्लो है। तस्दीक के लिए फिर रमेश पांडे से पूछा, 'ए बाबा, टाइम बताइए तो कितना हुआ है?'

'काहे रे, हमको घंटाघर बूझ लिया है क्या कि तोरा जब ना तब टाइम बताते चलें!' रमेश पांडे मूड में दिख रहे थे। लग रहा था रजकुमरिया से मनभर बतिया कर मिजाज बन गया है।

'बाबा, हम मजाक नहीं कर रहे हैं। सीरियसली बताइए न क्या टाइम हो रहा है?' पिंटू चाहकर भी व्यग्रता नहीं छुपा पाया।

'सवा तीन!' रमेश पांडे ने पिंटू की व्यग्रता को लक्ष्य किया, 'क्या बात है, आज बार-बार टाइम पूछ रहा है?'

'बस ऐसे ही।' पिंटू ने बात बनाने की कोशिश की, 'काहे तो लग रहा है कि हमारी घड़ी स्लो चल रही है।'

'बाभन पर कुछ खर्चा-पानी ना करोगे, तो स्लो तो चलबे करेगी।' रमेश पांडे दाहिनी आंख दबाकर हंसे, 'तोरा कुछ याद है, कितना दिन हो गया दारू पिये?'

'सांझ को आइएगा, तो सोचेंगे।' पिंटू ने सही अवसर ताड़कर रमेश पांडे को टालना चाहा, 'अभी जाइए। हमको बहुत काम करना है।'

'अब तो चार बजने ही वाला है।' कलाई घड़ी पर नजर गड़ाते रमेश पांडे ने एलान किया, 'अब तो बाबा रसपान करके ही टलेंगे।'

पिंटू का दिल धड़क गया। वह एकांत चाहता था और रमेश पांडे थे कि टलने को तैयार नहीं थे। घड़ी की सूई जैसे-जैसे खिसक रही थी उसे लग रहा

था, पांव के नीचे से जमीन भी खिसक रही है। उसने बड़ी मुश्किल से जमीन पर पांव जमाने की कोशिश की ही थी, कि राजकीय उत्क्रमित उच्च माध्यमिक विद्यालय की घंटी के साथ ही पिंटू के भीतर भी घंटियां बजने लगीं। उसे आज पहली बार महसूस हो रहा था कि किसी प्रतीक्षा की नैसर्गिक अनुभूति उसकी नसों में सनसना रही है। इस अलभ्य क्षण के स्वागत में उसने अपनी चेतना के सारे द्वार खोल दिए।

रमेश पांडे हुलक-हुलककर सड़क से गुजरती लड़कियों को ताक रहे थे। अंदाज कुछ ऐसा कि हर लड़की को नख-शिख से तौलकर ही मानेंगे। किसी-किसी को तो वह सीधे लक्ष्य कर आप्त वचन भी उछाल दे रहे थे, 'का हो, खइबू कि जियान करबू?'

लड़कियां आपस में खुसर-फुसर करतीं। फिस्स से हंसतीं और तेज कदमों से आगे बढ़ जातीं। रमेश पांडे किसी दूसरे गोल की ताक में ताक-झांक करने लगते।

पिंटू को रमेश पांडे की उपस्थिति अब नागवार गुजरने लगी थी। वह मन ही मन कसमसा रहा था और इस आशंका से दो-चार हो रहा था कि तारा कुमारी के आने पर रमेश पांडे कोई लंपटई ना कर बैठें। ऐसा कुछ हुआ तो वह रमेश पांडे को साफ-साफ कह देगा कि बाबा, दुकान पर आए ग्राहक से बदतमीजी हमको पसंद् नहीं है। अधिक से अधिक क्या होगा, मुंह फुलाएंगे। तो फुलाओ भाई, हमारी बला से।

लेकिन बला अपने-आप टल गई।

'आते हैं रे, सिंगेसरा की दुकान से अपनी साइकिल लेकर।' लपकते हुए रमेश पांडे भीड़ में गुम हो गए।

तारा कुमारी और सौ का नोट

जब तक पिंटू राहत की सांस लेता, तारा कुमारी की साइकिल सामने आ लगी। स्टैंड पर साइकिल खड़ा करती तारा कुमारी लगभग चिल्लाई, 'लाइए तो हमारा मोबाइल।'

पिंटू की आंखें तारा कुमारी के चेहरे पर जमी थीं। तारा कुमारी की आंखें पिंटू के चेहरे पर पड़ीं, तो वह उसी टनक आवाज में बोली, 'भटर-भटर देख क्या रहे हैं? लाइए हमारा मोबाइल?'

पिंटू हड़बड़ाया। आंखें चुराते हुए चोर आंखों से तारा कुमारी को देखने का लोभ संवरण नहीं कर पाया। दराज से मोबाइल निकालकर तारा कुमारी की ओर बढ़ाते हुए महसूस हुआ कि उसके भीतर कोई उदास-सा रिंगटोन बजने लगा है।

‘कितना पैसा हुआ?’ तारा कुमारी ने पूछा।

‘पैसा?’ जी में तो आया कि कहे, पैसे की क्या जरूरत है? लेकिन आवाज घुटकर रह गई।

‘बोलिए न, कितना देना है?’ इस बार तारा कुमारी के स्वर में आजिजी थी।

‘पचास रुपया दे दीजिए।’ किसी के लिए मन से कुछ करने का सुख पहली बार महसूसते पिंटू के स्वर में बेबस उदासी थी।

तारा कुमारी ने बैग से टिन का एक डिब्बा निकाला। टिन के डिब्बे में रखे तुड़े-मुड़े सौ के नोट को सीधा करते हुए बोली, ‘ठग नहीं न रहे हैं?’

ठगा-सा पिंटू तारा कुमारी को देखता रह गया। जवाब देते न बना।

‘लीजिए पैसा काटिए।’ तारा कुमारी ने नोट बढ़ाया, ‘हमको जल्दी है।’

‘फुटकर तो नहीं है।’ पिंटू थोड़ा परेशान दिखा।

‘तब रखिए। कल दे दीजिएगा।’ तारा कुमारी नोट काउंटर पर रखकर पलटी और अपनी साइकिल की ओर बढ़ गई।

पिंटू और तारा कुमारी के बीच अगली मुलाकात की संभावना बना नोट फड़फड़ा रहा था। पिंटू ने झट से पकड़कर नोट को भींच लिया।

तारा कुमारी साइकिल पर सवार हो बढ़ी ही थी कि रमेश पांडे अपनी साइकिल लिए-दिए आ पहुंचे। जाती हुई तारा कुमारी को देखकर कुछ ज्यादा ही गहरे तक मुस्कराए।

‘तारा तुमरी दुकान पर काहे आई थी, पिंटुआ?’ मुस्की छांटते रमेश पांडे ने दरयाफ्त किया।

‘तारा? कौन तारा बाबा?’ पिंटू अनजान सा बना।

‘यही लड़किया, जो अभी साइकिल से गई है।’

‘अच्छा, उसका नाम तारा है क्या?’ नाटकीय भोलेपन से पिंटू ने सवाल उलट दिया।

‘हां रे, कोहरा के रामदहिन शुक्ला की बेटी है।’ रमेश पांडे ने तारा कुमारी की कुंडली बांच दी, ‘इसका बाप स्साला हमरे जजमानी में टांग अड़वले रहता है। उसी के चलते कितना जजमान छिटक गया है।’

पिंटू को रमेश पांडे का यह लहजा अच्छा नहीं लगा। लेकिन प्रतिवाद करने का साहस भी नहीं हुआ।

रमेश पांडे का प्रलाप जारी था, ‘बाबू जी बोले, गरीब बाभन है। जिए-खाए दो। यही सोच के हमू चुप लगा गए।’

रमेश पांडे चुप होने का नाम नहीं ले रहे थे। पिंटू से रहा नहीं गया तो झनक पड़ा, ‘ए बाबा, अपना निंदा-पुराण बंद कीजिए तो।’

‘निंदा-पुराण क्या होता है, रे?’ रमेश पांडे की पेशानी पर बल उभरे।

'जैसे वेद-पुराण होता है, वैसे ही निंदा-पुराण होता है।' पिंटू ने चुहल की।

'हम तो इस पुराण का नाम ना सुने हैं।'

'आज सुन लिए न।'

'स्साला, चार अच्छर पढ़ क्या लिया है, लगा हमी को पिंगल पढ़ाने।' रमेश पांडे ने झिड़की दी।

पिंटू मुस्कराया। हथेली में दबा सौ का नोट कसमसा रहा था और उसका मन कोहरा गांव की ओर बेलगाम भागा जा रहा था।

पिंटू की मुस्कराहट को झटका देते हुए रमेश पांडे बोले, 'हम तो तुमको बताना भूल ही गए थे कि दिगंबर मिश्रा किराया का सौ रुपया पहुंचा देने को बोले हैं।'

पिंटू की हथेली में बंद सौ के नोट की सांस घुटती-सी जान पड़ी। उसका चेहरा फक पड़ गया।

पिंटू के पास कुल जमा-पूंजी सौ का यही नोट था और इसे वह दिगंबर मिश्रा को दे दे, ऐसा सोचना ही कष्टकर था। तब? कहां से लाए वह सौ रुपए?

'ए बाबा, लाइए न सौ रुपया उधार। एकाध दिन में दे देंगे।' निहोरा के लहजे में पिंटू ने रमेश पांडे की ओर उम्मीद से देखा।

'स्साला, कहां तो दारू पिला रहा था, कहां उधार मांगे लगा।' रमेश पांडे ने चुटकी ली, 'तुमरा कौनो भरोसा ना है।'

'बताइए, दीजिएगा कि नहीं?' पिंटू ने दो टूक पूछा।

'रजकुमरिया को देने के लिए रखे थे।' रमेश पांडे शर्ट की जेब से सौ का नोट निकालते हुए बोले, 'अभी काम चला देते हैं, काहे से कि दिगंबर मिश्रा कसाई हैं। उनका पैसा देवे में देरी किए तो दुकानदारी बंद करा देंगे। लेकिन एक बात कान खोल के सुन ले, जल्दिए लौटा देना।'

पिंटू की आंखें चमकीं। चेहरे पर इत्मीनान लौटा। रमेश पांडे से नोट लेते हुए बोला, 'बाबा की जय हो। सूद समेत लौटा देंगे।'

पिंटू तारा कुमारी का नोट किसी कीमत पर खर्चना नहीं चाहता था, इसलिए मुश्किल यह थी कि कल वह तारा कुमारी के पचास रुपए लौटाएगा, तो किस तरह। फिलहाल, कोई राह नहीं सूझ रही थी। लेकिन जो भी हो वह तारा कुमारी का नोट किसी को नहीं देगा, यह तय है।

उस शाम दुकान बढ़ाते-बढ़ाते अचानक सिमेंट दुकानदार राजनाथ यादव का बुलावा आ गया। पिंटू लपककर सड़क पार राजनाथ यादव की दुकान पर पहुंचा। राजनाथ यादव उसे देखते ही बोला, 'अरे पिंटुआ, देख तो हमरा मोबाइल काहे बार-बार जंद हो जा रहा है।'

पिंटू के भीतर चालाकी ने सिर उठाया। उसने राजनाथ यादव से मोबाइल लेकर मुआयना किया, टप-टप 'की बटन' दबाकर मर्ज जानने की कोशिश की फिर बोला, 'आपका मोबाइल तो हंग हो जा रहा है। लगता है वायरस लग गया है।'

'तब? कैसे होगा?' राजनाथ यादव ने बेचैनी से पहलू बदला, 'हमरा तो सब काम ही ठप्प हो जाएगा, पिंटुआ। कुछ उपाय कर न रे तू।'

'अरजेंट है तो सौ रुपया लगेगा!' पिंटू जानता था कि राजनाथ यादव का सारा बिजनेस मोबाइल पर निर्भर है, लिहाजा उसने शुष्क लहजे में उसकी तरफ पांसा फेंका।

'सौ रुपया?' राजनाथ यादव ने रौब में लेने की कोशिश की, 'लूट है, क्या रे?'

'आपको लूट बुझाता है तो जाने दीजिए।' पिंटू चलने को उद्धत हुआ, 'समस्तीपुर-पटना भेज के बनवा लीजिए। रेट पता चल जाएगा।'

राजनाथ यादव हड़बड़ाया। पिंटू को रोकते हुए बोला, 'स्साला, बहुत भाव खा रहा है। बता, कब तक बना देगा?'

'एक घंटा लगेगा!' राजनाथ यादव को रास्ते पर आते देख पिंटू मुलायम पड़ा।

'ठीक है। बना दे।' राजनाथ यादव ने मोबाइल पिंटू के हवाले किया।

पिंटू जानता था कि राजनाथ यादव का मोबाइल 'हंग' नहीं कर रहा, बल्कि बैटरी को टच करने वाला क्लिप ढीला हो गया है और उसे बनाने में दस मिनट से ज्यादा समय नहीं लगेगा। लेकिन इस काम के लिए राजनाथ यादव से सौ रुपए झींटना संभव नहीं था। 'हंग' 'वायरस 'और' एक घंटा' ही वह तरीका था, जिससे मोबाइल की बीमारी की गंभीरता को राजनाथ यादव समझ सकता था। और पिंटू की जरूरत ने उसे यह गुर सिखा दिया था।

मुखिया दिगंबर मिश्रा को रुपए दे देने के बाद उस रात पिंटू की शर्ट की जेब में तारा कुमारी का दिया सौ का नोट था, तो पैंट की जेब में राजनाथ यादव से मिले पचास-पचास के दो नोट थे। वाकई तारा कुमारी का नोट उसके लिए सौभाग्यशाली साबित हुआ था, तभी तो राजनाथ यादव के रूप में उसे तत्काल एक ग्राहक मिल गया था, लिहाजा तारा कुमारी का दिया सौ का नोट साबुत बच गया था। उस रात उसने सौ के उस साबुत नोट को कई-कई बार चूमा, गोया तारा कुमारी के अहसास को चूम रहा हो।

दूसरे दिन, वह दुकान पर बैठा बेसब्री से तारा कुमारी के आने का इंतजार कर रहा था। बार-बार घड़ी देखता। बार-बार सड़क को निहारता। ब्लू कुर्ता, व्हाइट सलवार और दो चोटियों वाली साइकिल से आती हर लड़की उसे

तारा कुमारी जान पड़ती। उसकी उम्मीद टूटती। प्रतीक्षा का धैर्य टूटता। आखिरकार तूफानी गति से आती तारा कुमारी की साइकिल ठीक उसकी दुकान के सामने नमूदार हुई। तारा कुमारी जब तक साइकिल स्टैंड पर खड़ी करके काउंटर तक आती कि ठीक इसी बीच एक साथ दो लड़के आ टपके। दोनों के हाथ में मोबाइल थे। दोनों के मोबाइल में कोई गड़बड़ी थी। पिंटू को लगा तारा कुमारी के आने के साथ ही दो-दो ग्राहकों के टपकने का मतलब है, तारा कुमारी का पैर उसके लिए बहुत शुभ है। लेकिन मलाल इस बात का हुआ कि ऐन इसी वक्त उन दोनों लड़कों के आने से मिलने वाला एकांत भंग हो गया था। मन मारकर उसने लड़कों को जवाब दिया, 'मोबाइल छोड़ जाइए। शाम तक बन पाएगा।'

उसकी बात खत्म होते न होते तारा कुमारी काउंटर के पास आ खड़ी हुई। उसने जेब से पचास का नोट निकाला और तारा कुमारी की ओर बढ़ा दिया।

तारा कुमारी नोट लेते हुए टनक आवाज में बोली, 'खुदरा रखा करिए। बेमतलब न आना पड़ा।'

'जी।' बेहद संकोच से भरे पिंटू ने जैसे अपनी गलती स्वीकार की।

तारा कुमारी उलटे पांव लौटी और साइकिल पर सवार हो फुर्र हो गई।

एक लड़के ने आह भरी, 'बड़ी टपारा है हो!'

इससे पहले कि दूसरा लड़का कुछ बोलता, पिंटू की भौंहें तन गईं, 'स्टूडेंट हैं और लड़की पर घटिया टोंट कसते हैं। शरम नहीं आती?'

दूसरा लड़का सकपकाया, लेकिन पहला लड़का ढिठाई पर उतर आया, 'मोबाइल बना, मोबाइल। मुसहर स्साला, उपदेश झाड़ता है।'

पिंटू के भीतर गहरे तक कुछ ऐसा करका कि उसका वजूद चटखकर रह गया। दोनों लड़के जा चुके थे।

जिंदगी मनहूस रिंगटोन

पिंटू सन्नाटे में डूबा काउंटर पर खड़ा कसमसाता रहा। मन में कई-कई सवाल मथ रहे थे—इस लड़के की बद्तमीजी से वह इतना आहत क्यों है? तारा कुमारी ने ही कौन-सा फूल बरसाया था? जिस दुराव से वह पेश आई थी, उसमें उसका घमंड नहीं तो क्या था। बाभन की बेटी है, अपनी जाति का दर्प कैसे भूल सकती है? लेकिन वह, अपनी औकात कैसे भूल गया? कैसे भूल गया कि ढिबरी बाजार का बच्चा-बच्चा जानता है कि वह मुसहर है?

पिंटू के सिर की नसें टभकने लगीं। आंखों के सामने बेशुमार खयाल भरभराकर गिर रहे थे। वह उस मलबे में गर्क हुआ जा रहा था, जिसमें एक लंबी रात की आकुलता थी। अनखुली-अनकही बातों के सिरों में उलझी बेचैनी थी। सौ के

नोट पर चस्पां स्पर्श-गंध को रोम-रोम में महसूसने का उल्लास था। एक स्वप्न जिसे आंखभर देखने की इच्छा पहली बार जागी थी।, उन्हीं आंखों के सामने सब ध्वस्त हुआ दिख रहा था।

अचानक उसके मोबाइल की घंटी बजी। बेमन से स्क्रीन पर नजर डाली। नंबर धुंधला दिख रहा था। एकदम रिसीव करने की इच्छा नहीं हुई। बजते-बजते घंटी चुप हो गई। उसने एक गहरी सांस ली। आंखों की नमी को पोंछा और काउंटर पर रखे दोनों लड़कों के मोबाइल उलट-पुलटकर देखने लगा। मोबाइल की घंटी फिर बजी। बजती रही। आजिजी में मोबाइल उठाकर कान से सटाया, 'हल्लो।'

'हम राजकुमारी बोल रहे हैं।' दूसरी ओर राजकुमारी पासिन थी, 'रमेश पांडे को देखे हैं?'

'ना। आज तो ना दिखाई दिए हैं।' पिंटू ने बेमन से पूछा, 'क्या बात है?'

'ना। बस ऐसे ही पूछ रहे थे।' राजकुमारी की आवाज में मायूसी थी।

पिंटू चुप रहा, इस प्रतीक्षा में कि शायद राजकुमारी कुछ और कहे। लेकिन दूसरी ओर से कॉल कट गई थी। उसने एक बार अपने मोबाइल को घूरा, फिर ठंडी सांस में एक आह-सी उभरी—अभागी को नहीं पता कि रमेश पांडे उसे छल रहा है। बाभन सब दुआरी मुंह मारेगा, अपने दुआरी झांकने भी ना देगा।

डूबते-उतराते दिन की शाम चार बजे, पिंटू ने उत्क्रमित राजकीय उच्चतर माध्यमिक विद्यालय की छुट्टी की घंटी को अपने सीने पर टन्न, टन्न, टन्न बजता महसूस किया। एक नामालूम उम्मीद से आंखें सड़क पर टांक दीं। भीड़ में एक पहचाना-सा चेहरा तलाशने की तमाम सावधानी के बावजूद, वक्त हाथ से फिसल चुका था।

फिसलते वक्त के बीच, कई दिन निकल गए।

इस दौरान पिंटू ने कई कविताएं लिख डालीं। 'चुनी हुई शायरी' के कई पन्नों पर अपने हाले दिल की तस्दीक करते शेरों को 'अंडर लाइन' किया। अपने मोबाइल में एक उदास धुन वाला गाना डाउन लोड किया, 'मैं तेरा कल भी इंतजार करता था, मैं तेरा अब भी इंतजार करता हूं।'

इस रिंगटोन को सुनकर एक दिन रमेश पांडे ने टोका, 'यही मनहूस गाना एक ठो मिला था तुमको?'

'हमारी जिंदगी का तो 'रिंगटोन' ही मनहूस है, बाबा।'

फीकी-सी हंसी होंठों पर पसरी, 'जनमजात मनहूस!'

'ए पिंटू एक बात बोलें।' रमेश पांडे गंभीर दिखे। रोज की तरह खिलंदड़े भाव से परे उनकी यह मुद्रा अप्रत्याशित थी, 'तू लुधियाना चला जा। तोरा वहीं गुजारा है।'

'क्या? ऐसा क्यों कह रहे हैं?' पिंटू की आंखों में आश्चर्य था।

'यहां रहेगा, तो जनम-जात तोरा पीछा ना छोड़ेगा। बाभन, बनिया, लाला, राजपूत, यादव, भूमिहार, पासी, मुसहरे से मुक्ति ना मिले वाला है।' रमेश पांडे के भीतर से जैसे कोई और रमेश पांडे बोल रहा था। आवाज, अंदाज सबकुछ अप्रत्याशित।

'क्या हुआ बाबा, आज दिने-दोपहरिया चढ़ा लिये हैं, क्या?' पिंटू कुमार सचमुच रमेश पांडे के होशो-हवास की पुष्टि करना चाहता था।

'तुमको पता है, हम नेम के पक्का हैं। दिन में नो दारू!' रमेश पांडे अभी भी संजीदा थे।

'बाबा, एक बात बताइए, अपना घर, जमीन, जन सब छोड़ के हम काहे भागें? जैसे सबका नाल यहां गड़ा है, वैसे ही हमारा भी यहीं गड़ा है।' पिंटू ने तर्क किया।

रमेश पांडे को तर्क-वर्क में कोई रुचि नहीं थी। उन्होंने इसे विरोध समझा। झट से पिंटू को झिड़क बैठे, 'तो स्साला, मर। तोरा माथा में कुछ घुसे वाला ना है।'

पिंटू मुस्कराकर रह गया।

ठीक इसी वक्त पिंटू की सांसें टंगी कि टंगी रह गईं। आंखें फैलीं और जिस्म किसी तिलिस्म की गिरफ्त में कसता जान पड़ा। एक करिश्मा बिल्कुल सामने था।

तारा कुमारी अपनी एक सहेली के साथ पैदल-पांव आई और उसकी दुकान के सामने खड़ी हो गई। रमेश पांडे ने रहस्यमय मुस्कराहट के साथ पिंटू को देखा। लेकिन पिंटू रमेश पांडे को देखे, इतना होश कहां था।

'देखिए, इसका मोबाइल खराब हो गया है।' अपनी सहेली की ओर इशारा करती तारा कुमारी बोली।

पिंटू तारा कुमारी की आवाज और उपस्थिति के जादू में बंधा चुप था।

'शाम तक बना दीजिएगा?' तारा कुमारी के स्वर में मियाद के बावजूद पिंटू से आश्वासन की अपेक्षा थी।

'बना दे रे, पिंटुआ, बना दे।' रमेश पांडे ने तेज आवाज में पैरवी-सी की।

पिंटू को स्थिति का आभास हुआ। चोरी पकड़े जाने जैसा बोध। झटपट बोल पड़ा, 'क्या खराबी है?'

'जब ना, तब अपने आप बंद हो जाता है।' जवाब तारा कुमारी की सहेली ने दिया।

'बन जाएगा!' दो टूक सख्त लहजे में बोला पिंटू।

तारा कुमारी अपनी सहेली के साथ जाने के लिए मुड़ी कि रमेश पांडे ने टोक दिया, 'बाबू जी का क्या समाचार है, तारा?'

'उनका समाचार वही जानें। उन्हीं से पूछिएगा!' टन्न से जवाब देती तारा कुमारी सहेली का हाथ खींचती आगे बढ़ गई।

पिंटू समूचा कान हो गया था। तारा कुमारी के अंदाज पर उसके मन में उठा– जियो, तारा, जियो। रमेश पांडे के होंठों पर मुस्कान तिर्यक हो आई थी।

'जैसा बाप, वैसी बेटी। सबके सब चढ़बांक।'

'ऐसा काहे बोलते हैं, बाबा?'

'इसका बाप अपने आपको बड़का बाभन बूझता है। सरयूपारी। क्या तो तरवा का बिआह सरयूपारिये में करेगा!' रमेश पांडे ने पिच्च से खैनी के साथ ही जैसे तिताई भी थूकी, 'बाभनों सब में कम घोर-मट्ठा नहीं है।'

पिंटू का चेहरा स्याह पड़ गया। वह जो उसके अंदर जादू-सा जगा रहा था, तिरोहित होता-सा जान पड़ा। उसने काउंटर कसकर पकड़ लिया। पैर जमीन पर जमाया, गोकि खुद को जमीन पर लाने की कोशिश कर रहा हो।

वह चुप रहा। रमेश पांडे भी चुप थे।

वह तारा कुमारी की सहेली के मोबाइल का मुआइना करने लगा। रमेश पांडे उठे और बगैर बोले खिसक गए।

पिंटू को आज रमेश पांडे का व्यवहार अजीब-सा लग रहा था। लगा, चित्त स्थिर नहीं है।

चित्त तो पिंटू का भी स्थिर नहीं था। मोबाइल बनाने के बजाय उसने दराज में से एक पुरानी पत्रिका निकाली और उलटने-पुलटने लगा। पत्रिका पढ़ चुका था, फिर भी वह किसी-किसी पन्ने पर रुकता, कुछ पढ़ता और आगे बढ़ जाता। वह जो वह खोज रहा था, किसी पन्ने पर न मिलने की व्यग्रता चेहरे पर साफ दिख रही थी।

जिंदगी की सबसे हसीन हंसी

शाम चार बजे, रोज की तरह उत्क्रमित राजकीय उच्च माध्यमिक विद्यालय की घंटी बजी, न कोई धुन उठी। हां, आंखें रोज की तरह स्कूली लड़कों-लड़कियों के झुंड को ताकती-निहारती रहीं।

इसी भीड़ से निकलती तारा कुमारी अपनी उसी सहेली के साथ साइकिल लिये-लिये दुकान पर आ खड़ी हुईं।

पिंटू ने मोबाइल बढ़ाते हुए शुष्क स्वर में कहा, 'साठ रुपया। खुदरा दीजिएगा।'

तारा कुमारी सकपकाई। उसकी सहेली तो तारा कुमारी का चेहरा ही देखती रह गई।

'लगता है, गुस्सा हैं क्या?' तारा कुमारी की आवाज अनेपक्षित रूप से नरम थी।

पिंटू का चेहरा सपाट था।

'उस दिन खुदरा वाली बात बोले। इसी से ऐसा बोल रहे हैं?' तारा कुमारी को जैसे शब्द नहीं मिल रहे थे। स्वर में सचमुच संकोच था।

पिंटू चुप था।

'छोड़ दीजिए, आज पैसा नहीं है। कल ले जाएंगे।' मायूस-सी तारा कुमारी ने सहेली का हाथ पकड़कर खींचा, 'गौरी चल!' कसमसाती-सी सहेली गौरी हिली नहीं। शायद, कोई उम्मीद उसे रोके हुए थी। पिंटू ने देखा, गौरी की आंखों में याचना-सी थी। लेकिन तारा का चेहरा तो पूरी तरह उतरा हुआ था। निष्प्रभ-सी वह, किसी शून्य में खड़ी थी।

पिंटू उस शून्य में गहरे पछतावे के साथ दाखिल हुआ, 'ले जाइए। पैसा बाद में दे दीजिएगा।'

गौरी की आंख चमकीं। चेहरा उजास से भर गया। मोबाइल झट से कब्जे में लेकर, उसने पिंटू को भरोसा दिलाया, 'कल आपका पैसा मिल जाएगा।'

पिंटू ने तारा कुमारी को भर आंख देखा। तारा कुमारी अभी भी शून्य में खड़ी थी। गौरी ने उसे हाथ पकड़कर खींचा, 'तारा, चल!'

तारा कुमारी घिसटती-सी साइकिल तक गई। सिर झुकाए-झुकाए साइकिल के हैंडिल को थामा और सिर झुकाए हुए ही साइकिल पर सवार हो गई।

पिंटू को उम्मीद थी कि तारा कुमारी एक बार मुड़कर जरूर देखेगी।

वह उम्मीद की आंखों को तारा कुमारी की पीठ पर उसके ओझल हो जाने तक टिकाए रहा। लेकिन तारा नहीं मुड़ी, तो नहीं मुड़ी।

जाते हुए इस दिन के साथ पिंटू के भीतर एक धूसर बियाबान हांय-हांय करने लगा। सड़क पर रोशनियां थीं। बाजार में रौनक। लेकिन पिंटू के लिए ये सबकुछ बेमानी-सा था। वह तो बस तारा कुमारी के चेहरे की मायूसी के मायने बूझने में डूब-उतरा रहा था। ऐसे में, जबकि होना नहीं चाहिए था, पता नहीं क्यों पिंटू को रमेश पांडे की बेतरह याद आई। रमेश पांडे का कोई पता नहीं था। पता नहीं बबवा कहां मुह मार रहा है? न इधर आया, न फोन-वोन किया। जी में आया कि रमेश पांडे को फोन करे। मोबाइल हाथ में लिया ही था कि अचानक रिंगटोन बजने लगा– 'मैं तेरा कल भी इंतजार करता था, मैं तेरा अब भी इंतजार करता हूं।' अनजान नंबर था। बेमन से 'रिसीव' किया।

'हलो!'

दूसरी ओर से आवाज आई, 'हम तारा बोल रहे हैं।'

पिंटू को अपने कानों पर यकीन नहीं हुआ। खुद को विश्वास दिलाने के लिए फिर से पूछा, 'कौन? कौन बोल रहा है?'

'तारा। तारा कुमारी बोल रहे हैं।' आवाज तारा कुमारी की ही थी।

बजते जल-तरंगों की धुन ऐसी ही होती होगी, महसूस किया पिंटू ने। खुद पर काबू रखने की कोशिश करते हुए पूछा, 'आपको मेरा नंबर कैसे मिला?'

'दुकान के बोर्ड पर तो लिखा है।' तारा कुमारी की आवाज में गजब की मासूमियत थी।

'क्या बात है? काहे फोन की?'

'आप गुस्सा हैं क्या?'

तारा कुमारी के इस सवाल पर लरजकर रह गया पिंटू। वह गुस्सा है, ऐसी फिक्र तारा कुमारी को क्यों हुई? आजतक तो किसी ने उसके गुस्सा या गम की फिक्र नहीं की? यकायक उसका मन भर आया। जवाब देते नहीं बना।

'हमको लगा, आप गुस्सा हैं।' तारा कुमारी उसका जवाब मिले बगैर बोली, 'हमको अच्छा नहीं लगा। इसीलिए फोन किए हैं।'

पिंटू की इच्छा हुई कि वह चुपचाप तारा कुमारी को सुनता रहे। लेकिन यह सोचकर कि उसकी चुप्पी से वह नाराज न हो जाए, बोला, 'हम काहे गुस्सा होंगे?'

'आप मेरी सहेली के सामने कितना खराब से बोले!' तारा कुमारी की आवाज का संगीत बज रहा था, 'हम कितना अधिकार से उसको बोले थे कि मोबाइल बन जाएगा। हम कहेंगे तो पैसा उधार भी रह जाएगा।'

'जी...जी..., आप ठीक बोली थीं।' बड़ी मुश्किल से बोल पाया पिंटू।

'जी...जी...क्या कर रहे हैं? हमरी बेइज्जती हुई, उसका क्या?' तारा कुमारी के स्वर में उलाहना था।

'ग...गलती हो गई।' पिंटू हकलाया

'कुछ बूझते नहीं हैं। गलती हो गई। यही करते हैं।'

उलाहने का अंदाज झिड़की में तब्दील हो चुका था।

'जी!' क्या कहे, कुछ नहीं सूझा पिंटू को।

'जाइए, माफ किया!' हंसी तारा कुमारी।

पिंटू के भीतर यह हंसी अनारदानों-सी बिखर गई। उसे बड़ी देर तक वह हंसी महसूस होती रही, गोकि दूसरी ओर से आवाज आनी बंद हो गई थी। यकीन की सतह पर यह उसकी जिंदगी की सबसे हसीन हंसी थी, जिसे वह सात तालों में महफूज रखना चाहता था। उसने ताले बंद कर चाभी हवा में उछाल दी। आसमान की ओर देखा तो चाभी उड़ती हुई चांद के पार जा चुकी थी।

दो दूनी चार आंखें

आसमान में हजारहा तारे टिम-टिम कर रहे थे और पिंटू उन तारों की आंखों में आंखें डाले सारी रात गुफ्तगू करता रहा। यह अनिंदी रात उसकी तमाम रातों

से कहीं ज्यादा जगमग थी। उसने खुद को एक ऐसे इंसानी जिस्म के रूप में तब्दील होता हुआ महसूस किया, जिसके अंदर प्यार करने वाला दिल धड़क रहा था। यह दिल इस कदर जोर-जोर से धड़कने लगा था कि पिंटू को खुद से बतियाना मुश्किल हुआ जा रहा था। वह अपने-आप से पूछना चाहता था कि पिंटू, आग के इस खेल में समिधा हो जाने की चाहना आखिर किस ईश्वर का अभिशाप है? लेकिन धड़कते दिल के शोर में कोई संवाद संभव नहीं हो पा रहा था।

वह बतियाना चाहता था खूब-खूब। किसी से भी, कुछ भी। लेकिन किससे? किससे करे दिल की बात? आस-पास की झोंपड़ियों से धुआं उठ रहा था। बच्चे सूअरों के पीछे 'हुल्ल-हुल्ल' कर रहे थे। मर्द बच्चों को गलिया रहे थे। औरतें अपने मर्दों के इस शौर्य पर हुलस रही थीं। पिंटू को ये सारा का सारा दृश्य बेहद खुशगवार लगा। वह बेसख्तय बच्चों के इस खेल में शामिल हो गया।

बच्चे ठिठके। क्षण-भर को उसे कौतुक से देखा। फिर 'हो-हो' कर उछल पड़े। मर्द-औरत सबके सब पिंटू को बच्चों के साथ खेलते देख आपस में मुस्काए। यह इस सुबह की सबसे ताजा मुस्कराहट थी।

मां ने आवाज दी, 'पिंटू, मोबाइल बज रहा है, रे?'

पिंटू चिहुंका। अपने-आप में लौटा। मोबाइल बज रहा है? कौन है? कहीं तारा कुमारी तो नहीं? कलेजा मुंह को आ लगा। भागा-भागा झोंपड़ी में घुसा। मोबाइल की घंटी बंद हो चुकी थी। स्क्रीन पर मिस कॉल देखा—रमेश पांडे!

हड़बड़ाकर रमेश पांडे को कॉल लगाया। उधर से आवाज आई—यह नंबर पहुंच से बाहर है।

पता नहीं किस खोह में है बबवा कि मोबाइल लग ही नहीं रहा। दुबारा फिर कॉल लगाता कि एक मैसेज आ गया। खोलकर देखा, तो दिल धक्क कर गया—गुड मॉर्निंग।

वाकई, यह सुबह बेहद खुशगवार थी। मैसेज के साथ नाम नहीं था। लेकिन नंबर तारा कुमारी का था, इसमें कोई शक नहीं। पिंटू मोबाइल को चूमता हवा में उड़ रहा था। उड़ता हुआ वह बच्चों के पास आया और रजवा को पकड़कर बोला, 'तुमको मोबाइल का काम सीखना है न?'

रजवा चकित। गर्दन हिलाकर रजवा ने हामी भरी।

'तो चल, आज से शुरू कर।' पिंटू ने रजवा के सिर पर हाथ फेरते हुए आदेश दिया, 'हम दुकान जा रहे हैं। तुम तैयार होकर आ जाना।'

दुकान खेलकर पिंटू अभी काउंटर पर बैठा ही था कि तारा कुमारी की साइकिल आ लगी। पिंटू के जिस्म के सारे तार झनझना गए। लगा कि कंठ सूखा, कि होंठ सूखे, कि आंख पथराई, कि पांव कांपे, कि हाथ सुन्न हो गए।

तारा कुमारी साइकिल खड़ी कर पास आई। पिंटू गुम था। तारा कुमारी की खनकती आवाज गूंजी, 'गौरी आज नहीं आई। पैसा भिजवाई है, वही देने आए हैं।'

पिंटू चुप था।

तारा कुमारी साठ रुपए काउंटर पर रखते हुए बोली, 'गिन लीजिए।'

पिंटू ने पचास और दस के नोट को निहारा।

'ऐसे क्या देख रहे हैं? गिन लीजिए।' तारा ने जिद-सी की।

'आप दी हैं, तो क्या गिनना!' पिंटू को अपनी आवाज अनचीन्ही-सी जान पड़ी

'अच्छा ये बात बताइए, आप इतना सब क्या पढ़ते रहते हैं?' तारा कुमारी की उत्सुकता में उसी की-सी चपलता थी।

'बस ऐसे ही।' पिंटू बोलना तो बहुत चाहता था, लेकिन भीतर की जकड़न टूट नहीं रही थी।

'हम तो जब देखते हैं, आप किताबे में घुसे रहते हैं।' तारा कुमारी मचल-सी पड़ी।

'मन लगाने के लिए कुछ-कुछ पढ़ते हैं।' पिंटू ने थोड़ा साहस किया।

'अच्छा करते हैं। यहां तो पढ़वइया लड़का सब भी कुछ नहीं पढ़ता है। सबका सब लखेड़ा है।' तारा कुमारी ने मुंह बिचकाया।

'जाने दीजिए। जो पढ़ेगा अपने लिए, जो नहीं पढ़ेगा अपने लिए।' इस बार पिंटू थोड़ा और खुला।

'सुनिए न, कुछ हमको पढ़ने के लिए दीजिएगा?'

अप्रत्याशित थी यह अपेक्षा! पिंटू ने अविश्वास से देखा तारा कुमारी को। तारा कुमारी उसके उत्तर की प्रतीक्षा में उसे टुकुर-टुकुर ताक रही थी। जी में आया, उसके पास जितनी किताबें-पत्रिकाएं हैं सब दे दे। लेकिन खुद पर काबू रख इतना ही पूछ पाया, 'क्या पढ़िएगा?'

'आपको जो पसंद हो, वही दीजिए!' तारा कुमारी मुस्कराई, 'पढ़के लौटा देंगे।'

पिंटू ने तारा कुमारी की मुस्कराहट में पहली बार मुस्कराहट मिलाई। दो मुस्कराहटें मिलकर चार गुना हो आईं।

पिंटू ने काउंटर के बगल में बनी दराज से किताब निकाली—तुम्हारे लिए। यह नीरज की कविताओं का संग्रह था। किताब तारा कुमारी की ओर बढ़ाते हुए उसका हाथ कांप रहा था। तारा कुमारी ने किताब का टाइटल गौर से देखा, फिर पिंटू को देखा। दोनों की आंखें मिलीं। निमिष मात्र को एक-दूसरे में गुंथी आंखों ने पिंटू के भीतर सिहरन-सी पैदा कर दी। जब तक वह कुछ समझता, तारा कुमारी ने

किताब उसके हाथ से खींचकर अपने बैग में डाली और लगभग फुसफुसाते हुए बोली, 'जा रहे हैं। स्कूल को देरी हो जाएगी।'

पिंटू की इच्छा हुई, पूछे, 'देर न होती तो कुछ देर और रुकती क्या?'

तारा कुमारी जा चुकी थी। प्रश्न प्रश्न ही रह गया था।

खुद से प्रश्न करते, खुद ही उत्तर देते पिंटू का मन किसी काम में नहीं लग रहा था। यहां तक कि कोई किताब उठाने की भी इच्छा नहीं हो रही थी। बस दो दूनी चार आंखें, आंखों में तिर-तिर जातीं और वह आंखें मूंदकर उस सिहरन को महसूस करता। इसी मनःस्थिति के बीच ही रजवा की आवाज आई, 'भइया हो, मुखिया जी आपको बुला रहे हैं।'

पिंटू ने अचकचाकर आंखें खोलीं। सामने खड़ा रजवा हांफ रहा था।

'क्या हुआ, रे? काहे इतना हांफ रहा है?'

'भइया, मुखिया जी का आदमी आपको खोजते टोला में आया था।' रजवा की सांसें तेज चल रही थीं। आवाज भी उतनी ही तेज थी, 'आप नहीं मिले, तो हमको बुलाने के लिए भेजा है। जल्दी चलिए।'

पिंटू को कुछ समझ नहीं आया। मुखिया जी काहे बुलाए हैं? ऐसा क्या अरजेंट काम आ गया? किराया तो बाकी ना है, फिर मुखिया हमको काहे खोज रहे हैं?

जो भी हो, जाना तो पड़ेगा ही। मन मारकर दुकान को बंद किया। ताला मारकर रजवा के साथ चल पड़ा।

रमेश बाबा और नेटवर्क गायब

मुखिया दिगंबर मिश्रा की दुआरी पर भीड़ लगी थी। तमाम चेहरों पर कुछ गुस्सा, कुछ तनाव तो कुछ बौखलाहट थी। पिंटू को समझते देर नहीं लगी कि मामला गंभीर है। लेकिन क्या? उसका दिल धड़क गया– कहीं तारा कुमारी का मामला तो नहीं है? इस खयाल के आते ही उसके चेहरे पर हवाइयां उड़ने लगीं।

उस पर नजर पड़ते ही भीड़ में मरमरी उठी। एक साथ कई जोड़ी आंखें उस पर आ टिकीं।

'अरे पिंटुआ, तोरा तो जरूर पता होगा कि रमेश पांडे कहां लुकाया है?' मुखिया दिगंबर मिश्रा ने बगैर किसी भूमिका के सीधा सवाल दाग दिया।

पिंटू को सोचने का अवसर नहीं मिला। लेकिन सवाल रमेश पांडे से जुड़ा है, समझते देर नहीं लगी। बोला, 'ना! हमको कुछ ना पता है, मुखिया जी।'

'झूठ बोल रहा है, मुखिया जी, झूठ।' बौखलाया-सा रामधारी पासी चीखा। यह राजकुमारी पासिन का बाप था। उसके मुंह से झाग निकल रहा था, 'दिन-रात

इसी के साथ बैठते थे रमेश बाबा। इसको सब पता है। चार जूता मारिए सब बक देगा।'

'इसको जूता काहे मारिएगा, भाई? तुमरी बेटी भागी है रमेश पांडे के साथ, तो इसमें इसकी क्या गलती है?' यह विशंभर मिश्रा थे। उनका चेहरा तमतमा रहा था। वह एकबारगी हत्थे से ही उखड़ पड़े थे, 'बाभनटोली को नास के रख दी तुमरी बेटी और सान रहे हो सगरे गांव को!'

पिंटू सन्न। विशंभर मिश्रा उसका पक्ष ले रहे हैं, सहसा उसे विश्वास नहीं हुआ। आज सूरज पश्चिम से उगा क्या? सामने जो सुन-देख रहा था, उसे झुठलाए भी तो कैसे? कहीं विशंभर मिश्रा की चाल तो नहीं है, मुखिया दिगंबर मिश्रा के खिलाफ? पिंटू असहज हो आया।

'सुनिए, जो हुआ, गलत हुआ। इससे गांव की नाक कटी है। दोनों मिल जाए, इसके बाद ही सब हिसाब होगा।' मामला बेहाथ होते देख मुखिया दिगंबर मिश्रा लगे हाथ अपने गोतिया विशंभर मिश्रा की काट पर उतर आए, 'अभी तो रजकुमरिया और रमेश पांडे का अता-पता लगाना जरूरी है।'

लहजा मुखिया दिगंबर मिश्रा का जितना ठंडा था, उससे कहीं ज्यादा सुनने वालों का कलेजा दहशत से कांपा।

चौतरफा तने सन्नाटे के बीच रमेश पांडे के बाबू जी कैलाश पांडे की मिमियाती-सी आवाज उभरी, 'ससुरा पासिन के फेरा में सब धरम नास के रख दिया। मिलियो जाए तो भी हमरा लिए रमेसवा मर गया, समझिए।'

'कोई मरे चाहे, जिये। हमरी बेटी ना मिली तो हम केस करेंगे, केस।' रामधारी पासी तड़प उठा। उसने पूरी पंचायत को खुली चुनौती दे डाली थी।

सभा क्षण-भर को सनाके में आ गई। लेकिन अगले ही क्षण विशंभर मिश्रा अगिया बैताल-सा गरज पड़े, 'स्साला पासी, बेटी से ताड़ी बेचवाता था, तब ना कुछ सोचा। अब केस-मुकदमा बतियाता है। हम लोग क्या यहां चूड़ी पहिनके बैठे हैं, रे मादर...!'

इससे पहले कि मामला हाथ से बाहर हो मुखिया दिगंबर मिश्रा झटके से उठ खड़े हुए। इस कोशिश में कुर्सी डगमगाती हुई पीछे जा गिरी, जिसे लपककर उनके बराहिल ने उठाया। मुखिया दिगंबर मिश्रा का दीप्त गोरा चेहरा लाल भभूका हो आया था। उन्होंने निहायत सधे स्वर में रामधारी पासी को आड़े हाथ लिया, 'तोरा जब केस ही करना है, तो जा थाना। यहां पंचायत करने की क्या जरूरत है? लेकिन एक बात कान खोल के सुन ले। पंचायत के बाहर जो जाएगा, उसको गांव में वास ना मिलेगा।'

यह न घोषणा थी, न धमकी। सीधा फैसला था। पूरी सभा को सांप सूंघ गया।

अचानक इस सन्नाटे को तार-तार करती पिंटू के मोबाइल की घंटी बज उठी। पिंटू अनजाने भय से सिहर उठा। तमाम आंखें उसकी तरफ आ लगी थीं। घंटी लगातार बज रही थी। उसने निरुपाय-सा स्क्रीन पर चमकता नाम देखा–रमेश पांडे। पिंटू का चेहरा फक पड़ गया। दिल डूबने लगा। बेचैनी से इधर-उधर देखा। सभी की आंखें उसी पर लगी थीं। उसकी समझ में कुछ नहीं आया। कॉल रिसीव करने के अलावा और कोई उपाय नहीं था उसके पास। अकबकाहट में रिसीव बटन दबा दिया।

'हल्लो, बाबा, कहां हैं आप?'

दूसरी ओर से कोई जवाब नहीं मिला।

'हल्लो... हल्लो, रमेश बाबा, कहां हैं आप?' पिंटू प्रचंड व्यग्रता में पूछता रहा। लेकिन नेटवर्क जवाब दे गया था।

हताश-सा पिंटू, सफाई देने की गरज से, स्वगत-सा बोलने लगा, 'रमेश बाबा का फोन था। बात ना हो पाई। नेटवर्क गायब हो गया।'

'पता कर... पता कर। कौन बिल में लुकाया है कुलबोरन, पता लगाना जरूरी है।' मुखिया दिगंबर मिश्रा ने आदेश के साथ ही उसे खुलेआम धिराया, 'पता ना चला, तो बूझ जा, तुमरा भी खैर ना है। स्साला, तोरा दुकान पर क्या-क्या खेला होता है, हमको सब पता है।'

पिंटू का जिस्म कांप गया। एक साथ कई आशंकाओं ने सिर उठाया और उसे साफ महसूस हुआ कि वह एकबारगी तमाम शत्रु-आंखों के निशाने पर चढ़ गया है।

विशंभर मिश्रा ने मुखिया दिगंबर मिश्रा की ओर मुखातिब हो जैसे आजिजी में जानना चाहा, 'तब क्या करना है?'

'करना क्या है? दोनों जहां मिले पकड़कर लाना है।' मुखिया दिगंबर मिश्रा ने बात सबको सुनाई पड़े इस अंदाज में दो टूक एलान किया, 'तब तक रामधारी पासी और कैलाश पांडे का हुक्का-पानी बंद।'

सभा में मरमरी हुई। सिर हिले। धूल झाड़ते लोग उठने लगे। विशंभर मिश्रा भी भीड़ को चीरते हुए तीर की तरह तन्नाते निकले। उनके पीछे भिनभिनाता शोर गाली, गम, गुस्से में लिथड़ने लगा था।

प्यार किया तो डरना क्या?

पिंटू भारी मन, बोझिल पांव, लगभग घिसटता हुआ, कुछ दूर चलकर रुक गया। साथ-साथ लगा रजवा, उसके ठिठकते ही पूछ बैठा, 'भइया, क्या हुआ? मुखिया जी, क्या बोले?'

मासूम रजवा के चेहरे पर उलझन थी। रजवा को पंच-प्रपंच कुछ नहीं पता। क्या कहे रजवा से?

'रजवा, तू घर चला जा!' पिंटू ने गहरी सांस ली, 'मन ठीक ना है। आज दुकान ना खोलेंगे।'

रजवा कुछ समझा, कुछ नहीं समझा-सा अचकचाया खड़ा था। पिंटू बगैर उसकी ओर देखे, भुतहा बगीचे की ओर लपक पड़ा। बस एक ही खयाल, गझिन भुतहा बगीचे में आमद-रफ्त कम रहती है। वहीं किसी ओट में पड़ा रहेगा, तो शायद मन कुछ स्थिर हो।

भुतहा बगीचे में बरगद के पेड़ के नीचे आंख मूंदे, गुमसुम पड़ा रहा पिंटू। कब सांझ हुई, पता नहीं चला। वह तो मोबाइल की घंटी बजी, तब पता चला कि अंधेरा घिर आया है। मोबाइल स्क्रीन पर देखा–रमेश पांडे।

हड़बड़ाकर फोन कान से सटाया और बौखलाया हुआ बोल पड़ा, 'हल्लो।'

'पिंटुआ, क्या खबर है, रे?' दूसरी ओर से रमेश पांडे की आवाज आई।

'खबर क्या पूछते हैं, बाबा? बवाल मचा है, बवाल!' चारों ओर निगाह दौड़ाते पिंटू ने भरसक अपनी आवाज मद्धिम रखी, 'बाबा, रजकुमरिया के साथ काहे भागे हैं?'

'भागते ना तो क्या करते? गांव वाला सब बिआह करे देता?' रमेश पांडे के स्वर में जिरह करता अफसोस था।

'बाबा, आप हैं कहां?' विकल पिंटू ने टोह लेने की कोशिश की।

'पटना में हैं, पिंटू।' रमेश पांडे बिना हिचक के बोले, 'हम दोनों मंदिर में बिआह कर लिये हैं।'

'पटना में? पटना में कहां हैं, बाबा?' पिंटू के भीतर की चालाकी ने सिर उठाया।

कोई उत्तर मिलता, इससे पहले ही नेटवर्क गायब हो गया। पिंटू ने झल्लाकर मोबाइल स्क्रीन को घूरा और बेबसी में मोबाइल शर्ट की जेब में डालते हुए ठसुआया-सा ठिठका रहा। इस बीच मन में उठती उथल-पुथल के बीच तय किया कि जो हो रमेश पांडे के बारे में मुखिया दिगंबर मिश्रा को बता देने में ही भलाई है।

भुतहा बगीचे से मुखिया दिगंबर मिश्रा के घर की दूरी ज्यादा नहीं थी, लेकिन इतनी ही दूरी तय करने में पिंटू का मन बेतरह आगा-पीछा कर रहा था। अभी वह बमुश्किल आधी राह में ही था कि मोबाइल फिर बजा। स्क्रीन पर देखा, तो तारा कुमारी का नंबर नजर आया। कलेजा मुंह को आ लगा। कांपते हाथ से फोन कान से सटाया, 'हल्लो।'

'क्या बात है, आज दुकान बड़ा जल्दी बंद कर दिए?' तारा कुमारी की आवाज में चिंतानुमा कुछ था।

'हां!' पिंटू बड़ी कठिनाई से बोल पाया।

'हां। हां क्या?' तारा कुमारी की झिड़की आई, 'क्या बात है, बोलते काहे नहीं हैं?'

'गांव में पंचायत थी। मुखिया जी बुलाए थे।' दबी जुबान में बोला पिंटू।

'क्या हुआ? कौन बात की पंचायत?' तारा कुमारी के स्वर में उतावलापन था।

'रमेश पांडे, रजकुमरिया पासिन के संगे कहीं भाग गए हैं।' पिंटू ने हिचकते-हिचकते बताया, 'इसी बात पर पंचायत थी।'

'ठीक किया, जो दोनों भाग गया।' तारा कुमारी के स्वर में गजब की उत्तेजना थी, 'प्यार किया तो डरना क्या?'

किसी साज के तार की झन्न-झन्न जैसे हवा में तिरने लगी।

'हल्लो! चुप काहे हैं?' तारा कुमारी ने पिंटू की चुप्पी को लक्ष्य किया, 'कुछ बोलते काहे नहीं?'

'जी...जी! आपको सुन रहे हैं।' पिंटू ने सफाई दी।

'पंचायत में क्या हुआ?' तारा कुमारी जैसे सब कुछ जानने की उत्सुकता से भरी थी।

'बहुत बवाल हुआ। सब हमसे रमेश पांडे के बारे में पूछ रहा था। हमको कुछ पता ही नहीं था, हम क्या बताते?' पिंटू का मन छलछलाने को हो आया। बड़ी कठिनाई से खुद को जज्ब कर पाया।

'पता हो, तब भी मत बताइएगा।' हिदायत-सी देती तारा कुमारी का स्वर अचानक किसी गहरे कुएं से आती प्रतीत हुई, 'कसाई सब दोनों को कहीं का नहीं छोड़ेगा।'

पिंटू सिहर गया। हड़बड़ाकर आवाज लगाई, 'हल्लो...हल्लो! हल्लो!!'

'बाद में बात करेंगे।' घबराई हुई-सी जान पड़ी तारा कुमारी। फोन टक से कट गया था।

पिंटू धक्क रह गया। मोबाइल को हसरत से देखता जड़ हो गया।

उस रात पिंटू की आंखों को नींद छका रही थी। आंखें मूंदते ही रमेश पांडे, रजकुमरिया पासिन और तारा कुमारी की छवियां उभरतीं और वह बेचैनी से करवटें बदलने लगता। रात और नींद के बीच समय कितना सरक गया, कुछ पता ही नहीं चला।

अचानक दरवाजे पर धम्म-धम्म की आवाज हुई। जब तक कुछ समझ पाता, किसी ने जोर की हांक लगाई, 'पिंटुआ। पिंटुआ है क्या, रे? दरवाजा खोल। खोल दरवाजा।'

मां अधकच्ची नींद से अकबकाकर उठी। पिंटू ने मां को देखा। मां की आंखों में दहशत थी। इस दहशत ने उसे भी गिरफ्त में ले लिया। दरवाजे पर फिर

धम्म-धम्म हुई। वह उठा। लपककर दरवाजे तक आया। दूसरी ओर से कोई चीखा, 'खोलता है दरवाजा कि तोड़ें!'

उसने झट से दरवाजा खोल दिया। सामने दो सिपाही थे। उनके पीछे मुसहर टोल के मर्द-औरत। सबके चेहरों पर अव्यक्त भय। वह समझ नहीं पाया, आखिर माजरा क्या है?

'चल। तोरा थाना पर बुलावा है।' थुलथुल जिस्म वाले बुजुर्ग सिपाही ने घुड़की के साथ आदेश सुनाया।

भीतर जकड़े भय के बावजूद, पता नहीं पिंटू के भीतर कहां से आ गया साहस, 'काहे सर? इतनी रात को? क्या बात है?'

'चल, थाना। वहीं सब पता चल जाएगा।' यह दूसरा सिपाही था, अपेक्षाकृत ज्यादा जवान और कम चर्बी वाला।

बेचारगी ऐसी कि कोई जिरह मुमकिन नहीं थी। बगैर हुज्जत पिंटू सिपाहियों के साथ हो लिया। मां, जो डर के मारे थर-थर कांप रही थी, सिसकते हुए पिंटू के पीछे लग ली। टोल के मर्द-औरत भी मां के साथ हो लिए थे।

कुचकुच अंधेरे के बीच ढिबरी बाजार थाने में टिमटिमाते बल्ब की रोशनी कहीं ज्यादा दहशतनाक लग रही थी। मां, टोल के मर्द-औरत सभी को जवान सिपाही ने गेट के बाहर ही रोक दिया था। थुलथुल सिपाही पिंटू को लेकर आगे बढ़ा। थाने में मौजूद साये दूर से प्रेत की मानिंद नजर आ रहे थे। नजदीक पहुंचते ही पिंटू की आंखें फटी रह गईं। थानेदार बनवारी सिंह के टेबल के ठीक सामने मुखिया दिगंबर मिश्रा, उनके गोतिया विशंभर मिश्रा अगल-बगल बैठे बतिया रहे थे। उनके पीछे दीवार से सटी बेंच पर कम रोशनी के बावजूद चांदनी की-सी चमक थी। इस चमक में एक बुजुर्ग के साथ सिर झुकाए बैठी थी तारा कुमारी। पिंटू की आंखों में अंधेरा कहीं ज्यादा गाढ़ा और खौफनाक हो आया। जिस्म में एक गहरी चिलक-सी उठी। चेतना के सारे तार जैसे सुन्न पड़ गए थे।

'का रे, पिंटुआ, सुना कि तोरा मोबाइल की दुकान पर मोहब्बत का कनेक्शन बड़ी तेजी से लगता है।' ठंडे सन्नाटे में थानेदार बनवारी सिंह की निहायत ठंडी आवाज सनसनी पैदा कर गई। बेजान जिस्म से आवाज क्या निकलती? पिंटू थर-थर कांपने लगा था।

'चुप रहे से जान ना बचे वाली है।' थानेदार बनवारी सिंह की भाषा शालीन थी, अर्थ गंभीर, 'जो पूछते हैं, फट से बक दे, ना तो बूझ लिहो!'

पिंटू की समझ में कुछ नहीं आ रहा था। दिमाग सुन्न पड़ गया था।

उसे चुप देख, साथ आए थुलथुल सिपाही ने कसकर घुड़की दी, 'बोलता काहे ना है, रे, मुंह में जाब लगा है क्या?'

'ये किताब तुम्हारी है?' थानेदार बनवारी सिंह ने सामने टेबल पर रखे एक कागज के नीचे से किताब उठाते हुए सवाल दागा।

हवा में टंगी यह किताब नीरज का कविता संग्रह 'तुम्हारे लिए' थी। पिंटू की घिग्घी बंध गई। मुखिया दिगंबर मिश्रा, उनके गोतिया विशंभर मिश्रा और तारा कुमारी के पिता, उसकी ओर एकटक देख रहे थे। तारा कुमारी का सिर झुका था। चेहरा बुझा हुआ था। आंखें फर्श में धंसी जा रही थीं।

'जी!' थूक निगलते पिंटू की आवाज गले में ही फंसकर रह गई।

'यह किताब तुम तारा कुमारी को काहे दिया?' कहर बरपाती थानेदार बनवारी सिंह की आवाज मनहूस सन्नाटे में गूंज गई।

'जी! वह मांगी थी।' पिंटू के कंठ में कांटे उग आए थे।

'झूठ बोलता है, बनवारी बाबू।' तमतमाए-से तारा कुमारी के पिता बेंच से उठ खड़े हुए। उनकी आवाज क्रोध के मारे कांप रही थी, 'हमरी बेटी का संस्कार ऐसी गंदी किताब पढ़े का ना है। स्साला मुसहर, सबका धरम नासे पर लगा है।'

बेबस पिंटू ने किसी उम्मीद में तारा कुमारी की ओर देखा। तारा कुमारी तो अपने-आप में धंसी जा रही थी।

'देख, यह देख।' टेबल पर रखे कागज को उठाकर हवा में लहराते थानेदार बनवारी सिंह हकड़े, 'तारा कुमारी तोरा खिलाफ कंपलेन की है। साफ-साफ लिखी है कि प्रेम-मुहब्बत वाली यह किताब तुम उसको दिए थे। तुम उससे मोबाइल पर भी बात करते हो। बोल है कि ना?'

'बनवारी बाबू, स्साला यह क्या बताएगा। उसको बोले का मुंह है?' तारा कुमारी के पिता के भीतर जहर खदबदा रहा था। उनके होंठों के किनारे झाग से भरे थे।, 'आज हम अपना कान से सुने कि यह हमरी बेटी से मोबाइल पर बतिया रहा था। बस, उसी घड़ी तरवा के हाथ से मोबाइल छीने और लोढ़ा से कूचकाच के बराबर कर दिए।'

तारा कुमारी के पिता के नथुने फूलने-पिचकने लगे थे।

'बोल! अभी भी कुछ कहने को बाकी है?' थानेदार की सुर्ख आंखें पिंटू के चेहरे पर गड़ गईं।

अब तक, अप्रत्याशित रूप से चुप बैठे मुखिया दिगंबर मिश्रा फुंफकार उठे, 'ये बनवारी बाबू, यह स्साला मुसहर क्या बोलेगा? उलटा टांगकर मारिए, सब पक्क से उगल देगा।'

थानेदार बनवारी सिंह नाटकीय अंदाज में मुस्कराए और रहस्यमय अंदाज में बोले, 'ए मुखिया जी, सब काम कानून के हिसाब से करना पड़ता है। पता है कि ना एससी-एसटी कानून बड़ा सख्त है?'

मुखिया दिगंबर मिश्रा सकपकाए। तनिक संभले, फिर तनिक संयत हो बोले, 'यही सोचकर तो हम इसको ढिबरी बाजार में बसाए थे, कि जनमजात के कलंक से निकलकर कमाए खाएगा। लेकिन यह तो बाभने सबको नासे लगा।'

'हम तो शूद्दर सबका लच्छन चीन्हते हैं। इसी से इसको दुकान ना दिए थे।' मौका देखकर विशंभर मिश्रा मुखिया दिगंबर मिश्रा पर ताना मारने से नहीं चूके।

मुखिया दिगंबर मिश्रा कसमसाकर रह गए।

थानेदार बनवारी सिंह ने देह तानी। कुर्सी पीछे खिसकाते हुए उठकर खड़े हुए। फर्श पर उभरी खर्र-खर्र, पिंटू के जिस्म पर खरोंचें भर गईं।

'बनवारी बाबू, रमेश पांडे और रजकुमरिया पासिन कहां लुकाया है, सब पिंटुआ को पता है।' विशंभर मिश्रा ने थानेदार को उकसाने के लहजे में टोका, 'पूछिए, इससे, पता है कि ना?'

थानेदार बनवारी सिंह के बूट चरमराए। फर्श, सन्नाटा, पिंटू दहल गए। पिंटू तो जैसे पीला ही पड़ गया था।

थानेदार बनवारी सिंह किसी दैत्य-सा पिंटू के सामने आ खड़ा हुआ। उसकी बेंत की छड़ी पिंटू की ठुड्ढी से टकराई, 'अपनी जान की खैर चाहता है, तो सीधे-सीधे बता दे। कहां लुकाया है दोनों?'

थुलथुल सिपाही जगह बनाने की गरज से थोड़ा पीछे खिसका। तारा कुमारी थुलथुल सिपाही के पीछे छिप गई थी।

'सर, दोनों पटना में हैं।' दहशत के सामने तारा कुमारी की दी गई नसीहत फुस्स हो गई। पिंटू की आंखों से आंसू टपक पड़े।

थानेदार बनवारी सिंह अपनी कामयाबी पर मुस्कराया। यह मुस्कराहट व क्रूरता अठखेलियां कर रही थीं, 'पटना में कहां? कौन जगह पटना में?'

'सर, और कुछ ना पता है। रमेश बाबा बस इतने बताए थे कि फोन कट गया।' पिंटू के गीले शब्द थानेदार के बूटों से जा लिपटे।

'ठीक है। जो तुमको ना पता है, वह हम पता कर लेंगे।' थानेदार बनवारी सिंह पलटे और थुलथुल सिपाही को फरमान जारी किया, 'पासवान जी, बंद करिए स्साले को हवालात में। रात भर में होश ठिकाने आ जाएगा।'

धरती डोली, कि दिशाएं घूमीं, कि आसमान हिला, पिंटू का समूचा वजूद उड़ियाता हुआ थुलथुल सिपाही की गिरफ्त में जा कसा। किसी मेमने-सा वह अंधेरे में गर्क हवालात की ओर घसीटा जा रहा था।

'जाइए, मुखिया जी। आप सब लोग अब जाइए!' थानेदार बनवारी सिंह की आवाज पिंटू के कानों से उसके भविष्य का पता बनकर टकराई, 'कल भोरे भोर इसका चालान कर देंगे।'

हवा में घुलती आवाज

पिंटू ने गहरी, ठंडी सांस छोड़ी। उसकी आंखें झपक रही थीं मानो पिछले दृश्यों से सायास बाहर निकलने की कोशिश कर रहा हो। मेरी उत्सुकता उसकी चुप्पी में अटकी हुई थी। वह जैसे सुस्ताने की मुद्रा में था।

'जानते हैं, सर! तीन महीना बाद हमको जमानत मिली।' पिंटू के थके स्वर में गहरी पीड़ा पैवस्त थी।

मैंने उसे टोकना उचित नहीं समझा। उसका भरा मन स्वतः खुले, इस प्रतीक्षा में उसकी ओर देखता रहा।

'सर, आप सोच भी नहीं सकते कि इस बीच क्या हुआ?' पिंटू मुझसे मुखातिब था। लेकिन उसकी आवाज कहीं और पछाड़ खा रही थी।

मैं सांस रोके उसके बोलने की प्रतीक्षा करता रहा। पिंटू खुद से जूझ रहा था या जो बोलना चाह रहा था, उसकी तैयारी कर रहा था, यह समझ पाना मेरे लिए आसान नहीं रह गया था।

अपने जजबात को थामने की कोशिश करता पिंटू एक झटके से बोल पड़ा, 'रमेश पांडे और रजकुमरिया पकड़े गए, सर। थानेदार बनवारी सिंह ने दोनों को मुखिया दिगंबर मिश्रा के हवाले कर दिया। फिर पंचायत बैठी। पंचायत में रमेश पांडे और रजकुमरिया को खड़ा किया गया। दोनों एक-दूसरे के साथ जिये-मरे की गुहार लगा रहे थे।'

मेरी सांस टंग गई थी। पिंटू मेरी तरफ देख जरूर रहा था, लेकिन संबोधित जैसे स्वयं से ही था, 'रजकुमरिया का माथा मुंड़ाकर सारे गांव में घुमाया गया। बेचारी कलप-कलप कर रोती रही लेकिन कोई मदद को आगे नहीं आया। अगली सुबह उसकी लाश भुतहा बगीचे में बरगद के पेड़ पर लटकती मिली।'

पिंटू की आंखों की कोरें भीग गई थीं। चेहरे पर घनीभूत हो आई पीड़ा से घबराकर मैंने उसे टोका, 'और रमेश पांडे?'

पिंटू की आंखें शून्य में टंग गईं। उसके अंदर कोई गहरी उथल-पुथल जारी थी। या तो कोई सिरा नहीं मिल रहा था, या कोई शब्द। वह चुप था। उसकी चुप्पी से मुझे डर लगने लगा। उसकी मनःस्थिति से बचने के लिए मैं इधर-उधर देखने लगा। पता नहीं पत्नी कब से दाएं दरवाजे के बीच आकर निःशब्द खड़ी थीं।

'रमेश पांडे।' पिंटू बुदबुदाया। उसकी आंखें मुंद गई थीं। मैंने गौर किया कोरों पर पानी रिस आया था। उसकी आवाज किसी बियाबान में भटक रही थी, 'रमेश पांडे की तारा कुमारी से शादी हो गई।'

बियाबान से आई वह आवाज अचानक मेरे ड्राइंगरूम में हहराते बवंडर-सी चक्कर काटने लगी। आलमारी, टेबल, सोफा, खिड़की, दरवाजे, छत सबके सब

अपनी जगह से हिलते नजर आए। करीने से रखी हर चीज एक-दूसरे से टकराती हुई, बेतरतीब होती जान पड़ रही थी। सौंदर्यबोध के सारे प्रतिमान तार-तार हो, निहायत विरूप दिख रहे थे। मैंने घबराहट में पिंटू को झकझोरा।

'पिंटू...!'

'सर!' पिंटू ने आंखें खोलीं।

'अब? अब क्या सोचा है तुमने?' मैंने बदहवास सवाल किया।

'सर, केस करना है। तीन-तीन हत्याओं का केस!' पिंटू का चेहरा तन गया था। स्वर कहीं ज्यादा सख्त था।

'लेकिन किसके खिलाफ? किसके खिलाफ केस करोगे तुम?' मेरे सवाल में उलझन थी। मन में व्यग्रता।

पिंटू के मन में कोई उलझन नहीं थी। हर सवाल से आगे थी, उसकी सोच और इस सोच में थी निर्णायक दृढ़ता। उसने मेरे चेहरे पर अपनी आंखें गड़ाते हुए जवाब दिया, 'प्रेम करने के अधिकार की हत्या करने वालों के खिलाफ।'

मेरे सामने बैठा पिंटू, महज एक जवाब नहीं था, चुनौती देता एक ऐसी ललकार था, जिससे आंखें मिला पाना मुश्किल हुआ जा रहा था। मैंने बड़े कठिन स्वर में पिंटू से जाने की कोशिश की, 'ले...लेकिन यह साबित कैसे होगा, पिंटू?'

'साबित तो आप करेंगे, सर! आप जैसे लोग, जो एक बेहतर दुनिया की कामना में इतना कुछ रच रहे हैं।' पिंटू झटके से उठा और एक आदमकद सवाल-सा तनकर खड़ा हो गया था, 'आखिर आपका लिखा, सच को साबित न कर पाए, तो फिर किस काम का लिखना?'

मेरे पास उस आदमकद सवाल का कोई जवाब नहीं था। असहाय, अनुत्तरित मैं उठा और सहानुभूति भरा हाथ उसके कंधे पर रखना चाहा कि उसने मेरे हाथ को झटक दिया। जब तक मैं इस झटके से उबरता, वह ड्राइंगरूम का दरवाजा खोलकर बाहर निकल गया। मैंने उसे पुकारना चाहा। लेकिन मेरी पुकार से पहले ही वह पलटा और मेरी ओर मुखातिब हो, बोला, 'सर, मैं फिर आऊंगा।'

मैं कुछ कह पाता, इससे पहले ही वह हवा में घुलती आवाज की तरह गुम हो गया। उसके पीछे रह गई थी, बस उसकी अनुगूंज।

नयका पोखरा

नयका पोखरा कितना पुराना था, यह ठीक-ठीक नहीं बताया जा सकता है। हां, इतना जरूरी है कि नयका पोखरा से पहले पुरनका पोखरा वजूद में आया होगा, क्योंकि पुरनका पोखरा का वजूद आज भले ही नामभर को है, लेकिन सामान्य से सामान्य तर्क भी इस बात की तस्दीक करता है, कि पूरा गाँव जिस गड्ढे को पुरनका पोखरा के रूप में अपनी श्रुतियों-स्मृतियों में बचाकर रखे हुए है, वह कभी बावन बीघे के विस्तृत प्रांतर में फैला हुआ था। हालांकि इस बात में अतिश्योक्ति की काफी गुंजाइश है। फिर भी पुरनका पोखरे के क्षेत्रफल के सिकुड़ते जाने की घटना चूंकि बहुत पुरानी नहीं है, इसलिए गांव में ताजा-ताजा जवान हुई पीढ़ी से पहले के तमाम लोग दावे के साथ कहते पाए जाते हैं कि बीस-बाईस साल पहले तक पुरनका पोखरा काफी बड़ा हुआ करता था। कितना बड़ा? इस सवाल का जवाब भले ही किसी के पास पक्का न हो, पर इतना पक्का है कि पुरनका पोखरा काफी बड़ा था।

गांव के सबसे बुजुर्ग झूरी राय की मानें तो पुरनका पोखरा शिवाला से लेकर बरइठा तक फैला हुआ था। इस हिसाब से देखा जाए तो पुरनका पोखरा की लंबाई कम से कम पांच-सात बीघा तो होनी ही चाहिए। फिर ऐसा क्या हुआ कि इतना विशाल पोखरा सिकुड़कर आधा-पौन बीघे के एक गड्ढे में तब्दील हो गया?

झूरी राय की स्मृति पर भरोसा करें तो पुरनका पोखरा की इस कृशकाया की दारुण-कथा काफी हद तक समझ में आ जाती है। वैसे एक बात साफ कर देना जरूरी है कि झूरी राय की उम्र अस्सी के लपेटे में होगी। फिर भी देह-हाथ में अभी भी दम है। आवाज इतनी ठांठ कि कोई अनजान सुने तो यकीन नहीं आए। लेकिन गांव का बच्चा-बच्चा उनकी आवाज को पहचानता है। कई बच्चे तो उनकी कड़क आवाज के डर से ही उनके पास जाने से घबराते हैं। आंख की रोशनी जरूर धुंधली पड़ गई है। लेकिन उनके बिल्कुल करीब जाने से वह सामनेवाले को पहचान ही जाते हैं। हालांकि बहुत सारे लोगों का मानना है कि वह आहट और आवाज के जरिए अनुमान लगाते हैं और आमतौर पर उनका यह अनुमान सही निकलता है। जहां तक उनकी स्मृति

का प्रश्न है, उनके परिवार वालों का कहना है कि वह बहुत दुरुस्त नहीं है। उनको भूलने की बीमारी हो गई है। जो भी हो, इन खूबियों और खामियों के साथ एक वही इस गांव में अतीत और वर्तमान की कड़ियों को जोड़ने के स्रोत और माध्यम हैं। तो, झूरी राय का कहना है कि पुरनका पोखरा को गांव के कुछ-कुछ बड़कवा लोगों ने धीरे-धीरे कब्जियाना शुरू कर दिया। हल-बैल चलाकर कभी चना तो कभी गेहूं बोने-काटने की शुरुआत हुई और फिर जैसे-जैसे पोखरा सूखता गया पोखरे की निकलती जमीन बड़कवा लोगों की जागीर होती गई। जानते सभी हैं, कि वह जमीन ग्राम समाज की है। लेकिन यह बात कोई कहे, इतनी मजाल किसकी?

अब तो आलम यह है कि पुरनका पोखरा में पानी कम, कीचड़ ज्यादा है। इसी कीचड़ में गांव की भैंसें बैठी पगुराती हैं और बच्चे गरई मछली खोजने-पकड़ने के लिए धींगा-मुश्ती करते रहते हैं। इस पोखरे की उपयोगिता आस-पास के घरों की औरतों के लिए भी खास है। दिशा-फरागत के लिए सांझ के धुंधलके से देर रात तक उनके लिए यह किसी वरदान से कम नहीं। वैसे दिन-दोपहरिया में अपनी इस तलब को वो औरतें कैसे पूरा करती हैं, यक्ष प्रश्न है।

यक्ष-प्रश्न तो यह भी है कि नयका पोखरा कितना पुराना था?

झूरी राय से जानना चाहो तो हर बार वह यही कहते हैं, बउआ बूझ जाइए कि नयका पोखरा हमरा जनम से पहले से ही है। कितना पहले से, यह तो वह नहीं बता पाते हैं, लेकिन इतना जरूर जोड़ते हैं, सुना है कि हमरा जनम से पहले एक ठो बहुते बड़ा अकाल पड़ा था। खेत-पथार, कुआं-पोखर सब सूख गए थे। लोग अन्न तो अन्न, पानी तक के लिए तरस गए थे। उन्हीं दिनों सरकार नयका पोखरा खुदवाई थी।

'काहे? पुरनका पोखरा के रहते सरकार नयका पोखरा काहे खुदवाई?' यह स्वाभाविक जिज्ञासा थी और लोग पूछ ही बैठते।

झूरी राय अपनी स्मृति पर जोर देते और फिर लापरवाह अंदाज में जवाब, 'अब हम क्या जानें? सुने हैं कि सरकार लोगों को काम देने के लिए एक योजना शुरू की थी। गांव के गरीब-मजूर रोज मिट्टी काटते, बदले में उनको मजूरी मिलती। सुना तो यह भी है कि हालत इतनी खराब हो गई थी कि छोटे-मोटे काश्तकार लोग भी मिट्टी काटने का काम करने लगे थे। भूख जो ना कराए। अब कितना सच, कितना झूठ, यह तो हमको नहीं पता। लेकिन जो सुने हैं, वही बता रहे हैं।

कुल जमा यह कि नयका पोखरा का अस्तित्व किसी जमाने में पड़े भीषण अकाल के दिनों से है।

झूरी राय नयका पोखरा के बारे में यह भी बताते हैं कि सरकार ने पोखरा खुदवाने का काम जैसे ही शुरू किया पंडित विश्वनाथ मिश्रा के नेतृत्व में

सुबह-शाम रोज वहां भजन-कीर्तन भी होने लगा। सरकार की कृपा और पंडित विश्वनाथ मिश्रा के सहयोग से शुरू हुए भगवद् भजन ने लोगों को अकाल से लड़ने की शक्ति दी। संयोग देखिए कि जिस दिन पोखरा की खुदाई का काम बंद हुआ और गांव वाले देर रात तक भगवद् भजन में लीन रहे, ठीक उसी रात मेघ उमड़े और देखते ही देखते झमाझम बारिश होने लगी। बारिश भी ऐसी कि बगटूट। अकाल से फटी दरारों वाली धरती रातोरात अघा गई। उस रात जितना जल बरसा, उससे कहीं ज्यादा लोगों की आंखों से आंसू। ताजा-ताजा खुदा पोखरा लबालब भर गया। पंडित विश्वनाथ मिश्रा ने दोनों आंखें बंद कर सिर आसमान की ओर उठाया और किसी अदृश्य शक्ति को प्रणाम निवेदित कर अपने आप में बुदबुदाए, 'नयका पोखरा गांव का सौभाग्य है। इसने सबको नया जीवन दिया है। इसकी महिमा, इसके पुण्य-प्रताप की हम सबको मिलकर रक्षा करनी होगी।'

उपस्थित समुदाय को पंडित विश्वनाथ मिश्रा की बुदबुदाहट में किसी मंत्रध्वनि का-सा आभास हुआ। लोग मंत्रमुग्ध हो उन्हें देखते रहे। पंडित जी ने आंखें खोलीं और उपस्थित समुदाय पर एक स्निग्ध मुस्कराहट पसारते हुए बोले, 'सब ईश्वर की कृपा है। वही दुख देता है। वही सुख देता है। उसके दिए इस सुख के बदले हमें भी उसके प्रति आभार प्रकट करना चाहिए। इच्छा है कि इस पोखरा के किनारे एक शिवाला बने। स्नान-ध्यान के लिए पक्का घाट बने और पोखरा का उपयोग ढोर-डंगर के नहाने-धुआने के लिए न हो।'

पंडित विश्वनाथ मिश्रा की इस इच्छा का बाबू रामनगीना सिंह ने खुलकर समर्थन किया। दान देने के लिए भी सबसे पहले वही आगे आए। फिर क्या था, क्या बड़ा, क्या छोटा सबमें तन, मन, धन से सहयोग की होड़ लग गई। पुण्य के इस काम में कोई किसी से पीछे नहीं रहना चाहता था। आखिर बाबू रामनगीना सिंह के संरक्षण में पंडित विश्वनाथ मिश्रा ने मंदिर निर्माण का काम शुरू करा दिया। गांव के लोग 'हर-हर महादेव' के जयकारे के साथ, जो एक सुबह से कार सेवा में जुटते तो यह सिलसिला देर शाम तक चलता रहता। पंडित विश्वनाथ मिश्रा को तो दम मारने तक की फुरसत नहीं थी। उनका एक पैर ईंट भट्टा पर तो दूसरा पैर बालू-मिट्टी के ठेकेदार के यहां। कभी वह सिमेंट की बोरियां गिनते, तो कभी मजदूर-मिस्त्री के हिसाब में माथा खपाते। जैसे-जैसे शिवाला आकार लेता जा रहा था, पंडित विश्वनाथ मिश्रा की व्यस्तता बढ़ती जा रही थी। भगवान शिव की प्राण-प्रतिष्ठा के मुहूर्त से लेकर काशी से विद्वान ब्राह्मणों को न्योतने तक वह किस प्रेरणा से करते चले गए, यह तो बाबा विश्वनाथ ही जानें। वह तो बस कर्तव्य किए जा रहे थे। बाबू रामनगीना सिंह पीठ पर खड़े थे, इसलिए हर कार्य निर्विघ्न संपन्न होता चला गया।

प्राण-प्रतिष्ठा वाले दिन पूरा गांव श्रद्धा-भक्ति के सागर में गोते लगाता रहा। काशी से आए पांच ब्राह्मणों की देख-रेख में विधिवत भगवान शिव प्रतिष्ठापित हुए। नयका पोखरा से उठा हर-हर महादेव के जयकारे का उद्घोष देर रात तक गांव में गूंजता रहा। देर शाम में प्रवचन शुरू हुआ। शिव भजन और कीर्तन के साथ रात में भव्य भंडारे का आयोजन हुआ। गांव तो गांव, अवार-जवार के लोग भी जुटे और जी भर के जीमे। इस पूरे आयोजन में बाबू नगीना सिंह लगातार मुस्तैद रहे। कहीं कोई कमी न रह जाए, इस बात का वह स्वयं खयाल रख रहे थे। फलतः इस पुण्य-कार्य का श्रेय उन्हें मिला।

उसी रात काशी से आए विद्वान ब्राह्मणों और बाबू रामनगीना सिंह की सहमति से तय पाया गया कि शिवाला में पूजा-पाठ और उसकी देखभाल की जिम्मेदारी पंडित विश्वनाथ मिश्रा संभालेंगे। विद्वान ब्राह्मणों के आदेश और बाबू रामनगीना सिंह की इस कृपा को पंडित विश्वनाथ मिश्रा ने बाबा भोले का प्रसाद मानकर ग्रहण किया। इस सफलता के लिए उन्होंने तत्काल उस अकाल के प्रति अपना आभार निवेदित किया, जिसने उन्हें यह सुअवसर उपलब्ध कराया था।

अब गाँव में एक नहीं, दो-दो पोखरे थे। दोनों पोखरों की अलग-अलग पहचान के लिए उनके नामकरण जरूरी थे। इसके लिए किसी को अतिरिक्त उपक्रम नहीं करना पड़ा। चूंकि पुराने पोखरा के मुकाबले नयका पोखरा, एकदम नया-नया तो था ही, उसके नएपन में सीढ़ियों वाला मरदाना घाट और भव्य शिवाला भी शामिल था, जो पुराने पोखरे को नसीब नहीं था, इसलिए वह मुंहामुंही ही नयका पोखरा के नाम से विभूषित हो गया। इसके ठीक उलट, पहले वाला पोखरा पुराना तो था ही, उसकी जीर्ण-शीर्ण अवस्था भी ऐसी थी, कि वह स्वाभाविक रूप से पुरनका पोखरा कहा जाने लगा।

नयका पोखरा गांव के लिए सचमुच सौभाग्य लेकर आया था। शानदार सीढ़ियों वाले मरदाना घाट पर भोर से ही गहमागहमी शुरू हो जाती। नहाने-धोने, पूजा-पाठ से दिन-भर रौनक बनी रहती। शिवाला की घंटियां और पोखरे का पानी देर रात तक हिलकोरे लेते रहते। इसी बीच गांव के नौजवानों ने शिवाला के बाईं ओर खाली पड़ी जमीन पर मिट्टी खोदकर एक शानदार अखाड़ा तैयार कर लिया। फिर क्या था, सुबह-शाम जवान लड़के लंगोट कसकर अखाड़े के बाहर दंड-बैठक करते और अखाड़े के अंदर कुश्ती के एक से एक दांव आजमाते। जीत-हार, चित्त-पट्ट के इस खेल में रोमांच के ऐसे क्षण आते कि देखने वालों की सांसें अटक जातीं। और जब बाजी छूटती तो ऐसा शोर उठता कि पोखरा के दूसरे छोर पर नहाती लड़कियां और औरतें चिहाकर उस ओर देखने लग जातीं। कितनी ही देर तक यह दृश्य ठहरा रहता। फिर लड़कियां आपस में कुछ बतियातीं, फिस्स से हंसतीं और फिर छपाक से पानी में डुबकी मारकर, दूर खड़े लड़कों के मन में गुदगुदाता रहस्य छोड़ जातीं।

लड़के हर्षातिरेक में बल्लियों उछलते। वे अपनी लंगोटें थोड़ा और कसते और इस बात से थोड़ा और आश्वस्त होते कि उनकी पहलवानी का दांव-पेंच बेकार नहीं जाने वाला।

लेकिन मरदाना घाट पर बुजुर्गों को यह सब नागवार गुजरता। वे जब कमर भर पानी में खड़े हो भगवान सूर्य को जल दे रहे होते या शिवाला में बैठकर शिव-स्तोत्र का पाठ कर रहे होते, तब लड़कों का यह लखेड़ापन इस कदर व्यवधान पैदा करता कि कई बार कोई बुजुर्ग पिनपिनाते हुए अखाड़े तक आता और लड़कों को कसकर फटकार लगा बैठता, 'पूजा-पाठ में खलल पड़ता है, यह बुझाता है कि नहीं?' वह दौर था, जब जवान लड़के बड़ों के मुंह नहीं लगते थे। ऐसे मौकों पर वे सिर गोतकर सुनते, थोड़ी देर अमल भी करते और उस बुजुर्ग के ओझल होते ही, फिर अपनी रौ में आ जाते।

सीढ़ी घाट से बाएं, जिधर अखाड़ा था, उसी के नीचे गांव के छोटजतिया लोग नयका पोखरा में स्नान-ध्यान करते। रामचंदर दुसाध भजन-भक्ति वाले बुजुर्ग थे। अब पता नहीं, उस दिन उनकी मति मारी गई थी या गांव का बुजुर्ग होने का भ्रम हो आया था कि इसी तरह अखाड़ा में हल्ला-हंगामा कर रहे लड़कों को टोक बैठे, 'बाते-बेबाते एतना हल्ला काहे मचाते हैं, जी? दिखता नहीं है कि लोग का पूजा-ध्यान भंग होता है?'

बस, इतना कहना भर था कि अखाड़े में बवंडर उठा और देखते-देखते कई लड़के कूदकर रामचंदर दुसाध के पास जा पहुंचे। बाबू रामनगीना सिंह के पुत्र बाबू रामसिंहासन सिंह तो रामचंदर दुसाध की गरदन ही दबोचने पर उतारू थे। भला हो, पंडित विश्वनाथ मिश्रा के पुत्र शिवनाथ मिश्रा का, जिसने उन्हें ऐसा करने से बरज दिया, 'ए बाबू साहेब, इ दुसाध-चमार को छूकर धरम मत भ्रष्ट कीजिए। स्साला सब लात-जूता का पात्र है। जबतक खांची भर पाएगा नहीं, अकिल ठिकाने ना आएगा।'

उस दिन बुजुर्ग रामचंदर दुसाध की आंखों से बहा जल नयका पोखरा में कितना गिरा अंदाज लगाना मुश्किल है। लेकिन उनके पैर नयका पोखरा के कीचड़ में धंसते चले गए। लोगों का मानना है कि उसी कीचड़ में धंसकर रामचंदर दुसाध डूब मरे। तभी से गांव के लोग नयका पोखरा के उस ओर जाने से बचने लगे। बच्चों को तो सख्त हिदायत दी गई थी कि कीचड़ घाट में रामचंदर दुसाध का भूत रहता है। कोई भूल से भी उधर गया तो वह उसे पकड़ लेगा। उस दौर को गुजरे जमाना हो गया।

रामचंदर दुसाध का भूत तो किसी को नहीं दिखा। लेकिन उनके भूत का खौफ आजतक बरकरार है।

इस दौरान नयका पोखरा में पानी घटता-बढ़ता रहा। पानी के इस बुझौव्वल को बूझने के लिए बाबू रामसिंहासन सिंह के आदेश से नयका पोखरा के

बीचोबीच लकड़ी का एक खंभा गाड़ा गया। जिसे गांव वालों ने नाम दिया लट्ठा। नयका पोखरा के सीने में गड़ा यह लट्ठा बाबू रामसिंहासन सिंह की शान का प्रतीक था, जो कालांतर में उनके खानदान की पहचान के रूप में जाना जाने लगा। बाबू रामसिंहासन सिंह के पुत्र बाबू रामपुकार सिंह मुखिया तो एलानिया कहते हैं कि ये खाली लकड़ी का लट्ठा भर नहीं, हमारे खानदान की निशानी है। पुरखों की विरासत।

बात भी सही है। भला किसी को इंकार कैसे हो सकता था?

यही लट्ठा एक बार बाबू रामपुकार सिंह मुखिया और उनके चचेरे भाई बाबू रामविचार सिंह के बीच आ खड़ा हुआ। वो तो बाबू रामविचार सिंह की समझदारी से लट्ठम-लट्ठ की नौबत नहीं आई, वरना होने को तो कुछ भी हो सकता था।

हुआ यह था कि बाबू रामविचार सिंह के इकलौते पुत्र विशाल बाबू, जो कि बीएचयू में बीए कर रहे हैं, छुट्टी में घर आए थे। उन्हीं दिनों नयका पोखरा के इस लट्ठे पर उनके नाम के साथ सुमनवा का नाम खुदा पाया गया था। यह खबर जंगल की आग की तरह फैली और बाबू रामपुकार सिंह मुखिया तक पहुंचते-पहुंचते धधकने लगी। उसी वक्त बाबू रामविचार सिंह बैठक में तलब किए गए। मामले की नजाकत बाबू रामविचार सिंह भांप गए थे। बड़े भाई बाबू रामपुकार सिंह के आगे सीधे हाथ जोड़कर खड़े हो गए, 'ए भइया, सारा गांव जानता है कि नयका पोखरा में लट्ठा बड़का बाबू जी गड़वाए थे। वो लट्ठा खानदान की निशानी है, हमको भी पता है। नया लड़का सब यह बात भले भुला जाए, लेकिन हम कैसे भुला जाएंगे? बच्चा से गलती हो गई। हम माफी मांगते हैं। आइंदा कुछ किया तो आप जो चाहे, वो सजा दे दीजिएगा। हम कुछ नहीं बोलेंगे।'

बाबू रामपुकार सिंह थोड़ा नरम पड़े। जो भी हो, भाई हाथ जोड़कर माफी मांग रहा है, यह क्या कम बड़ी बात है? माफ तो करना ही पड़ेगा। यूं भी यह अवसर उनके रौब पर मुहर लगाने के लिए काफी था। यही बड़प्पन दिखाने का भी सही समय था। बैठक में मौजूद वशिष्ठ बाबू, पंडित भोलानाथ मिश्रा, राजेंदर सिंह समेत बाबू रामविचार सिंह से मुखातिब होते हुए उन्होंने भरसक उदारता दिखाई, 'दूसरा कोई ये हरकत किया होता तो स्साले को उलटा लटका देते। लेकिन क्या करें, अपने खून के आगे खून का घूंट पीकर ही रह जाना है।' इस उदारता में कितनी कठोरता थी, किसी से छिपा नहीं था। फिर भी बाबू रामविचार सिंह ने राहत की सांस ली। बाबू रामपुकार सिंह को आश्वस्त करने के लिए बाबू रामविचार सिंह ने झट से अपनी ओर से यह फैसला भी सुना दिया, 'विकास बाबू को आज रात ही बनारस भेज देते हैं।'

'हां, हमको भी उनका लक्षण कुछ ठीक नहीं बुझाता है। जरा लगाम कसिए उन पर।' बाबू रामपुकार सिंह ने सख्त लहजे में हिदायत दी। वहां अब और ठहरे

रहना उचित नहीं था, लिहाजा बाबू रामविचार सिंह चलने को हुए कि पंडित भोलानाथ मिश्रा टोक बैठे, 'ए बाबू साहेब, विकास बाबू जो किए हैं, वह शोभा नहीं देता। बताइए भला, आपन नाम के साथ-साथ सुमनवा दुसाधिन का नाम जोड़ के जग हंसाइए ना किए हैं?'

जानते तो सबकुछ थे बाबू रामविचार सिंह, लेकिन यहां, सबके सामने, यह जिक्र उन पर घड़ों पानी डाल गया। बेबसी ऐसी कि कुछ बोलते नहीं बना। आखिर अपना ही सिक्का खोटा था, प्रतिवाद करते भी तो क्या?

ऐन इसी वक्त बाबू रामपुकार सिंह ने एक और हिदायत दी, 'चरित्तर बढ़ई को कहकर लट्ठा की सफाई करवा दीजिएगा।' मुंह से तो नहीं, लेकिन सिर हिलाकर सहमति देने के साथ ही बाबू रामविचार सिंह लपकते हुए बैठक से बेआबरू निकले। उसी रात विकास बाबू बनारस के लिए रवाना कर दिए गए। उनके पीछे गांव के युवकों में सुमनवा के लिए होड़-सी लग गई। पंडित भोलानाथ मिश्रा का बेटा शंकर मिश्रा तो डंके की चोट दावा करने लगा, 'ये ही शिवाला में पटककर सुमनवा पर ना चढ़े तो हमू असल की औलाद नहीं।'

इस खुल्लम-खुल्ला एलान पर गोल में बैठे लड़के ठहाका लगाकर हंस पड़ते। लेकिन बाबू रामपुकार सिंह के पुत्र विशाल बाबू मूंछों पर ताव देते हुए मंद-मंद मुस्कराते। इस मुस्कराहट का अर्थ सभी समझते थे-चाहे जो हो विशाल बाबू एक ना एक दिन झंडा जरूर फहराएंगे। बस, वह शुभ दिन कब आएगा, यही किसी को नहीं पता था।

अब इसे संयोग कहें या दुर्योग कि जिस सुमनवा पर विजय हासिल करने के विशाल बाबू ने मंसूबे बांध रखे थे, वही हाथ आते-आते छिटक गई। ऊपर से उसने जो बवाल खड़ा किया, सो अलग। हिम्मत देखिए सुमनवा की, कि जिस मरदाना घाट पर, छोटजतिया तो क्या, गांव की किसी भी औरत को पैर रखने की इजाजत नहीं थी, उसी पर वह भरी दुपहरिया कपड़े धोने चली आई। उसकी इस हिमाकत को विशाल बाबू और शंकर मिश्रा ने रंगे हाथ पकड़ा। फिर क्या था? जिसने भी सुना उसका कलेजा कंठ को आ लगा। पेशानी पर ऐसे बल पड़े कि उसमें ढेरों कही-अनकही उलझकर रह गई।

यह घटना साधारण नहीं थी। सीधे-सीधे गांव की मान-मर्यादा का उल्लंघन थी। पीढ़ियों से मान्य परंपरा का खुलेआम निषेध थी। जो कभी नहीं हुआ, वह अब हो गया था।

नयका पोखरा के मरदाना घाट से चार-पांच बांस पूरब है जनाना घाट। घाट कच्चा था। गांव की औरतें, लड़कियां पैरों से थाह-थाह कर पानी में उतरतीं और पांव कीचड़ में रोपे-रोपे सुख-दुख बतियातीं। कौन किस बात पर हंसती, किस बात पर रोती, नयका पोखरा का वह एक जनाना घाट ही था, जो इस

रहस्य को जानता था। कोई इस घाट के मौन को सुन पाता तो पता नहीं, कितनी अबूझ कहानियां सुनाई पड़तीं। लेकिन जनाना घाट, जनाना मन एक से थे। मौन उनकी नियति थी।

इस मौन में पहला पत्थर बाबू रामपुकार सिंह की पत्नी विभा देवी ने डाला था।

तब उनके ब्याह के महज छह महीने ही बीते थे कि विभा देवी ने पति बाबू रामपुकार सिंह से इतराते हुए कहा था, 'ए जी, इतना सुंदर तो नयका पोखरा है। लेकिन वहां नहाना-धोना तो एकदम दुष्कर है। घुटना-घुटना कीचड़। लगता है पांव अब धंसा कि तब।'

बाबू रामपुकार सिंह सुनते रहे। बोले कुछ नहीं।

देर रात जब वह शयनकक्ष में आए तो विभा देवी का फूला मुंह देखकर अचकचा गए। झट से उन्हें अंकवारी में भरते हुए मनुहार करने लगे, 'देखिए, बाप-दादा के जमाने से ही पोखरा ऐसा है। वे लोग कुछ सोचकर ही जनाना घाट को पक्का नहीं बनवाए। अब वह परंपरा हम कैसे तोड़ सकते हैं?'

विभा देवी चुप थीं। चुप ही रहीं।

बाबू रामपुकार सिंह को लग गया कि विभा देवी ऐसे नहीं मानने वाली। लिहाजा उन्होंने प्रेमपाश का नया पांसा फेंका, 'आपको दिक्कत होती है, तो एक काम करते हैं। जनाना घाट पर एकठो पत्थर रखवा देते हैं। उसी पर कपड़ा-लत्ता धोइए। बाल्टी भर पानी लेकर उसी पर बैठे-बैठे नहाइए।'

विभा देवी का मान टिकता भी तो कितनी देर? ज्यादा तनतीं, तो बाबू रामपुकार सिंह हत्थे से भी उखड़ सकते थे। पति का सुझाव सिर आंखों पर रखने के अलावा कोई उपाय भी तो नहीं था। अगले ही क्षण उन्होंने आत्म समर्पण कर दिया।

जिस दिन जनाना घाट पर तीन फुट गुणा चार फुट का पत्थर रखा गया, सारे गांव में चर्चा रही। चर्चा भी ऐसी कि भूतो न भविष्यत।

वह पत्थर बाबू रामपुकार सिंह की पत्नी के लिए था, इसलिए किसी की क्या मजाल कि कोई दूसरा उसका उपयोग करता। यह घोषित-अघोषित हर रूप में तय था कि उस पत्थर पर सिर्फ विभा देवी का ही एकाधिकार था। लेकिन औरत की जात और समय की बिसात को क्या कहिए? जो हुआ, वह कम अजगुत नहीं था। इस अजगुत को भी गांव ने चकित भाव से देखा।

वह गर्मी की सुबह थी। सुबह क्या, अभी भोर ही हुई थी। मुंह अंधेरे ही झुंड की झुंड औरतें पोखरा नहाने पहुंचने लगी थीं। उसी झुंड में थीं, बाबू रामविचार सिंह की पत्नी मानो देवी। जेठानी पर नजर पड़ते ही देवरानी ने पांव छुए। जेठानी ने जी भरकर आशीषा। देवरानी ने तीन गुणा चार फुट के पत्थर को हसरत से निहारते हुए टहोका लिया, 'दीदी, बढ़िया की जो पत्थर रखवा लीं। नहीं तो बाप रे बाप, जनाना घाट खाली नामे का है।'

'हां, जी, बहुत परेशानी थी, तभी तो उपाय निकाले।' बताते-बताते विभा देवी के भीतर कुछ करका, जिसे वह सायास जब्त कर गईं, 'अब कुछ तो सहल हो ही गया है।'

'इधर भी पक्का घाट बन जाता तो, कितना अच्छा होता न?' मानो देवी मन की कसक छिपा नहीं पाईं।

'ए चुप्पे रहो!' विभा देवी ने झिड़का, 'किसी से कहना भी मत। मरद से तो एकदमे नहीं। सुनते पांव की लहर कपार पर चढ़ जाएगी।'

जो गति तोरी, सो गति मोरी। मानो देवी ने उसांस भरी और बाल्टी में भरे कपड़े भिगोने लगीं।

विभा देवी ने मानो देवी को कनखियों से देखा। फिर हाथ के इशारे से पास बुलाया, 'ऐसे कपड़ा धोने में दिक्कत होती है। काहे नहीं तुम भी इसी पर धो लेती हो।'

इसी पर माने उसी पत्थर पर! मानो देवी को तो कुछ कहते नहीं बना। संकोच के मारे जड़ ही हो गईं। लेकिन विभा देवी ने तो उनका हाथ पकड़कर खींच ही लिया, 'अरे आओ न, मरदानी। इतना सोचना क्या?'

बाबू रामपुकार सिंह और बाबू रामविचार सिंह भले ही चचेरे भाई हों। भले ही दोनों के स्वभाव में जमीन-आसमान का फर्क हो, लेकिन था तो दोनों का खून-खानदान एक ही। दोनों परिवारों में लगाव स्वाभाविक था। गाहे-बगाहे यह लगाव दिखता भी। ऐसे अवसरों पर गांव उनकी मिसाल देते नहीं थकता। उस दिन यही लगाव विभा देवी और मानो देवी के बीच हिलोरें ले रहा था।

उस दिन उस पत्थर पर जेठानी-देवरानी काफी देर तक हंसी-ठिठोली करती रहीं। काफी देर तक नयका पोखरा का पानी हिलकोरें लेता रहा। काफी देर तक कपड़ों के साथ-साथ दोनों के मन धुलते-घुलते रहे। बातों-बातों में देवरानी मानो देवी ने जैसे जेठानी विभा देवी की किसी दुखती रग को छेड़ दिया, 'दीदी, आपको तैरना आता है?'

विभा देवी की आंखें मानो देवी की आंखों से मिलीं। आंखों में कौंधती चमक लेकिन जवाब में गहरा अफसोस, 'मन तो बहुत था। लेकिन न मैका में मौका मिला, न ससुराल में।'

'जानती हैं, दीदी। मरदाना लोग को तैरते देखके मन बड़ा कुलबुलाता है।' मानो देवी के मन का सोता हहराकर फूट पड़ा, 'हमारा वश चले तो पूरे पोखर में छप-छप करूं।'

उस दिन वह पत्थर ही नहीं साझा हुआ था, जमुना-गंगा का जल भी साझा हुआ था।

साझेपन का यह सिलसिला चलता रहा। लेकिन जैसा कि होता है वक्त और हालात हमेशा एक-से नहीं होते। इस साझेपन के साथ भी ऐसा ही हुआ। पता नहीं किसकी नजर लगी कि साझेपन का यही पत्थर विभा देवी और मानो देवी पर भारी पड़ गया।

विशाल बाबू और विकास बाबू अक्सर अपनी मांओं के साथ नयका पोखरा आ जाते। दोनों उछलते-कूदते उस पत्थर पर कभी-कभी हाथापाई पर उतर आते। दोनों का बचपना समझकर विभा देवी और मानो देवी उन दोनों को डांट-डपटकर चुप करा देतीं। लेकिन बच्चे तो बच्चे ही ठहरे। थोड़ी देर बाद फिर धींगामुश्ती करने लग जाते।

ऐसी ही धींगामुश्ती के दौरान एक दिन विशाल बाबू ने विकास बाबू को इतनी जोर से धक्का दिया कि वह गहरे पानी में डूबने-उतराने लगे। विभा देवी, मानो देवी इस कदर बतकहीं में मगन थीं कि उन्हें पता ही नहीं चला कि कब विशाल बाबू ने विकास बाबू को धक्का दिया और कब पानी में छपाक की आवाज उभरी। वह तो सुमनवा की मां बसमतिया की चीख सुनकर विभा देवी और मानो देवी दहल उठीं। आंखों के सामने विकास बाबू को गोता खाते देख मानो देवी का कलेजा फट पड़ा। विभा देवी को जैसे काटो तो खून नहीं।

बसमतिया झपट्टा मारती पानी में कूदी और गोता लगाकर सीधे विकास बाबू के पास जा पहुंची। ऊभ-चूभ हो रहे विकास बाबू के बाल पकड़कर बसमतिया किनारे लौटी तो खुद उसकी सांसें उखड़ रही थीं। विकास बाबू की आंखें तो उलट ही गई थीं। हांफती बसमतिया विकास बाबू को जमीन पर लिटाकर उनका पेट दबाने लगी। विकास बाबू पानी पी गए थे। पेट दबाते ही मुंह से हुल्ल-हुल्ल कर पानी निकलने लगा।

मानो देवी हकासी-सी विशाल बाबू की देह पर गिर पड़ीं। जब तक वह सामान्य नहीं हुए, मानो देवी सुबकती रहीं।

अवाक-सी खड़ी विभा देवी को तो कुछ समझ में ही नहीं आ रहा था कि वह करें तो क्या करें? आव देखा न ताव, क्रोध में कांपती वह पलटीं और सन्न खड़े विशाल बाबू के गाल पर एक झन्नाटेदार थप्पड़ रसीद ही तो कर दिया।

विशाल बाबू भोंकार फाड़कर जो रोए कि विभा देवी का कलेजा मुंह को आ लगा।

उस घटना के बाद, उस पत्थर का साझापन टूट गया।

कुछ दिनों बाद जनाना घाट पर तीन फुट गुणा ढाई फुट का एक दूसरा पत्थर नमूदार हुआ जिस पर बैठकर मानो देवी कपड़े धोते हुए दिखीं। लगभग मौन। कभी-कभार बोलती बतियाती भी तो बसमतिया से या उसकी बेटी सुमनवा से।

सुमनवा थी बड़ी चंट। बित्ता भर की छोकरी, बात करती बड़ी-बड़ी, 'अच्छा मां जी, एक बात बताइए तो, जो पानी में डूब जाता है, वो भूत बन जाता है?'

मानो देवी सुमनवा के इस प्रश्न पर एकबारगी सिहर गईं। उनकी आंखों में डूबते विकास बाबू का दृश्य उभर आया था। बड़ी मुश्किल से सुमनवा को उत्तर दे पाईं, 'लोग ऐसा ही कहते हैं।'

'विकास बाबू बूड़ जाते तब...?' मासूम का मासूम सवाल। मानो देवी की आंखें डबडबा आईं। वह कुछ बोलतीं, इससे पहले ही पास बैठी बसमतिया चीख पड़ी, 'अरे सुमनवा, तुमरी जुबान ढेर चलती है। चुप रहती है कि ना?'

सुमनवा अपनी मां की चीख और मानो देवी की तरल चुप्पी के बीच बुरी तरह सहम गई थी।

बसमतिया ने माफी मांगते हुए स्थिति संभाली थी, 'मालकिन, बच्चा है। उसको कुछ बुझाता नहीं है।'

मानो देवी ने बस गरदन हिलाई–कोई बात नहीं।

'क्या है न, मालिकिन, पता ना कौन सुमनवा को बता दिया कि उसके पड़दादा पोखरा में बूड़ के भूत बन गए हैं। बस, वही बात उसके मन में बैठ गई है।' बसमतिया ने लगे हाथ सफाई दे डाली।

मानो देवी के होंठों पर उदास-सी मुस्कराहट लौटी, 'बच्चा है...। जो देखे-सुनेगी, वही तो जानेगी।'

वही सुमनवा, कब विकास बाबू के साथ मानो देवी के तीन गुणा ढाई फुट के पत्थर पर चढ़कर खेलने लग गई, किसी के ध्यान में नहीं आया। वो तो बसमतिया ने बरजा, फिर भी सुमनवा जिद पर अड़ गई, तब मानो देवी ने गौर किया। वह बस हंसकर रह गईं। लेकिन विभा देवी को यह नागवार गुजरा। उन्होंने एक दिन खड़े-खड़े बसमतिया का पानी उतार दिया, 'बेटी को औकात में रखो, बसमतिया। इसका लच्छन ठीक नहीं बुझाता है।'

कटकर रह गई बसमतिया। मानो देवी वहीं थीं। लेकिन वह सिर झुकाए चुप रहीं। अंदर उठती हूक को दबाए बसमतिया सुमनवा का झोंटा पकड़कर खींचते हुए सीधे घर ले आई। घर के भीतर घुसते ही मां-बेटी कलपते हुए एक दूसरे से लिपट गईं। दोनों की बेजुबान सुबकी बड़ी देर तक दीवारों से टकराती रही।

बसमतिया अपने जानते-बूझते सुमनवा पर कड़ी नजर रखती। लेकिन सुमनवा तो जनम-जाते चंट थी। स्कूल जाती तो रास्ते में बुढ़वा बरगद पर चढ़कर कूदा-फांदी करती। नयका पोखरा जाती तो सबकी आंख बचाकर पानी में छप-छप हाथ-पैर मार लेती। पढ़ती तो पूरी की पूरी किताब ही रट जाती। खेलती तो सबको ऐसा पछाड़ती कि कई-कई दिनों तक लड़कियों में रुसा-फूली बनी रहती।

बाप डपटता तो बसमतिया लड़ पड़ती, 'बेटी है। कितने दिन रहेगी साथ? मन की साध, जितने दिन है, करे दीजिए पूरा।'

'हम क्या उसके दुसमन हैं?' बाप मसुआए मन से दलील देता, 'लेकिन एक तो लड़की ऊपर से छोटजतिया, अपना हदे में रहे तो ठीक।'

बसमतिया तड़प उठती, 'छोटजतिया हैं तो क्या हर बात पर मन मार के रहें? ये कहां का न्याय है?'

न्याय-अन्याय सोचना सुमनवा के बाप के वश की बात नहीं थी। वह तो अपने दादा रामचंदर दुसाध की गति देख चुका था। उस दहशत का सबक मन में गहरे तक धंसा था। किसी तरह वह बसमतिया को चुप करा देता। लेकिन अपनी जायी सुमनवा का क्या करे वह?

वही सुमनवा नयका पोखरा के मरदाना घाट पर कपड़े धोते हुए पकड़ी गई थी।

जेठ की चिलचिलाती दोपहरिया में, जब एक चिरई-चुरुंग तक का आगम नहीं मिल रहा था, विशाल बाबू और शंकर मिश्रा ने सुमनवा को रंगे हाथ पकड़ लिया था।

कितना सच, कितना झूठ, यह तो भगवान भोलेनाथ ही जानें। लेकिन विशाल बाबू का कहनाम और शंकर मिश्रा के दावे को झटकारती सुमनवा बस एक ही रट लगाए हुए थी, 'दोनों अपना मुंह काला करे की कोशिश किया। वह तो हम विशाल को दांत काटे और शंकर को लात मारकर किसी तरह जान बचाके भागे।'

कौन झूठ बोल रहा है, कौन सच? इसका फैसला कौन करे? मुखिया बाबू रामपुकार सिंह तो सुबह ही सुबह प्रखंड कार्यालय निकल गए थे। फिर उनके आने तक फैसले को रुकना ही था। फैसला रुका रहा। बाबू रामपुकार सिंह देर शाम गांव लौटे।

प्रखंड कार्यालय जाना जरूरी था। भनक लगी थी कि मुखिया चुनाव का नोटिफिकेशन दो-चार दिन में ही होने वाला है। बस, एक साथ कई काम याद आ गए थे। दो-दो बिल पेंडिंग थे। एपीएल-बीपीएल की सूची में संशोधन करवाना था। इंदिरा आवास योजना की दूसरी किस्त फंसी थी। सरकारी स्कूल के हेडमास्टर ने कमीशन देने में आनाकानी की थी, उसका ट्रांसफर काहे नहीं हुआ ये पता करना था। कितना तो सब लफड़ा था और चुनाव की घंटी अब बजी कि तब।

बीडीओ ऑफिस के ठीक सामने मोटरसाइकिल खड़ी कर वह धड़धड़ाते हुए बीडीओ साहेब के कक्ष में जा घुसे थे। वहीं बैठकर फाइल निबटा रहे बड़ा बाबू से पता चला कि बीडीओ साहेब अर्जेंट मीटिंग में डीएम ऑफिस गए हैं।

बाबू रामपुकार सिंह को थोड़ी हताशा-सी हुई। लेकिन उसी वक्त बड़ा बाबू ने आस जगा दी, 'उम्मीद तो है कि तीन बजे तक आ जाएंगे। वैसे डीएम साहेब का कोई भरोसा नहीं है। बाते-बेबाते सबको हड़काते रहते हैं।'

'एससी है न। इसीलिए ढेर पादता है।' बाबू रामपुकार सिंह ने नाक सिकोड़ी गोया बदबू उनके अंदर घुसनेवाली हो। बड़ा बाबू फुसफुसाए, कहीं कोई उनकी

आवाज सुन न ले, 'डीएम एक नंबर का खचड़ा है। पिछली मीटिंग में तो बीडीओ साहेब की इज्जते उतार दिया था। एपीएल, बीपीएल से लेकर इंदिरा आवास तक सब फाइल उठा के फेंक दिया। बोला कि सब फेक है। जांच करावे की धमकी दिया था।'

बाबू रामपुकार सिंह अंदर तक सिहर गए। लगा कि पांव के नीचे से धरती खिसकी। किसी तरह स्वयं को संभालते बड़े बाबू के सामने पड़ी कुर्सी पर बाबू साहिबी अंदाज में धम्म से पसर गए, 'अफसर लोग को न हड़काता है। हमरे जैसे मुखिया से पाला पड़े तब न?'

'ए मुखिया जी, चुप्पे रहिए।' बड़े बाबू मीठी झिड़की के साथ मुस्कराए, 'ये डीएम डबल पावर का मालिक है।'

बाबू रामपुकार सिंह बड़े बाबू के इस बुझव्वल पर चिहाए, 'डबल पावर?'

'लीजिए, ये भी ना बूझते हैं?' बड़े बाबू पैंट की जेब से चुनौटी निकालते हुए थोड़ा बेंड़ा हुए, 'एक तो डीएम का पावर ऊपर से एससी का गुमान। गजेंदर पांडे विधायक वाला किस्सा नहीं सुने हैं क्या?'

गजेंदर पांडे विधायक वाला किस्सा तो बाबू रामपुकार सिंह सुने ही थे। लेकिन बात आई–गई सोचकर भूल भी गए थे। अब जबकि बड़े बाबू ने कुरेदा, तो एकबारगी सबकुछ याद आ गया। उत्तेजना भरी उत्सुकता के साथ वह बड़े बाबू के गरीब झुक आए, 'बड़ा बाबू, सुने तो थे कि गजेंदर पांडे डीएमवा से उसके ऑफिसे में गाली–गुप्ता किए थे। उसके बादो कुछ हुआ है क्या?'

'कौन दुनिया में रहते हैं, मुखिया जी?' खैनी मलते बड़े बाबू की आंखें सिकुड़ीं, होंठ फुसफसाए, 'विधायक जी के खिलाफ डीएम साहेब एसी–एसटी आयोग में केस ठोक दिए हैं। विधायक जी को जवाब देते नहीं बन रहा है। सीएम भी उनसे नाराज हैं। देखिए, क्या होता है?'

बाबू रामपुकार सिंह को तो लगा कि कुर्सी हिल रही है। काकर हत्था थाम लिए। स्वयं को संभालने की कोशिश में जबान लटपटा गई, 'ए बड़ा बाबू, बुझाता है, इस सरकार का भी दिन पूर गया है!'

'क्या पूरेगा, मुखिया जी!' खैनी चुटियाते बड़े बाबू तिताई भरे मुंह से बड़बड़ाए, 'पंद्रह साल से तो देखिए रहे हैं। आगे भी कुछ ना होने वाला है।'

बाबू रामपुकार सिंह का मन तो किया कि बड़े बाबू को कस के जवाब दें। लेकिन यह सोचकर कि बड़ा बाबू काम का आदमी है, जरा नरम लहजे में ही बोले, 'पोलटिक्स का कोई भरोसा ना है, बड़ा बाबू। कब बाजी पलट जाए, कोई नहीं जानता है।'

पता नहीं बड़े बाबू पॉलिटिक्स बतियाने से बचना चाह रहे थे या सचमुच तलब हो आई थी, कुर्सी से उठते हुए बोले, 'बाथरूम से आते हैं।'

बाबू रामपुकार सिंह भी कुर्ते की बांह समेटते हुए उठे और बड़े बाबू को लगे हाथ न्योता दे दिए, 'लस्सी पीना हो तो गनौरिया की दुकान पर आइए। हम वहीं इंतजार कर रहे हैं।'

काम की बात खुलकर गनौरिया की दुकान पर ही हो पाती है। बड़ा बाबू से लेकर प्यून तक के पेट का रहस्य वहीं खुलता है। वहीं पर खुले बड़ा बाबू। बड़ा गिलास, छालीमार लस्सी पीने और बनारसी पान, 360 नंबर जर्दा के साथ दबाने के बाद बड़े बाबू का मूड बना, 'ए मुखिया जी, आपका काम कभी रुका है, जो अब रुकेगा। नोटिफिकेशनो होगा तो क्या, सब काम बैकडेट में हो जाएगा।'

बाबू रामपुकार सिंह बड़े बाबू के इसी गुण पर तो सदा निछावर रहे हैं। ससुरा टानता जरूर है, लेकिन बीडीओ साहेब की कृपा से काम करने-कराने में एक नंबर उस्ताद है।

बाबू रामपुकार सिंह आश्वस्त हुए। बीडीओ साहेब की प्रतीक्षा में देरी हुई। लेकिन चार बजते-बजते उनके भी दर्शन हो ही गए। बाबू रामपुकार सिंह पर नजर पड़ते ही तपाक से बोल पड़े, 'मुखिया जी, अलगा-पिछला सब हिसाब दुरुस्त करा लीजिए। डीएम कब धावा बोल देगा, कहना मुश्किल है।'

बीडीओ साहेब की अदा में ठसक वाला अंदाज नहीं था। लगता है डीएम सारा कस-बल निकाल दिया है। मन ही मन सोचते बाबू रामपुकार सिंह ने टोह लेने की कोशिश की, 'बीडीओ साहेब, क्या बात है, कुछ ज्यादा परेशान लग रहे हैं?'

'यही समझिए, मुखिया जी!' बीडीओ साहेब की घुमड़न फूट पड़ी, 'नौकरी बचाना मुश्किल हो रहा है। डीएम डंडा किए हुए है। गरीब का हक मारा तो सीधे जेल भेजने की धमकी देता है।'

बाबू रामपुकार सिंह ने बीडीओ साहेब को कभी इतना बेबस नहीं देखा था। मन में करुणा उमड़ पड़ी, 'शूद्दर सबका दिमाग कुछ ज्यादा चढ़ गया है।'

'मुखिया जी, इन लोगों से बच-बचाके चलने में ही भलाई है।' बीडीओ साहेब ने जैसे खुद के साथ-साथ बाबू रामपुकार सिंह को भी नसीहत दी।

थोड़ी धुकधुकी, थोड़ी आशंका और थोड़े भारी मन से लौटते हुए बाबू रामपुकार सिंह को काफी देर हो गई थी।

दुआर पर मोटरसाइकिल खड़ी कर गमछे से पसीना पोंछ ही रहे थे कि पंडित भोलानाथ मिश्रा की हांक सुनकर अचकचा गए। पंडित भोलानाथ मिश्रा खड़ाऊं खटखटाते लपके आ रहे थे। करीब आते-आते लगा कि चेहरा ही नहीं, पूरी की पूरी देह बदहवासी में है। बाबू रामपुकार सिंह कुछ पूछते-समझते, उससे पहले ही पंडित भोलानाथ मिश्रा बोल पड़े, 'हम आपका ही रास्ता देख रहे थे। बड़ी देर लगा दिए?'

'हां, पंडित जी, बीडीओ साहेब डीएम के यहां मीटिंग में गए थे। उन्हीं की इंतजारी में देरी हो गई।' बाबू रामपुकार सिंह ने उत्सुकता के साथ पंडित भोलानाथ मिश्रा को टोका, 'इतना अकबकाए काहे हैं?'

पंडित भोलानाथ मिश्रा के भीतर जब्त हाहाकार फट ही तो पड़ा। वह एक ही सांस में सारा किस्सा सुना गए। इस दौरान उत्तेजना, क्रोध और बेबसी के इतने भाव आए-गए कि पंडित भोलानाथ मिश्रा भी नहीं समझ पाए कि उनके मन की अवस्था क्या है? बात खत्म करते-करते वह लगभग कांपने लगे थे, 'सुमनवा की माई तो थाना-पुलिस की बात करे लगी थी। वो तो हम उसके बाप को हड़काये कि मुखिया जी को आवे दो, फिर जो बुझाए सो करना।'

बाबू रामपुकार सिंह को तो लगा कि एड़ी की लहर माथे पर चढ़ आई हो। स्साली बसमतिया की ये मजाल? थाना-पुलिस जाएगी? आज तक जो गांव में ना हुआ, अब वह करेगी? इतनी दिलेरी उसमें आई कहां से?

अचानक माथे पर बल पड़ गए। पंडित भोलानाथ मिश्रा के चेहरे पर आंखें गड़ाए हुए वह एकदम से फट पड़े, 'पंडित जी, बसमतिया का माथा ऐसे ही नहीं चढ़ा है। जरूर कोई उसको सिखा-पढ़ा रहा है।'

'मुखिया जी, छोटा मुंह, बड़ी बात!' पंडित भोलानाथ मिश्रा दाएं-बाएं देखते फुसफुसाए, 'हमको तो आपके बाबू रामविचार सिंह के घर का ही हाथ बुझाता है।'

बाबू रामविचार सिंह का कलेजा धक्क कर गया। हो न हो ऐसा ही हो। उनके मन में कहीं गहरे दबी आशंका ने एकबारगी सिर तान लिया-सीधे-सादे दिखने वाले उन्हीं के चचेरे भाई बाबू रामविचार सिंह इतना बड़ा खेल खेल रहे हैं? जी में तो आया कि अभी ही बाबू रामविचार सिंह को बुलाकर लगे हाथ नौ-छौ कर लें। लेकिन पता नहीं, क्या तो सूझा कि भीतर के उफान को भीतर ही दाब लिए।

माथे का पसीना गमछे से पोंछते हुए बाबू रामपुकार सिंह बैठका की ओर बढ़े, 'देखिए पंडित जी, अब आप कह रहे हैं, तो हमको भी इस तरफ सोचना पड़ेगा।' फिर ठिठककर पंडित भोलानाथ मिश्रा का ध्यान खींचा, 'आज जो हुआ है पहले उससे निबटना जरूरी है। गांव के मुखिया हैं हम। धरम तो निभाना ही होगा।'

पंडित भोलानाथ मिश्रा ने कुछ कहना चाहा। लेकिन रजुआ को लोटा भर पानी और गिलास के साथ आते देख रुक गए।

बाबू रामपुकार सिंह बैठका में पड़ी प्लास्टिक की लाल कुर्सी पर बैठ गए। रजुआ से गिलास लिया। रजुआ लोटे से गिलास में पानी भरने लगा, तो बाबू रामपुकार सिंह ने पंडित भोलानाथ मिश्रा को हांक लगाई, 'बुलावाइए सबको...मामला सबके सामने फरियाना होगा।'

पंडित भोलानाथ मिश्रा को पता नहीं क्यों तो आभास हुआ कि बाबू रामपुकार सिंह की आवाज में हमेशा रहनेवाली ठसक नहीं है। कहीं भाई का नाम सुनकर खून ठंडा तो नहीं गया? जो हो, अभी तो इस सुमनवा वाली मुसीबत से पार पाना ज्यादा जरूरी है। विशाल बाबू के साथ अभागा अपना शंकरवा भी तो लपटाया हुआ है! यह टाइम ज्यादा आगा-पीछा सोचने का नहीं है। कैसेहू करके मुखिया जी यह मामला सुलटा दें, बस!

देखते-देखते गांव जुट गया। खचाखच भर चुकी बैठका में मुखिया बाबू रामपुकार सिंह प्लास्टिक की जिस लाल कुर्सी पर बैठे थे, उसके पीछे लंबा-सा बरामदा था। बरामदे के बीचोबीच घर का मुख्य द्वार था। मुख्य द्वार के दरवाजे की ओट लेकर बाबू रामपुकार सिंह की पत्नी विभा देवी खड़ी थीं। उनके चेहरे पर गहरा तनाव था, जिसे छुपाने की जुगत में वह सिर का आंचल खींचकर कोना दांतों से दबाए हुए थीं।

बाबू रामपुकार सिंह के चेहरे का तनाव छुपाए नहीं छुप रहा था। बेचैन आंखें पूरी भीड़ का जायजा लेते हुए बगल में ही चौकी पर पालथी मारकर बैठे वशिष्ठ बाबू पर जाकर टिक गईं, 'रामविचार सिंह नहीं दिख रहे हैं?'

'बनारस गए हैं।' वशिष्ठ बाबू ने सूचना दी, 'विकास बाबू की तबीयत ठीक नहीं है। उन्हीं को देखने गए हैं।'

इस सूचना पर बाबू रामपुकार सिंह को सहज ही विश्वास नहीं हुआ। अंदर की फांस कुछ ज्यादा ही करकने लगी। उन्हें महसूस हुआ कि पंडित भोलानाथ मिश्रा के होंठों पर वक्र मुस्कान नाच रही है। वह बौखलाए-से उठे और सामने उपस्थित समुदाय पर सरसरी निगाह डालते हुए सीधे मुद्दे पर आ गए, 'आज जो कुछ हुआ है, उसकी जानकारी आप सब लोगों को है। हम बीडीओ ऑफिस गए थे। अभी आए तो जानकारी मिली। सब जानकर हमारा तो माथा शर्म से झुक गया। बताइए, आजतक जो इस गांव में नहीं हुआ, वह आज हो गया। गांव की मर्यादा मिट्टी में मिल गई।'

बाबू रामपुकार सिंह क्षण-भर को रुके। भीड़ दम साधे हुए थी। एकबारगी उनकी आंखें सीधे सामने खड़ी बसमतिया और सुमनवा पर पड़ीं। दोनों के पीछे सुमनवा का बाप सिर झुकाए खड़ा था। बसमतिया तो एकटक उन्हीं को ताक रही थी। वह उसकी ताब नहीं सह पाए। झट से आंखें दूसरी तरफ फेर लीं। चौकी पर बैठे पंडित भोलानाथ मिश्रा, वशिष्ठ बाबू और राजेंदर सिंह के पीछे विशाल बाबू और शंकर मिश्रा मुस्की छांटते नजर आए। दोनों की इस हरकत पर आग-सी लग गई। बड़ी कठिनाई से स्वयं को जब्त करते हुए उन्होंने सीधे-सीधे शंकर मिश्रा को तलब किया, 'शंकर, सबके सामने बताओ कि आज क्या हुआ?'

अपना नाम लिए जाने से शंकर मिश्रा हड़बड़ा गया। जब तक वह कुछ समझता बाबू रामपुकार सिंह ने कड़क स्वर में आदेश दिया, 'इधर आओ, सबके सामने बताओ मामला क्या है?'

शंकर मिश्रा लुंगी घुटनों के नीचे खींचते हुए उठा कि विशाल बाबू ने उसकी दाहिनी जांघ दबा दी। गुदगुदी-सी उठी, जिसे जबरन दबाता वह बाबू रामपुकार सिंह के बगल में आकर खड़ा हुआ।

'सबके सामने एक-एक बात बताओ!' बाबू रामपुकार सिंह गरजे। चुप्पी साधे भीड़ में कई सिर हुलके। लाठी टेककर जमीन पर बैठे झूरी राय की गर्दन भी उठी जैसे सारा किस्सा ध्यान से सुनने की उत्सुकता है।

शंकर मिश्रा की निगाह बसमतिया के बगल में सिर झुकाए खड़ी सुमनवा पर पड़ी, तो सारा शरीर गनगना गया। स्साली हाथ आते-आते रह गई। अचानक कंठ सूखता-सा महसूस हुआ। किसी तरह थूक घोंटते हुए बोलना शुरू किया, 'हम और विशाल बाबू शिवाला में बैठे बतिया रहे थे। तभी क्या देखे कि सुमनवा मरदाना घाट पर आई और लगी कपड़ा फींचने। आवाज सुनकर हम दोनों बाहर आए और सुमनवा को मना करने लगे, तो वह उलटे मुंहजोरी करे लगी। बोली कि घाट यहां है, तो कपड़ा यहीं फींचेंगे। इस पर विशाल बाबू उसे जनाना घाट जाने को बोले, तो वह विशाल बाबू से उघटा-पैंची करने लगी। बोली मरदाना घाट क्या किसी की बपौती है। इस पर विशाल बाबू को गुस्सा आ गया। वह सुमनवा की बाल्टी उठाकर फेंक दिए। इतने में सुमनवा विशाल बाबू पर झपट पड़ी और उनको दांत काट ली। हम बीच-बचाव करे लगे तो वह हम पर भी लात चला दी।'

एक ही सांस में बोलते-बोलते शंकर मिश्रा का सीना धौंकनी की तरह चलने लगा था। लेकिन भीतर ही भीतर वह अपनी किस्सागोई पर मुग्ध हुआ जा रहा था। स्वयं विशाल बाबू भी शंकर मिश्रा की इस कला पर चकित थे। लेकिन इस मंत्रमुग्धता को सुमनवा की चीख ने तार-तार करके रख दिया, 'बाप रे बाप, इतना बड़ा झूठ! तोरा तो भगवानो ना माफ करेंगे।'

भीड़ में खलबली मच गई। झूरी राय के झुरियों भरे चेहरे पर कैसा तो अबूझपन उभर आया था। वह भकुआए-से नजर आ रहे थे। बाबू रामपुकार सिंह ने स्थिति को नियंत्रण में लेने के लिए कसकर घुड़की लगाई, 'चुप रहिए आप लोग। चुप रहिए! और ए सुमनवा, तुमरी बात भी सुनेंगे। धीरज रख! धीरज!'

भीड़ में शांति लौटी।

बाबू रामपुकार सिंह ने बगैर देरी किए विशाल बाबू को आवाज देने के लिए गरदन घुमाई कि नजर दरवाजे से झांकती पत्नी विभा सिंह पर जा पड़ी। उनकी आकुलता का अंदाजा लगते देर न लगी। उन्होंने झट से विशाल बाबू

को आवाज लगाई, 'क्या विशाल, शंकर मिश्रा जो कह रहा है, इस बारे में तुमरा क्या कहना है?'

विशाल बाबू तमतमाए से उठे और जहां खड़े थे, वहीं से अपनी दाहिनी कलाई दिखाते हुए चीखे, 'हां, सब सही है। देखिए, ऐसा दांत काटी है, कि खून निकल आया। स्साली कुतिया है, कुतिया।'

ऐन इसी बीच बसमतिया की दहाड़ से बाबू रामपुकार सिंह की बैठक की चूलें हिल गईं। वह मर्म पर पड़ी चोट से बिलबिला उठी थी, 'ए विशाल बाबू, जबान संभालिए जबान! जो मां-बहिन की इज्जत ना कर सकता है, उसकी बात का क्या भरोसा?'

अचानक सन्नाटा-सा छा गया। गांव ने आज वह देखा था, जिसकी कभी किसी ने कल्पना तक न की थी। कितने ही लोगों के दिल दहशत से डूबने लगे थे। आंखें अनहोनी की प्रतीक्षा में अपलक ठिठकी हुई थीं। झूरी राय तो जैसे जड़ ही हो गए थे।

बाबू रामपुकार सिंह की आंखों में खून उतर आया। चेहरा इस कदर तना कि नसें उभर आईं। मुट्ठियां मिंचीं। देह में उठी लहक कलेजे पर काबिज हो घुमड़ने लगी। जी में आया कि उठें और खड़े-खड़े ससुरी बसमतिया का पानी उतार दें। लेकिन नहीं। सारी हेकड़ी भीतर ही भीतर भरभराती-सी लगी। ना... बसमतिया ऐसे ही चढ़बांक नहीं हो रही है। जरूर कोई ना कोई उसकी पीठ पर है। कौन? बाबू रामविचार सिंह? जवाब नहीं था। लेकिन खोजना तो पड़ेगा ही।

भीड़ में सन्नाटा। सन्नाटे में दहशत। माहौल पिन की नोंक पर टंगा हुआ था।

अचानक बाबू वशिष्ठ सिंह फनफनाते हुए उठे और पूरी ताकत लगाकर गरजे, 'अरे बसमतिया, औकात भुला गई क्या रे? ढेर बोली तो...।'

बाबू रामपुकार सिंह ने उतनी ही तेजी से बाबू वशिष्ठ सिंह की बात काटते हुए हस्तक्षेप किया, 'ए वशिष्ठ बाबू, आप चुप रहिए। हम हैं न! हमरे रहते किसी को कुछ बोलने की जरूरत नहीं है।'

वशिष्ठ बाबू कसमसाकर रह गए। बैठे भी इस ऐंठ से कि चौकी से चर्र की आवाज निकल पड़ी।

सामने मौजूद भीड़ में कुछ सिर हिले—बाबू रामपुकार सिंह ठीक ही कहते हैं। उनके रहते किसी और को बोलने की क्या जरूरत?

'सुमनवा, तू बता, तोरा क्या कहना है?' बिना वक्त गंवाए बाबू रामपुकार सिंह सुमनवा से मुखातिब हो गए।

सुमनवा जहां खड़ी थी, वहीं से पूर्ववत सिर झुकाए फट-सी पड़ी, 'शंकर और विशाल दोनों लोग झूठ बोल रहा है। हम जनाना घाट पर कपड़ा फींच रहे

थे। दोनों हमको वहीं पकड़ लिया। हम चीखने लगे तो दोनों हमरा मुंह दाब दिया और उठाकर शिवाला में ले गया।'

'झूठ बोल रही है, सुमनवा। सरासर झूठ।' तैश में भरे शंकर मिश्रा ने तपाक से प्रतिवाद किया।

बाबू रामपुकार सिंह ने आंखें तरेरीं। पंडित शिवनाथ मिश्रा ने डपटा, 'चुप्प! कौन सांच, कौन झूठ इसका फैसला मुखिया जी न करेंगे, कि तुम करेगा?'

शंकर मिश्रा सिटपिटा गया।

'बोल सुमनवा, तू बोल!' बाबू रामपुकार सिंह ने आदेश दिया।

'दोनों लोग की नीयत ठीक ना थी।' सुमनवा का गला भर आया। रोकते-रोकते भी फफक पड़ी, 'कैसेहू हम अपनी इज्जत बचाए। विशाल की कलाई पर दांत काटके जान छुड़ाए। शंकर पकड़े के लिए लपका, तो हम उसको लात मारके शिवाला से भागे।'

अपनी बात पूरी करते न करते सुमनवा की हिचकी बंध गई, 'हमरा साथ जो हुआ हम सच-सच बता दिए। जिसकी किरिया चाहे खिला लीजिए।'

इस बार सन्नाटे में आंसू, हिचकी, बेचैनी और चुनौती एक साथ हहरा रही थी।

बाबू रामपुकार सिंह को आज पहली बार महसूस हुआ कि उनके वर्चस्व को कोई सीधे चुनौती दे रहा है। अभी इसी वक्त कुछ नहीं किया तो उनका सारा तिलिस्म टूट जाएगा। लेकिन क्या? इस सवाल के जवाब में दो टूक कुछ नहीं सूझा। अजीब-सी निरीहता घर करती जान पड़ी। इससे सायास उबरने की कोशिश में उन्होंने भीतर की उठा-पटक को दबाते हुए समग्र उपस्थिति को गंभीर मुद्रा के साथ निहारा। सबके सब एकटक उन्हीं को ताक रहे थे।

'सुमनवा, तू मरदाना घाट पर कपड़ा ना फींच रही थी इसका कोई गवाह है तोरे पास?'

सुमनवा चुप। आंख पोंछती सुमनवा का सिर हिला—ना।

'फिर कैसे मान लें कि तू सच बोल रही है?' सवाल नहीं जैसे गर्म लोहा दागा बाबू रामपुकार सिंह ने।

कई सिर सहमति में हिले—बात तो ठीक ही है। बाबू रामपुकार सिंह इस बार भीड़ से संबोधित थे, 'शंकर मिश्रा और विशाल बाबू का कहना है कि सुमनवा मरदाना घाट पर कपड़ा फींच रही थी। मना करने पर हाथापाई हुई। तो क्या ये दोनों झूठ बोल रहे हैं?'

'हां, दोनों झूठ बोल रहा है।' सुमनवा अविचल बोली।

'दो लोग झूठ बोल रहा है।' बाबू रामपुकार सिंह फिर भीड़ से संबोधित हुए, 'एक अकेले सुमनवा सच बोल रही है।'

बाबू रामपुकार सिंह ने सवाल जड़ा कि आरोप, कोई ठीक से समझ नहीं पाया।

लेकिन सुमनवा अपनी रट पर अड़ी रही, 'हां, दोनों झूठ बोल रहा है।'

बाबू रामपुकार सिंह सुमनवा की जिद से परे सीधे बसमतिया से मुखातिब हो गए, 'सुना कि तू थाना-पुलिस जाने की धमकी दे रही थी?'

'मालिक, न्याय खातिर तो हम एसपी-डीएम सबके पास चले जाएंगे।' बसमतिया का दो टूक जवाब सुन बाबू रामपुकार सिंह भीतर तक हिल गए।

भीड़ तो जैसे सनाके में आ गई। यह सनाका बाबू रामपुकार सिंह को गिरफ्त में ले, इससे पहले ही वह एकदम से भावुक हो उठे, 'हम देख रहे हैं कि गांव की एकता टूट रही है। किसी को अब न गांव की मान-मरजादा का खयाल है और ना छोटे-बड़े का लिहाज। हमको अपने गांव पर बड़ा गुमान था। लेकिन ना। आज जो कुछ हुआ, उससे तो हमारा माथा शरम से झुक गया है।'

बाबू रामपुकार सिंह का गला भर आया। वह अचानक चुप हो गए।

पंडित भोलानाथ मिश्रा का दिल धड़का—आज बाबू साहेब को क्या हो गया है, जो इतना नाटक कर रहा है? बीडीओ ऑफिस से लौटा है तभी से मति मराया लगता है।

सामने खड़ी बसमतिया और पीछे दरवाजे की ओट में खड़ी विभा देवी, दोनों की सांसें अटकी हुई थीं।

'कहां तो हम सोचे थे कि नयका पोखरा के शिवाला का जीर्णोद्धार कराएंगे। भजन-कीरतन के साथ गांव भर का भंडारा होगा और कहां, यह नया झमेला?' बाबू रामपुकार सिंह ने गहरी सांस ली। फिर समूची उपस्थिति को आंखभर देखते हुए पूछने लगे, 'अब आप ही लोग बताइए। गांव का नेम-धरम निभाएं कि यह टंटा फरियाएं? अगर थाने-पुलिस जाना है, तो पंचायत करे की क्या जरूरत है? फिर हम मुखिया कौन बात के हैं? जिसको जैसी औकात होगी, वह कोर्ट-कचहरी लड़ लेगा। कहिए, झूठ कह रहे हैं हम?'

कई सिर सहमति में हिले। कई चेहरे हैरान दिखे। पंडित भोलानाथ ने बेकली में पहलू बदला। वशिष्ठ बाबू का माथा टभकने लगा। लगा कि खून की नली अब फटी कि तब।

अचानक जमीन पर लाठी टेककर बैठे झूरी राय की आवाज गूंजी, 'बाबू साहेब, आप मुखिया हैं। गांव के मालिक। आज नहीं, हमेशा से इस दुआर का आदेश गांव माना है। आज भी मानेगा।'

'झूरी चा, आप गांव के बुजुर्ग हैं। आपसे ज्यादा गांव का नेम-धरम कौन देखा है?' बाबू रामपुकार सिंह को जैसे संबल मिल गया हो। वह एकदम से भावुक हो आए थे, 'मरदाना घाट पर जनाना लोगों का जाना वर्जित है। आज

से नहीं, बाप-दादा के जमाने से। ये सभी को पता है। ऐसे में आज जो हुआ वह गांव की मर्यादा का उल्लंघन है। बताइए, है कि नहीं?'

किसने हामी भरी, किसने नहीं, यह देखने के लिए बाबू रामपुकार सिंह नहीं रुके। मुतवातिर अपनी बात जारी रखी, 'रही बात इस मामले में कौन झूठ बोल रहा है और कौन सच। वो तो हम पता लगाके रहेंगे। दो ही चार दिन में सच्चाई सामने आ जाएगी। हम बसमतिया से बस यही कहेंगे कि धीरज धरो। गांव की मर्यादा का ध्यान रखो। और यह बात सभी लोग ध्यान से सुन लें। जो भी मर्यादा का उल्लंघन करेगा, उसके लिए हमसे खराब कोई नहीं होगा।'

आखिरी वाक्य में नसीहत कम, धमकी ज्यादा थी।

बसमतिया सुमनवा का हाथ पकड़कर भीड़ से बाहर खींचते हुए प्रलाप के स्वर में बड़बड़ाई, 'चल रे, चल! कुछ ना होवे वाला है इस दुआरी पर। झुट्ठे का तमाशा है सब!'

तितर-बितर होती भीड़ में जितने मुंह, उतनी बातें। लेकिन खामोशी थी तो बाबू रामपुकार सिंह की तरफ। पंडित भोलानाथ मिश्रा के चेहरे पर हैरानी थी, तो वशिष्ठ बाबू के चहरे पर क्रोध। विशाल बाबू का चेहरा स्याह पड़ गया था, तो शंकर मिश्रा का चेहरा सफेद। विभा देवी दरवाजे की ओट से कब हट चुकी थीं, पता नहीं चला। आखिरकार वशिष्ठ बाबू अपना क्रोध रोक नहीं पाए। चौकी से उठते हुए फट पड़े, 'बसमतिया का दिमाग बहुत चढ़ गया है, मुखिया जी। स्साली अपना औकात भूल गई है।'

'ऐसी बात नहीं है, वशिष्ठ बाबू!' बाबू रामपुकार सिंह की मूंछों के नीचे खिंच आई मुस्कान होंठों तक आते-आते वक्र हो गई थी, 'आगा-पीछा सब सोचना पड़ता है। लाठी ऐसी मारिए कि सांपों मर जाए और आवाज भी न हो।'

वाह रे बाबू रामपुकार सिंह, वाह। मन ही मन अश-अश कर उठे पंडित भोलानाथ मिश्रा– दिमाग की बलिहारी है, बाबू साहेब। दिमाग की बलिहारी। जरूर कुछ दूर का सोचे हैं, नहीं तो ऐसे ही नहीं छोड़ देते बसमतिया को!

'हम कुछ नहीं समझे, मुखिया जी!' चिहाये-से वशिष्ठ बाबू का मुंह खुला।

'वशिष्ठ बाबू, बसमतिया के कंधा पर रखके बंदूक कोई और चला रहा है।' बाबू रामपुकार सिंह की तिलमिलाहट छुपाए न छुपी, 'ऐसे ही बसमतिया चढ़बांक नहीं हुई है?'

वशिष्ठ बाबू की आंखें अचकच फैल गईं। अविश्वास से भरे फुसफुसाए, 'क्या कहते हैं आप? किसका खून ढेर बढ़ गया है?'

'वशिष्ठ बाबू, चुनाव माथा पर ना होता तो हम लगे हाथ सब फरिया देते।' बेबसी और सब्र के बीच गजब का संतुलन साधे हुए थे बाबू रामपुकार सिंह, 'बस समझ लीजिए कि खून का घूंट पीकर रह गए हैं हम।'

'लेकिन हमको तो लच्छन ठीक नहीं बुझाता है, बाबू साहेब!' बड़ी देर से ऊभ-चूभ हो रहे पंडित भोलानाथ मिश्रा का धैर्य चुक गया, 'ढेर ढील देने से छोटजतिया सबका माथा खराब हो जाएगा।'

'पंडित जी, गरम भात खाए से मुंह जले का भी डर होता है।' बाबू रामपुकार सिंह ने उठते हुए पंडित भोलानाथ मिश्रा को आश्वस्त किया, 'धीरज धरिए, सब ठीक हो जाएगा।'

पंडित भोलानाथ मिश्रा, वशिष्ठ बाबू भी उठ खड़े हुए थे। बाबू रामपुकार सिंह ने पंडित भोलानाथ मिश्रा को ताकीद करते हुए एक-एक शब्द पर जोर दिया, 'आप तो बस शिवाला पर जीर्णोद्धार का काम शुरू कराइए। रोज भजन, कीरतन, आरती, परसाद भी होना चाहिए। सब खरचा हम देंगे।'

पंडित भोलानाथ मिश्रा की पूरी की पूरी देह हिलक उठी, 'आप निफिकिर रहिए। सब हो जाएगा।'

बाबू रामपुकार सिंह ने आश्वस्ति में सिर हिलाया और सबको विदा कर स्वयं भी घर के अंदर चले गए।

उसी रात घरे घर खबर पहुंच गई—कल सुबह से ही शिवाला का जीर्णोद्धार का काम शुरू होगा। भजन-कीरतन होगा। समापन पर पूरे गांव का भंडारा भी होगा। सब खरचा बाबू रामपुकार सिंह उठाएंगे।

और अगले दिन सुबह से ही गांव में उत्सव का माहौल बन गया था। नयका पोखरा पर चहल-पहल बढ़ गई थी। किरतनिए जुट गए थे। माइक लग गए थे। वन-टू-थ्री। टेस्टिंग के साथ रोमांच की उठती लहरें पोखरा में इस छोर से उस छोर तक सनसनी पैदा कर रही थीं। जैसे ही ढोल, झांझ, मजीरे की स्वर लहरी उठी, ग्रामीणों की श्रद्धा पोखरा के पानी से आचमन कर मंदिर के इर्द-गिर्द उमड़ पड़ी। 'कारसेवा' करने वालों की होड़-सी लग गई।

पारी-पारी बदलते कंठों का राग अहर्निश जारी था। श्रद्धा निवेदन में जुड़ते हाथ, झुकते सिर, मुंदती आंखों का रेला कभी नहीं टूटता। सुबह-शाम आरती। आरती के बाद परसाद। परसाद वितरण के वक्त स्वयं बाबू रामपुकार सिंह उपस्थित रहते।

नामांकन दाखिल करने के दिन भी बाबू रामपुकार सिंह सुबह की आरती में शामिल हुए। परसाद ग्रहण के बाद वहीं से बीडीओ ऑफिस के लिए रवाना हो गए। उनके साथ विशाल बाबू, वशिष्ठ बाबू के अलावा भी आधा दर्जन लोग थे। सबके सब मोटरसाइकिलों पर सवार। पंडित भोलानाथ मिश्रा इस काफिले को जाते हुए तब तक देखते रहे, जब तक वह ओझल नहीं हो गया।

दिन चढ़ते-चढ़ते खबर उड़ी कि बसमतिया भी मुखिया का चुनाव लड़ेगी। जितने मुंह, उतनी बात!

पंडित भोलानाथ मिश्रा ने सुना तो उनका माथा घूम गया। मन ही मन पिनके– विनाश काले विपरीत बुद्धि। दिन–भर गांव में, सीवान में, शिवाला पर बस एक ही चर्चा–बसमतिया काल को नेवता दे दी है। भगवाने रच्छा करेंगे।

देर शाम भगवान शिव के दरबार में जब बाबू रामपुकार सिंह अपने लाव–लश्कर के साथ हाजिर हुए, तब आरती चल रही थी। पंडित भोलानाथ मिश्रा आरती करते हुए पलटे तो सामने मुख्य द्वार पर हाथ जोड़े, आंखें मूंदे बाबू रामपुकार सिंह पर नजर पड़ी। बाबू रामपुकार सिंह आपाद श्रद्धा निवेदन की मुद्रा में निमग्न थे। पंडित जी आरती लिये–दिए सीधे बाबू रामपुकार सिंह के सामने आ खड़े हुए।

बाबू रामपुकार सिंह ने आंखें खोलीं। दोनो हथेलियों से आरती ली और माथे से छुआया। फिर पंडित भोलानाथ मिश्रा को तनावग्रस्त देख पूछ बैठे, 'क्या पंडित जी, क्या बात है। इतना परेशान काहे दिख रहे हैं?'

'बाबू साहेब, हमको तो बुझाता है, गांव की कुंडली में साढ़े साती का जोग लग गया है।'

बाबू रामपुकार सिंह कुछ समझे नहीं। लेकिन बात कुछ गंभीर है, यह अंदाज लगना मुश्किल नहीं था। वह ब्रेसब्रे हो आए, 'बात क्या है, पंडित जी, साफ–साफ बताइए न? बुझौव्वल काहे बुझा रहे हैं?'

आरती के दौरान कीर्तन रुका हुआ था। लिहाजा सन्नाटा कुछ ज्यादा ही सनसना रहा था। इसी सनसनी में पंडित भोलानाथ मिश्रा की आवाज किसी विस्फोटक सी गूंजी, 'सुने हैं, बसमतियो मुखिया का चुनाव लड़ेवाली है। गांव में पूरा हल्ला है।'

बाबू रामपुकार सिंह अविचल दिखे। पंडित भोलानाथ मिश्रा हैरान–कितना घाघ हैं बाबू साहेब! बाबू रामपुकार सिंह ने उनकी बात का बगैर जवाब दिए दोनों हाथ जोड़कर पूछा, 'पंडित जी, कैसा चल रहा है सब? कोई दिक्कत नहीं न है?'

'दिक्कत तो अब स्साली बसमतिया को होगी।' बाबू रामपुकार सिंह के पीछे खड़े विशाल बाबू चिंघाड़ उठे, 'बुझाता है, उसकी अकिल ठिकाने लगावे पड़ेगा?'

बाबू रामपुकार सिंह पलटे। विशाल बाबू के कंधे पर हाथ रखकर शांत भाव में समझाया, 'कोई को चुनाव लड़े से नहीं रोका जा सकता। बसमतिया लड़ती है, तो लड़े। उसकी भी मन की साध पूरी हो जाए।'

सबके सब चकित। बाबू रामपुकार सिंह को यह क्या हो गया है? आज तक जिसकी पूरे गांव में तूती बोलती रही है, जिसका विरोध तो दूर, एक बात तक किसी ने उठा न रखी हो, वही बाबू रामपुकार सिंह यह क्या कह रहे हैं? सहसा किसी को विश्वास नहीं हुआ।

बाबू रामपुकार सिंह सबको हैरान-परेशान छोड़ एक झटके से लंबे डग भरते आगे बढ़ लिए। नयका पोखरा का जल थिर था। लेकिन भजन-कीर्तन, ढोल, झांझ, मजीरा, सौ-सौ कंठों से फूटती स्वर लहरियां थरथरा रही थीं। लय, सुर, ताल सबके-सब गड्डमड्ड।

उस रात गांव की आंखों में नींद नहीं उतरी।

बुजुर्ग झूरी राय सारी रात आंखें मूंदे निरगुन भजते रहे–

'तिनका कबहुं ना निंदियो, जो पांव तले होय।

कबहुं उड़ आंखों पड़े, पीर घनेरी होय।।'

उसी रात पहली बार बाबू रामपुकार सिंह ने वशिष्ठ बाबू के सामने मन का भेद खोला, 'सरकार, कानून, थाना, कचहरी सब शूद्दर के साथ है। ऐसे में बसमतिया से जोर-जबरदस्ती करने से लेने का देना पड़ सकता है। भलाई इसी में है कि वह जो खेल खेल रही है, उसको उसी में पटकनिया दिया जाए।'

वशिष्ठ बाबू के चेहरे पर अपमान और असमंजस के ऐसे भाव थे कि लगा, वह किसी अजगुत से रू-ब-रू हों। उनकी यह हालत देख बाबू रामपुकार सिंह हंस पड़े, 'अरे महाराज, आप तो ऐसे मुंह बना रहे हैं जैसे कोई अनहोनी हो गई हो।'

'ये अनहोनी ना तो क्या है, मुखिया जी?' वशिष्ठ बाबू भड़क उठे, 'स्साला दुसाध-चमार की इतनी औकात हो गई?'

'देखिए वशिष्ठ बाबू, उन सबको औकात में रखना है तो बस एक ही उपाय है।' बाबू रामपुकार सिंह ने गंभीर हो रणनीति का खुलासा किया, 'बसमतिया को एक भी वोट नहीं पड़ना चाहिए। काहे से कि यह चुनाव नहीं, हम सबकी प्रतिष्ठा की लड़ाई है। और यह लड़ाई हर हाल में जीतना होगा।'

'उसकी फिकर मत करिए आप!' वशिष्ठ बाबू एकदम जोश में आ गए, 'गांव का एक्को आदमी आपसे बाहर नहीं जाएगा। लिखके रख लीजिए।'

वशिष्ठ बाबू के इस दावे के बावजूद बाबू रामपुकार सिंह आश्वस्त नहीं हुए। आखिर मन की गांठ उनके सामने खोल ही दी, 'हमको तो बाबू रामविचार सिंह पर ही भरोसा नहीं है। उस परिवार का कुछ थाह नहीं चलता है।'

वशिष्ठ बाबू को अपने कानों पर विश्वास ही नहीं हुआ। यह क्या कह रहे हैं बाबू रामपुकार सिंह। लछमन जैसा हर आदेश माननेवाले बाबू रामविचार सिंह के बारे में ऐसा विचार कैसे आया? मन की उथल-पुथल को थामते वशिष्ठ बाबू तपाक से बोल पड़े, 'ए मुखिया जी, आप पता नहीं ऐसा कैसे सोच लिए। लेकिन हम तो बस इतना जानते हैं कि बाबू रामविचार सिंह न कभी आपसे बाहर गए न जाएंगे। बाकी कोई ऊंच-नीच है, तो वह हम पर छोड़ दीजिए।'

बाबू रामविचार सिंह का एक मन तो हुआ कि वशिष्ठ बाबू की बात में दम है। लेकिन दूसरा मन इतनी आसानी से तैयार नहीं था। बड़ी मुश्किल से

बोल पाए, 'देखिए प्रतिष्ठा का प्रश्न है। उनको समझाइए मन में कोई बात का दुख हो तो मिल-बैठके फरिया लेंगे। काहे से कि तख्त ना रहेगा तो ताज भी ना बचेगा।'

'आप चिंता मत कीजिए।' वशिष्ठ बाबू ने कहीं ज्यादा जोर देकर बाबू रामविचार सिंह को भरोसा दिलाने की कोशिश की, 'बाबू रामविचार सिंह किसी कीमत पर खून-खानदान से बाहर नहीं जानेवाले। हम उनको अच्छी तरह जानते हैं।'

उसी रात पंडित भोलानाथ मिश्रा तलब किए गए। गहन विचार-विमर्श के बाद तय किया गया कि गांव के एक-एक आदमी को भंडारे के लिए न्योता दिया जाए। क्या बड़जतिया, क्या छोटजतिया कोई छूटना नहीं चाहिए।

और अंत में बाबू रामपुकार सिंह ने एलान किया, 'शिवाला के जीर्णोद्धार के साथ-साथ पोखरा की सफाई भी होगी। सुबह-शाम हम भी कारसेवा में रहेंगे।'

भोर होते न होते गांव कारसेवा के लिए उमड़ पड़ा। क्या बच्चा, क्या जवान। सबमें जैसे होड़-सी लग गई। बाबू रामपुकार सिंह के पहुंचने के साथ तो लगा जैसे सबका उत्साह दुगुना हो गया हो। गांव की इस एकजुटता पर बाबू रामपुकार सिंह का सीना चौड़ा हो गया। वह इस आश्वस्ति से भर उठे कि कुछ भी हो जाए, गांव उनके साथ खड़ा है। एक आवाज पर, एक आदेश पर।

यह खुशी तब और दोबाला हो आई जब वशिष्ठ बाबू के साथ बाबू रामविचार सिंह आते दिखे। वह प्रसन्न मुद्रा में उन दोनों की ओर लपके कि बाबू रामविचार सिंह ने छूटते ही शिकायत जड़ दी, 'क्या भइया, आप ऐसा सोच कैसे लिए कि हम आप से अलग हैं? आपकी इज्जत, हमारी इज्जत है।' बाबू रामपुकार सिंह तो भावुक ही हो आए। बाबू रामविचार सिंह को गलबहियां करते हुए उनका मन बेलाग खुल गया, 'देखिए, हम कभी आपको अलग नहीं माना। लेकिन समय बदल रहा है। इसलिए सोचा सबका मन थाह लिया जाए। अगर गांव बसमतिया को मुखिया बनाना चाहे तो हम खुशी-खुशी अपना नाम वापस ले लेंगे।'

वशिष्ठ बाबू को तो जैसे आग ही लग गई। वह तिलमिलाए हुए झड़प पड़े, 'मुखियागिरी दाल-भात का कौरा है क्या कि जिसको मन करेगा गड़प जाएगा? आप खाली आदेश तो दीजिए, ससुरी का सब नेतागिरी छटका देते हैं।'

'धीरज धरिए वशिष्ठ बाबू, धीरज।' बाबू रामपुकार सिंह ने वशिष्ठ बाबू को काबू में करने की गरज से कंधे से थाम लिया, 'चुनाव भर चुप रहिए। काहे से कि चुनाव खतम हुआ तो बूझिए खेल खतम।'

ऐन इसी वक्त हहराकर जयकारा उठा–हर ऽऽऽ हर ऽऽ महादेव ऽऽऽऽ! अच्चक उठे इसे जनरव से नयका पोखरा का पोर-पोर झनझनाहट से भर गया। कोना-कोना ओतप्रोत महादेवमय हो आया।

बाबू रामपुकार सिंह तो हर्षातिरेक से भरे दोनों हाथ हवा में उछालते गहरी श्रद्धा से नतमस्तक ही हो गए। जहां खड़े थे, वहीं से शिवाला की ओर मुंह कर, दोनों हाथ जोड़े और श्रद्धा भाव से सिर नवा दिए।

सिर बसमतिया भी नवा रही थी।

वह दोनो हाथ जोड़े घर-घर घूम रही थी। उसे सामने पाकर भौंचक स्त्रियों ने पहले तो आपस में काना-फूसी शुरू की, फिर किसी ने अचकचाकर सवाल किया, 'तोरा का सूझा बसमतिया, जो मुखिया जी से रार मोल ले ली है?'

'ए बहिन, ऊ तो मालिक हैं। हम उनसे रार काहे करेंगे?' बिना लाग-लपेट बसमतिया ने दो टूक जवाब दिया, 'जो काम मालिक ना किए, ऊ काम कोई को तो करे पड़ेगा। बस, हम वो ही करे खातिर सब लोग का साथ मांग रहे हैं।'

बसमतिया की बात किसी को समझ में नहीं आई। लेकिन इतना साफ था कि औरतों की आंखों में हैरानी और चेहरे पर उसके लिए सहानुभूति की गुत्थम-गुत्था रेखाएं गहरी हो आई थीं।

इस गुत्थी को सुलझाने की गरज या भीतर का भय, अपने दरवाजे पर खड़ी बसमतिया से मानो देवी पूछ बैठीं, 'ऐसा कौन अजगुत है, बसमतिया, जो मालिक ना किए, वो तू करेगी?'

'मालकिन, अजगुते बूझिए।' सिर का पल्ला संभालती बसमतिया रहस्यमय अंदाज में मुस्कराई, 'हम जनाना घाट को पक्का घाट बनाएंगे।'

मानो देवी को तो मानो सांप ही सूंघ गया। चिहाई-सी वह बिन बोले पीछे पलटीं और इस तेजी से अंदर भागीं जैसे प्रलय पीछा कर रहा हो।

अवाक् बसमतिया मानो जड़ ही हो गई। वह तो पीछे खड़ी सुमनवा ने उसे आवाज दी तो जैसे वह अपने आप में लौटी। भारी कदमों से चलती वह विभा देवी के बैठके में दाखिल हुई। क्षण-भर को लगा कि उसकी आवाज सीने में ही कहीं जम गई है। बड़ी जतन से स्वयं को संभालते हुए हांक लगा पाई, 'मालकिनऽऽ! मालकिन हैं क्या?'

दरवाजा चौपट खुला था। तमतमाई विभा देवी दरवाजे के बीचोबीच नमूदार हुईं। इससे पहले कि बसमतिया कुछ अरज करती विभा देवी आगबबूला हो चीख पड़ीं, 'तोर... तोर मजाल कैसे हुआ, रे बसमतिया, कि तू हमरी दुआर पर चढ़ी?'

'मालकिन, ई दुआरी पर तो हमेशा माथा नवाए हैं। आज भी माथे नवाने आए हैं।' बसमतिया में गजब की दृढ़ता आ गई थी। बिना हिचक दोनों हाथ जोड़े वह सीधे विभा देवी से मुखातिब थी, 'औरत का मरम औरत ही बूझेगी। ये ही सोच के अंचरा फैलावे आए हैं, मालकिन।' विभा देवी बसमतिया की

यह मुद्रा देख सन्न रह गईं। जी में तो आया कि बढ़कर उसका मुंह नोच लें। लेकिन यह सोचकर कि छोटजतिया के मुंह क्या लगना, वह जब्त करके रह गईं।

बसमतिया भी विभा देवी की प्रतिक्रिया जानने के लिए रुकी नहीं। एक तरह से विभा देवी को हत्प्रभ छोड़ वह तेजी से मुड़ी और अगले दुआर की ओर बढ़ गई। चौखट थामे विभा देवी बसमतिया की परछाईं से जूझती रहीं। बसमतिया की इस ढिठाई पर तो जैसे उनके तन-मन में आग ही लग गई थी।

आग में घी डालने का काम किया विशाल बाबू और विकास की सीधी भिड़ंत ने।

विकास बाबू बीमारी के बाद गांव आए थे।

एक-दो दिन तो घर में पड़े-पड़े आराम करते रहे। लेकिन मन नहीं लगा तो शाम को टहलते हुए शिवाला तक चले आए। चारों ओर चहल-पहल। भजन-कीर्तन से वातावरण में गहमागहमी। लोगों की आवाजाही लगी थी। इस रौ और रौनक में खोए विकास बाबू पर जैसे ही विशाल बाबू की नजर पड़ी वह लपककर करीब आए और टहोका लेते हुए पूछ बैठे, 'क्या विकास भाई, अकेले-अकेले चाभिएगा सुमनवा को?'

विशाल बाबू के होंठों पर तिर रही अश्लील मुस्कान विकास बाबू को छेद गई। वह एकदम से तिलमिला पड़े, 'बड़े हो तो बड़े की तरह रहो। छिछोरापन ठीक नहीं लगता।'

'स्साली बच गई, नहीं तो कबका खल-बट्टा कर दिए होते।' विशाल बाबू कहीं ज्यादा तैश में आ गए।

विकास बाबू को लगा कि वहां रुके तो खामख्वाह बात बढ़ेगी। वह खुद को जब्त कर आगे बढ़े ही थे कि विशाल बाबू ने कस के टोंट किया, 'अकेले ना संभले तो हमको बुला लिहो।'

विशाल बाबू पलटे। सधे कदमों से करीब आए। विशाल बाबू की आंखों में आंखें डालकर चेताया, 'बड़ा-छोटा का सब लिहाज भुला गए हैं, आप! अब फिर कुछ बोले तो ठीक नहीं होगा।' विशाल बाबू और ज्यादा अकड़ पड़े। विकास बाबू की ठोढ़ी पकड़ते हुए ऐंठ दिखाई, 'क्या कर लोगे? एकठो बालो उखाड़ने की औकात है क्या?'

विकास बाबू की सहनशक्ति जवाब दे गई। वह एकदम से बिफर पड़े, 'देखिए औकात की बात मत कीजिए। नहीं तो...।'

आवाजाही जहां की तहां ठिठक गई।

'क्या बूझते हो, बीएचयू में पढ़े से तुमरी ढेर औकात हो गई है?' विशाल बाबू अरना बैल की मानिंद विकास बाबू पर चढ़ बैठे, 'अपनी औकात जाके सुमनवा को दिखाओ!'

विकास बाबू कुछ बोलते कि शंकर मिश्रा बीच-बचाव में आ गया। वह हकड़ते विशाल बाबू को खींचते हुए शिवाला की ओर ले जाने लगा। आहत मन विकास बाबू घर की ओर लौट पड़े।

जैसे ही बाबू रामपुकार सिंह को इस घटना के बारे में पता चला, उनका माथा ठनक गया। आनन-फानन उन्होंने विशाल बाबू और विकास बाबू को तलब किया। पहले विकास बाबू पहुंचे। उनका चेहरा बुरी तरह उतरा हुआ था। ठीक पीठ पर ही विशाल बाबू मुस्की छांटते हुए पहुंचे। विशाल बाबू पर नजर पड़ते ही बाबू रामविचार सिंह हत्थे से उखड़ गए, 'गांव के लखेरों की संगत में तुमरा दिमाग कुछ ज्यादे खराब हो गया है। आजतक हम भाई-भाई में मुंहजोरी तक ना हुई। और तुम लोग लगे आपसे में लड़ने?'

विशाल बाबू ने सिर झुका लिया था मानो चुपचाप सुन लेने में ही भलाई हो।

बाबू रामपुकार सिंह की आवाज और ज्यादा हो गई थी, 'हम खानदान की इज्जत बचावे में लगे हैं। और एक तुम हो कि बनलो इज्जत डुबाने में लगे हो। ससुर इसी को कहते हैं, घर फूटे गंवार लूटे।'

बाबू रामपुकार सिंह का तमतमाया चेहरा, उखड़ती सांस देख बाबू रामविचार से ने स्थिति संभालने की गरज से हस्तक्षेप किया, 'भाई जी, जाने दीजिए। बच्चा है सब। धीरे-धीरे सब समझ जाएगा।'

'रामविचार भाई!' बाबू रामपुकार सिंह खिन्न मन बिफर पड़े, 'कहीं ऐसा ना हो, जब तक इन लोगों को समझ आए तब तक समझने को कुछ बचे ही नहीं।'

बाबू रामपुकार सिंह एक गहरे अफसोस के साथ रुके ही थे कि विकास बाबू से नजर जा मिली। विकास बाबू सकपकाए। बाबू रामपुकार सिंह सीधे उनसे ही मुखातिब हो गए, 'क्या बेटा, क्या कहते हो तुम?'

विकास बाबू घबराहट के मारे मिमियाए, 'जी... जी... गलती हो गई।'

'और तुम!' बाबू रामपुकार सिंह तन्नाए-से विशाल बाबू की ओर पलटे, 'कान खोलकर सुन लो! भाई-भाई लड़ोगे तो गांव हंसेगा। ताकत घटेगी तो सब चढ़ बैठेंगे। समझे कि नहीं?'

'जी!' गऊ की तरह विशाल बाबू ने सिर हिलाया।

बाबू रामपुकार सिंह चुप तो हो गए। लेकिन तनी हुई चुप्पी में छुपी बेचैनी कम नहीं हुई थी। बाबू रामविचार सिंह ने माहौल को सहज बनाने के लिए बाबू रामपुकार सिंह को आश्वस्त करने की कोशिश की, 'भाई जी छोड़िए। ज्यादा परेशान होने की जरूरत नहीं है।'

'रामविचार भाई, बाप-दादा के सिरजे मान-मर्यादा की हमको चिंता है।' बाबू रामपुकार सिंह ने मन खोलकर रख दिया, 'जुग-जमाना देखके, एक-एक डग बहुत संभलकर चलना जरूरी हो गया है...।'

बाबू रामपुकार सिंह ने बेकसी में बात अधूरी छोड़ दी।

'भाई जी, पूरा गांव साथ है। देखते नहीं हैं, आपके एक आदेश पर कैसे शिवाला पर सबलोग एकजुट होके कारसेवा में लगा है।' बाबू रामविचार सिंह उछाह से भरे हुलक पड़े, 'भंडारा के दिन देखिएगा ना, कैसे सब आपकी जय-जय करता है!'

'सब बाबा भोलेनाथ की कृपा है।' बाबू रामपुकार सिंह ने आंखें छत की ओर उठाकर अदृश्य के प्रति आभार प्रकट किया। फिर गरदन सीधी कर आग्रह भाव से बोले, 'बस, रामविचार भाई, सब पर नजर रखिए। एक्को वोट गड़बड़ाना नहीं चाहिए।'

बाबू रामपुकार सिंह ने प्रेम का पांसा निशाने पर फेंका था।

उस रात सभी ने एक साथ भोजन किया।

विभा देवी ने देवर बाबू रामविचार सिंह के साथ खूब ठिठोली की, तो विकास बाबू को बड़ी मां की झिड़की के साथ पेट से ज्यादा खाने को बाध्य होना पड़ा।

शिवाला पर भी भंडारा ऐसा जमा कि अचकच हो गया।

पूरा गांव एक सुबह से टूट पड़ा। क्या बच्चा, क्या जवान, भंडारे की तैयारी में सबके सब पूरे उत्साह के साथ जुट गए। बुजुर्गों को तो कोई किसी काम में हाथ ही नहीं लगाने देता। बस एक ही आग्रह—आप तो केवल देखिए, कि कहीं कोई कमी न रह जाए।

बाबू रामपुकार सिंह, बाबू रामविचार सिंह तो एक पैर पर ही खड़े रहे। कोई छूट न जाए। एक-एक व्यक्ति से कई-कई बार पूछकर तसल्ली करते। घर की औरतों के लिए परोसा भिजवाने का जिम्मा वशिष्ठ बाबू के पास था। एक भी घर रह न जाए, इस बात का खयाल रखने के लिए विशाल बाबू और विकास बाबू खासतौर पर मुस्तैद किए गए थे। व्यवस्था चाक-चौबंद थी। पंडित भोलानाथ मिश्रा के संग-संग पूरा गांव बम-बम कर रहा था। बाबू रामपुकार सिंह मूंछों पर ताव देते हुए मन ही मन एक-एक वोट का हिसाब लगाते रहे। बाबू रामविचार सिंह, वशिष्ठ बाबू, पंडित भोलानाथ मिश्रा ने तो भव्य भंडारे के बाद एक-एक घर, एक-एक जाति और एक-एक व्यक्ति की गिनती कर डाली। किसी भी तरह बिठाओ, हिसाब एक ही बैठता—बसमतिया चारों खाने चित्त। उसको घर का वोट मिल जाए वही बहुत।

आखिरकार वशिष्ठ बाबू से रहा नहीं गया। वह बेसाख्ता एलान कर बैठे, 'सब नेतागिरी भुला जाएगी बसमतिया।'

बाबू रामविचार सिंह तो मुस्कराकर रह गए। लेकिन पंडित भोलानाथ मिश्रा, बहुत दिनों से मन में दबी फांस छिपा नहीं पाए। बेहद उत्तेजित से बाबू रामपुकार सिंह कुरेद बैठे, 'बाबू साहेब, बसमतिया को शुरुए में कस दिए होते, तो उसकी मजाल ना थी कि चुनाव लड़ती।'

बाबू रामपुकार सिंह मूंछों में ही मुस्कराए। इस मुस्कराहट का अर्थ नहीं खुलता देख वशिष्ठ बाबू झुंझला पड़े, 'हम तो पहले ही कहे थे कि ससुरी का खलबट्टा कर देते हैं। लेकिन मुखिया जी अपने टाल दिए।'

'वशिष्ठ बाबू, नहीं टालते तो ज्यादा बड़ी मुसीबत गले पड़ जाती।' बाबू रामपुकार सिंह की मूंछों में फंसी मुस्कराहट तड़पकर बाहर आई, 'सुमनवा के साथ जो हुआ, उसको लेकर बसमतिया थाना-पुलिस करती तो, जानते हैं क्या गति होती? हरिजन एक्ट, छुआछूत, छेड़खानी, बलात्कार। इतना मामला बनता कि सब बाबूसाहिबी धरी रह जाती। जेल पहले होती, सुनवाई बाद में। बूझे कुछ?'

बाबू रामपुकार सिंह रुके तो पंडित भोलानाथ मिश्रा को लगा कि उनकी सांसें ही रुक गई हैं। चेहरे पर हवाइयां उड़ने लगीं। वशिष्ठ बाबू की आंखें ही नहीं, चेहरा तक भकुआ गया था। अलबत्ता बाबू रामविचार सिंह निर्विकार दिख रहे थे।

सबके आश्चर्यलोक को झकझोरते बाबू रामपुकार सिंह ने पंडित भोलानाथ मिश्रा को टोका, 'अब बूझे पंडित जी, काहे नहीं बसमतिया को रोके हम?'

पंडित भोलानाथ मिश्रा की मुंडी कृतज्ञ भाव से हिली। उनकी मनोदशा में व्याप्त भय को बाबू रामपुकार सिंह ने लक्ष्य किया। यह एक खतरनाक संकेत था। उन्हें इस खौफ से बाहर निकालने की गरज से रामपुकार सिंह ठठाकर हंस पड़े, 'चुनाव हो जाने दीजिए पंडित जी, फिर जो होगा हम देख लेंगे।'

और जो हुआ, उससे सभी की आंखें फटी की फटी रह गईं। रामचंदर दुसाध का भूत नयका पोखरा पर अट्टहास कर रहा था। बुजुर्ग झूरी राय आंखें मूंदे निरगुन भज रहे थे–

माटी कहे कुम्हार से, तू क्या रौंदे मोय।
एक दिन ऐसा आएगा, मैं रौंदूंगी तोय।।

गांव में सन्नाटा व्याप्त था, तो बाबू रामपुकार सिंह के बैठके में बेचैनी पछाड़ खा रही थी।

बाबू राममपुकार सिंह न यह रहस्य बूझ पा रहे थे, न पंडित भोलानाथ मिश्रा ग्रह-नक्षत्रों के फेर को समझ पा रहे थे। वशिष्ठ बाबू तो जैसे आसमान से गिरे औंधे मुंह पड़े थे। ऐसे वक्त में बाबू रामविचार सिंह का धर्म संकट देखने लायक था। उनके मुंह से तो बकार ही नहीं फूट रहा था। उलटे उन्हें यही डर सता रहा था कि उनकी विश्वसनीयता एक बार फिर संदेह के घेरे में थी। नौबत सफाई देने की नहीं आई थी। लेकिन बैठक में उपस्थित वह स्वयं को अपराधग्रस्त महसूस कर रहे थे।

विशाल बाबू तो बौराये सांड की तरह पोरसा-पोरसा भर उछलते हुए पूरी दुआर धांग गए थे। बस एक ही रट, 'बसमतिया की नेतागिरी ना छटका दिए तो हमू असल की औलाद नहीं।'

विशाल बाबू पर जैसे सन्निपात का दौरा चढ़ा हो। लगा कि उन्हें काबू नहीं किया गया तो वह कुछ भी कर गुजरेंगे। लेकिन उन्हें रोके कौन? बाबू रामपुकार सिंह तो खुद सनाके में डूबे हुए थे। वशिष्ठ बाबू तो चाहते ही थे कि नौ-छौ हो ही जाए। पंडित भोलानाथ मिश्रा, बेचारे तीन में न तेरह में।

बस, एक विकास बाबू थे, जिनसे यह दृश्य देखना पार नहीं लगा। आखिरकार वह उठे और विशाल बाबू को अंकवारी में भरकर शांत कराने की कोशिश करने लगे।

विशाल बाबू संभाल में आने वाले कहां थे? उन पर तो जैसे भूत सवार था। उन्होंने विकास बाबू को वो कसकर झटका दिया कि वह लड़खड़ाते हुए मेनगेट की ओर फेंका गए। वो तो संयोग अच्छा था कि पीछे से आ रहे शंकर मिश्रा से टकराए और धराशाई होने से बाल-बाल बच गए। हांफता-हकासा शंकर मिश्रा हठात इस दृश्य को देखकर जहां का तहां थम गया। उसे तो समझ ही नहीं आया कि यहां कैसी धींगमुश्ती मची हुई है। पसीने-पसीने हो आई देह गमछी से पोंछते हुए उसने अपनी सांसें संभालने की कोशिश की। उतावलापन इस कदर कि विकास बाबू पर नजर डाले बिना ही वह तेजी से बैठक में दाखिल हो गया।

शंकर मिश्रा को बदहवास देख, सबके सब चिंहुके। पंडित भोलानाथ मिश्रा का तो माथा ही ठनक गया। ससुरा, फिर कोई नया बखेड़ा किया क्या?

बाबू रामपुकार सिंह शंकर मिश्रा को तरेरती आंखों से देखते हुए कड़ककर डपटे, 'क्या हुआ रे, कोई भूत-वूत देख लिया क्या?'

शंकर मिश्रा ठसुआ गया। चेहरा उतर आया। बड़ी मुश्किल से थूक निगलते हुए हकलाया, 'कल से जनाना घाट पक्का बनने वाला है।'

'स्साला, भोरे-भोरे भांग खा लिया है, क्या रे?' बाबू रामपुकार सिंह हत्थे से ही उखड़ गए, 'ढेर नशा चढ़ गया है तो बोल?'

'हमरी बात सुन लीजिए पहिले, फिर जे मन से कहिएगा।' शंकर मिश्रा के उतावलेपन में आजिजी थी विरोधा की हद तक।

बाबू रामपुकार सिंह कसमसाए। सवालिया निगाह से शंकर मिश्रा को घूरा। कहर बरपाती आंखें उसके चेहरे पर जा टिकीं।

'बसमतिया अब्बे जनाना घाट को पक्का बनावे का एलान की है।' शंकर मिश्रा भक्क से बक पड़ा गोया और देर की तो कहर टूट पड़ेगा।

बाबू रामपुकार सिंह के सुर्ख चेहरे पर जैसे एकबारगी राख पुत गई हो। भीतर कोई तूफान हांय-हांय कर उठा। बाहर चोट खाया अहम बल खाने लगा—हरामजादी का कोई उपाय करना ही पड़ेगा!

'स्साली का ई मजाल!' चोट खाए सांप-सा विशाल बाबू फुंफकार उठे, 'जनाना घाट पर एक्को ईंटा गिरे से पहिले बसमतिया की लाश गिरेगी। लाश!'

'स्साला नया खून में यही एक कमी है।' बाबू रामविचार सिंह के मन में लहर-सी उठी, 'तनिक धीरज नहीं। सिरा के नहीं, ताजे-ताजा खाने की हड़बड़ी।' वह पूरे धीरज के साथ उठे और विशाल बाबू को कंधे से पकड़कर धीरज धराने का उपक्रम करने ही को थे कि बीच का दरवाजा भड़भड़ाकर खुला। चौपट दरवाजे के बीचोबीच विभा देवी खड़ी थीं।

सर पर पल्ला संभालती विभा देवी के हाथों की चूड़ियां खनखनाईं। विभा देवी को अप्रत्याशित सामने पाकर सबके सब भौंचक। बाबू रामपुकार सिंह तो विभा देवी की मुद्रा देख सन्न रह गए। यह...यह क्या हो गया महारानी को?

विभा देवी तनतनाई-सी चौखट के बाहर निकलीं। बैठक में मौजूद लोगों की परवाह किए बिना वह विशाल बाबू की कॉलर पकड़कर झिंझोड़ने लगी, 'लाश गिराएगा, बसमतिया की लाश! लाश गिराने का बहुत शौक है तुमको? तो पहले मेरी लाश गिरा। मेरी लाश।'

विभा देवी की आवाज थरथराने लगी थी। समूची देह कांप रही थी। लगा कि संभाला नहीं गया तो गश खाकर गिर पड़ेंगी। लेकिन नहीं। उन्होंने तुरत-फुरत खुद को संभाल लिया था।

आंचल के कोर से मुंह दबाए विभा देवी पलटीं और जिस तेजी से वह प्रकट हुई थीं, उससे कहीं ज्यादा तेजी से वह तिरोहित हो गईं। भड़ाक से बंद हुए दरवाजे के पीछे एक विस्मयकारी यथार्थ तनकर खड़ा था।

बाबू रामपुकार सिंह।

बाबू रामविचार सिंह।

पंडित भोलनाथ मिश्रा।

वशिष्ठ बाबू।

विशाल बाबू।

विकास बाबू।

सबके सब उधिया रहे थे। हवा का रुख ऐसा कि कौन किसे पकड़े? कौन किसे संभाले?

झूरी राय की माने तो आत्मा की शांति हो जाती है, तो वह डीह छोड़ देती है। अब पता नहीं रामचंदर दुसाध की आत्मा को शांति मिली या नहीं। लेकिन कहते हैं कि रामचंदर दुसाध का भूत नयका पोखरा से विदा हो चुका था।

999

अपने फेसबुक एकाउंट पर लाल रंग में चमकता एक फ्रेंड रिक्वेस्ट देखकर उसकी उंगलियां एकबारगी ठिठक गईं। यह एक ऐसा आमंत्रण था, जिसे स्वीकार करने का मतलब था, उसके दोस्तों की संख्या का एक हजार हो जाना।

एक हजार! सहसा उसके अंदर कुछ कौंधा और इसके साथ ही एक ऐसी उत्तेजना व्यापी कि उसका रोम-रोम रोमांच से भर उठा। इस संख्या को सोचते हुए क्षण-भर में ही इतने खयाल आए-गए कि वह उनमें ऊभ-चूभ होता, यह ठीक-ठीक नहीं समझ पाया कि इस हजारवें फ्रेंड रिक्वेस्ट को लेकर उसकी मनःस्थिति इतनी घनीभूत क्यों हो आई है? क्यों वह 'खुल जा सिम-सिम' की सनसनी से भरा हुआ है?

ऐसा तो पहले कभी नहीं हुआ! न ही पहली रिक्वेस्ट पर, न ही नौ सौ निन्यानवे पर। लोग आते गए और कारवां बनता गया। इस दौरान उसे कभी नहीं लगा कि वह किसी फ्रेंड रिक्वेस्ट को लेकर इस कदर रोमांचित हुआ हो कि उसकी चेतना किसी जिद्दी बच्चे की तरह ऐन दरवाजे पर अड़ जाए। इस वक्त, जबकि हजारवीं रिक्वेस्ट उसके सामने थी, लैपटॉप की स्क्रीन पर कर्सर अड़ा हुआ था। किसी तिलिस्म की गिरफ्त में एक जादुई यथार्थ ठिठका हुआ था।

इस जादुई करिश्मे में उसने कभी वक्त को पीछे भागते पाया, तो कभी आगे सरपट दौड़ते। आंख-मिचौलियों की ऐसी तेजरफ्तारी कि पलक झपकते ही दृश्यावलियां बदल जातीं और वह अपनी कल्पनाओं को ऊंची उड़ान भरते देखकर खुद को विस्मित महसूस करने लगा। ऐसी ही कल्पनाओं में उसके मन में एक सवाल उपजा : क्या हम अपनी मर्जी से वक्त को आगे या पीछे ले जा सकते हैं?

जवाब में एक से एक कमेंट्स की झड़ी लग गई।

कार्तिक ने लिखा : ट्राई करने में क्या हर्ज है?

अवनीश ने सुझाया : इस सवाल का जवाब वक्त ही दे सकता है।

अस्मिता द्विवेदी ने चुहल की : मर्जी है तुम्हारी, ले जाओ जिस ओर।

इन कमेंट्स को पढ़ते हुए वह गुदगुदी से भरा जा रहा था, कि ऐन इसी बीच रोमी अस्थाना का कमेंट आया : वक्त को आगे या पीछे ले जाने के बजाय उसे अपनी मर्जी के साथ चलाने की कला आनी चाहिए।

वह लाजवाब हो गया। इस अनदेखी-अनजान लड़की रोमी अस्थाना से वह कब जुड़ा, ठीक-ठीक याद नहीं। लेकिन उसके इस कमेंट के तुरंत बाद ही उसने प्रोफाइल चेक किया। रोमी अस्थाना ने न अपनी उम्र छिपाई थी, न नकली तस्वीर लगाई थी, न वह आत्ममुग्ध थी। न आत्मश्लाघा से भरी। कुल जमा वह एक फ्रीलांस जर्नलिस्ट थी, जो विचारों में बेबाक थी, खयालों से आजाद।

इसी रोमी अस्थाना ने कभी अपने स्टेटस में लिखा था : फ्रेंड रिक्वेस्ट एक्सेप्ट करने से पहले प्रोफाइल चेक करना जरूरी नहीं होता।

वाकई, शुरू-शुरू में वह हर फ्रेंड रिक्वेस्ट को आंख मूंदकर एक्सेप्ट कर लेता था और दिलचस्प यह कि तब कइयों के जवाब अगले ही सेकंड वापस मिलते थे : थैंक्स फॉर एक्सेप्टिंग माइ रिक्वेस्ट।

-इट्'स माइ प्लेजर।

किसी-किसी के जवाब तो निहायत अनौपचारिक भी होते : तुम्हारी दोस्ती एक बड़ी नेमत है।

-तुम आए मेरी जिंदगी में बहार बनकर।

ऐसे ही तमाम दोस्तों से रू-ब-रू होते हुए उसके अनुभवों की दुनिया समृद्ध होने लगी थी। विचार, कमेंट्स, डिस्कसन, सहमति-असहमति का एक ऐसा खुला मंच, जहां खुद को पाना! इतना नशीला, इतना जोशीला होता कि वह घंटों-घंटों किसी जुनून में खोया रहता। देर रात तक कोई ब्लॉग पढ़ने में डूबा रहता, किसी लिंक को शेयर कर रहा होता, किसी विचार को कमेंट दे रहा होता या फिर अपना स्टेटस अपडेट कर रहा होता।

देर रात जब पापा बाथरूम जाने के लिए उठते और उसे अपने कमरे में जागा हुआ पाते तो दरवाजे पर ठिठककर आवाज लगाते, 'नीलेश, काफी रात हो गई। सुबह ऑफिस नहीं जाना क्या?'

घड़ी पर निगाह पड़ते ही उसके होश उड़ जाते। वह जल्दी-जल्दी लॉगआउट होता और आनन-फानन बिस्तर के हवाले हो जाता। हालांकि नींद बड़ी देर तक नहीं आती। आंखों के रास्ते दिमाग में और दिमाग के रास्ते आंखों में मायावी लुकाछुपी चलती रहती। ढेरों चेहरे, ढेरों बातें, ढेरों विचार आपस में गुत्थमगुत्था होते और वह करवटें बदलता नींद के लिए जद्दोजहद करता रहता।

आंख कब लगती, नहीं पता। जब खुलती तो सारा बदन टूट रहा होता। सिर भारी। आंखें उनींदी। वह आइंदा देर रात तक न जागने का संकल्प लेता और ऑफिस जाने की तैयारी में जुट जाता।

नाश्ता भी वह जैसे-तैसे निबटाता। पीठ पर बैग लादे खड़े-खड़े ही कभी टोस्ट आधा-तिया खाता तो कभी ऑमलेट निगलते हुए चाय एक ही सांस में गटक जाता। पापा इस दौरान अपनी चाय एक-एक घूंट सिप करते हुए उसे अजीब तरह से एकटक ताक रहे होते। कभी-कभी खुद को जब्त नहीं कर पाते तो टोक बैठते, 'रिलैक्स नीलेश! कम-से-कम नाश्ता तो इत्मीनान से कर लो।'

'सॉरी पापा, लेट हो जाऊंगा।' वह दरवाजे की तरफ लपकता पापा को निरुत्तर करता, 'यू नो खंडेलिया खा जाएगा।'

वह पीछे मुड़कर नहीं देखता। लेकिन उसे लगता कि पापा की आंखें उसके पीछे लगी हुई हैं। ऑफिस के रास्ते, ऑफिस के भीतर, यहां तक कि उसके मौन और मुखर के बीच भी पापा की आंखें मौजूद होतीं। अनुपम कभी-कभी छेड़ते हुए कहता, 'पापा 'ज पॉपी।'

सच तो यही है कि वह पापा 'ज पॉपी है। दोनों की जान एक-दूसरे में बसती है। मम्मी की मृत्यु के बाद तो जैसे दोनों एक-दूसरे की जरूरत ही बन गए। पापा ने भी उसकी हर इच्छा का सम्मान किया। कभी खुद को थोपा नहीं। बात चाहे जो भी हो, वह उसे ऐसे मोड़ पर छोड़ते, जहां तमाम विकल्प खुले होते और वह कई बार यह सोचकर हैरान रह जाता कि पापा अपनी बात पर कायम क्यों नहीं रहते? जिज्ञासावश उसने एक बार पापा से पूछ ही डाला था। तब भी पापा मुस्कराए थे और सहज ही जवाब दिया था, 'मैं तो अपनी ही बात पर कायम रहता हूं। हां, सामने वाला मेरी ही बात माने, ये जिद नहीं करता। इससे संभावनाओं के रास्ते बंद नहीं होते हैं।'

पापा की यह बात तब उसकी समझ में नहीं आई थी। वह सोचता, संभावनाएं महज स्वप्न हैं, जबकि नतीजे के लिए निर्णायक होना जरूरी होता है। ऐसा कैसे हो सकता है कि स्याह को स्याह और सफेद को सफेद माने बगैर दोनों में कोई अबूझ आशय की अपेक्षा की जाए? यह अमूर्तन उसे कभी स्वीकार नहीं रहा। गाहे-ब-गाहे उसने पापा से इस बाबत बहस भी की है, 'संभावनाएं अनिर्णय में डालती हैं, जबकि लक्ष्य हासिल करने के लिए निर्णय लेना जरूरी होता है।'

'असहमति भी एक तरह की संभावना ही है।' पापा के होंठों की मुस्कराहट गाढ़ी हो जाती, 'विवेकसम्मत निर्णय तभी संभव होते हैं।'

वह चकित भाव से पापा को देखता और पाता कि पापा की आंखें उसके चेहरे पर टिकी हैं, गोया वह उसका चेहरा पढ़ रहे हों।

चेहरा ही क्या, उसे तो लगता है कि पापा उसका मन भी पढ़ लेते हैं। उस दिन भी पापा ने उसका मन पढ़ लिया था शायद, जब वह ऑफिस से बेतरह परेशान लौटा था और पापा से आंखें बचाकर सीधे अपने कमरे में जा घुसा था। उस दिन वह रोज की तरह पापा से पूछना भूल गया था, 'पापा कैसे हैं?'

पापा ने ही उल्टे पूछा था, 'कैसे हो, नीलेश?'

अगले ही क्षण उसे अपनी गलती का अहसास हुआ था। खुद पर हैरानी भी हुई कि ऐसा कैसे हो गया? झट से गलती सुधारी, 'सॉरी पापा, आप कैसे हैं?'

'मैं तो ठीक हूं।' पापा की बेधती आंखें उसके चेहरे पर टिकी थीं, 'लेकिन तुम ठीक नहीं लग रहे। समथिंग रांग?'

'न...न..।' अपनी असहजता छिपाने की कोशिश में हकलाहट हलक में आ अटकी, 'नथिंग रांग।'

पापा की आंखें अब भी उसके चेहरे पर ही टिकी थीं। लगा, पापा उसका मन पढ़ रहे हैं। इससे पहले कि वह उसकी मन:स्थिति समझ पाएं, उसने उन्हें आश्वस्त करना चाहा, 'वर्कलोड पापा, वर्कलोड। कुछ ज्यादा ही थक गया हूं।'

'हां, भई। न काम के घंटे। न फुरसत का ठिकाना।' पापा आश्वस्त होते-से लगे, 'थकना तो लाजिमी है। आओ खाना खाते हैं।'

उस रात खाना खाते हुए बड़ी देर तक चुप्पी छाई रही। न पापा कुछ बोल रहे थे और न वह कुछ कह पा रहा था। पता नहीं, पापा उसकी असहजता में दखल नहीं देना चाह रहे थे या वह स्वयं उन्हें अपनी मन:स्थिति में दाखिल नहीं होने दे रहा था। लेकिन इतना तय था कि दोनों की चुप्पियां सामान्य नहीं थीं।

आखिरकार उसी ने चुप्पी तोड़ी, 'दिवाकर अंकल की कोई खबर?'

पापा के चेहरे पर मुस्कान लौटी जैसे देर तक जब्त किसी खदबदाहट को बाहर आने की राह मिल गई हो, 'फोन आया था। बोला, अभी नहीं आ पाएगा।'

'पापा मुझे तो लगता है दिवाकर अंकल सिर्फ बहाना बनाते हैं। आने वाले हैं नहीं।' उसने पापा को जानबूझकर छेड़ा। उसे पता है, दिवाकर अंकल का जिक्र पापा को बेहद प्रिय है।

'नहीं। ऐसी बात नहीं। उसे फुरसत नहीं मिल रही इसीलिए।' पापा ने दिवाकर अंकल के बचाव में बकायदे दलील दे डाली, 'फैक्टरी में जबरदस्त डिस्प्यूट चल रहा है। मैनेजमेंट ने छंटनी की नोटिस दी है। विरोध में उसकी यूनियन ने भी हड़ताल की घोषणा कर दी है।'

'पापा, मंदी का दौर चल रहा है।' अचानक उसका मैनेजमेंट मंत्र सिर उठा बैठा, 'ओवर स्टाफिंग होगी तो छंटनी लाजिमी है। मैनेजमेंट एक्स्ट्रा बर्डेन क्यों ढोए?'

पापा ने उसे जिस तरह देखा, उसमें अविश्वास जैसा कुछ नहीं था। शायद पापा मान चुके थे कि उसकी नजर में उनकी असहमति का कोई अर्थ नहीं है। बावजूद इसके, पापा का उसे इस तरह देखना असहज कर गया। उसे लगा पापा बहस के मूड में नहीं हैं। उसने बात बदलने की गरज से कहा, 'पापा, अनुपम की शादी तय हो गई है।'

'गुड!' पापा की आंखें चमकीं। उसने राहत की सांस ली। लगा, खाने का स्वाद गुदगुदी में तब्दील होने वाला है। इस बहाने पापा जरूर उसकी शादी की बात छेड़ेंगे। वह पापा को कनखियों से देखता मुस्कराने लगा। पापा पानी का गिलास उठाते हुए बोले, 'वाइ द वे, ये एक्स्ट्रा बर्डेन क्या होता है?'

वह सकपकाया। पापा उससे सीधे मुखातिब थे, 'जब वर्कर को काम पर रखा था, तब वह तुम्हारी जरूरत था। उसने अपना खून-पसीना दिया। अपनी उम्र दे डाली। उसके बूते तुमने कमाई की। फिर अचानक वह बर्डेन कैसे हो गया?'

उसे लगा, पापा यह सवाल बेटे से नहीं, किसी ऐसे शत्रु से कर रहे हैं, जो चक्रव्यूह में फंस गया है। हालांकि उसके पास इस चक्रव्यूह का तोड़ था। हर बार की तरह वह चाहता तो अपना ब्रह्मास्त्र छोड़ सकता था और उसकी विजयी मुस्कान पर फिदा होते पापा हर बार की तरह अपनी बात बेनतीजा नोट पर छोड़ देते, 'हां भई, हम तो अतीत हो चुके लोग हैं। अब वक्त तुम्हारा है। तुम्हें ही तय करना है अपने जीने का तरीका।'

लेकिन आज, इस वक्त, पहली बार उसे अपने भीतर कुछ दरकता-सा महसूस हुआ। अपनी सोच, अपनी मान्यता या कि अपने ही चक्रव्यूह से बाहर न निकल पाने की बेबसी? वह बगैर कुछ बोले टेबल से उठने-उठने को हुआ कि पापा बोल पड़े, 'दिवाकर कह रहा था कि अब नीलेश को शादी कर लेनी चाहिए।'

उसे पता है, यह चुहल पापा ने स्वयं गढ़ी है। तने माहौल में घंटियां टुनटुनाईं। उसने उलाहने के-से अंदाज में कहा, 'लगता है, दिवाकर अंकल के दर्शन तभी होंगे।'

पापा मुस्कराए। इस मुस्कराहट में छिपा रहस्य उससे छिपा नहीं रहा। यह दिवाकर अंकल की रहस्य-कथा के प्रति बढ़ती जिज्ञासा का क्रमशः था। दिवाकर अंकल की कथा चलती रहती और पापा इस कथा धारावाहिक को हर बार उत्सुकता के किसी मोड़ पर छोड़ देने में सिद्धहस्त थे।

दिवाकर अंकल से उसकी कभी मुलाकात नहीं हुई। पापा हर बार कहते, दिवाकर आने वाला है...दिवाकर ने आने को कहा है... दिवाकर संडे को आएगा। लेकिन दिवाकर अंकल अब तक तो कभी नहीं आए। कभी-कभी तो लगता, दिवाकर अंकल हैं ही नहीं। शायद वह पापा की महज कल्पना की उपज हैं। एक बार चिढ़कर उसने पापा से यहां तक कह डाला था, 'पापा, ऐसा भी क्या कि बार-बार आने को कहकर भी दिवाकर अंकल कभी नहीं आते। मुझे तो लगता है कि वह कभी आने वाले नहीं।'

क्षण-भर को पापा सकते में आ गए थे। उनका चेहरा सपाट हो आया था। लेकिन अगले ही क्षण उन्होंने खुद को संभाल लिया था। सफाई देने के अंदाज में बोल पड़े थे, 'दिवाकर होलटाइमर है। कई मोर्चों पर लड़ना पड़ता है उसे।

कभी इस शहर, कभी उस गांव। कब, कहां होगा, उसका कोई ठिकाना नहीं। मैं उसकी मजबूरी जानता हूं।'

दिवाकर अंकल की रहस्य-कथा का वह एक उत्सुक श्रोता था। पापा हर बार दिवाकर अंकल की कथा ऐसे ही किसी मोड़ पर छोड़ देते।

पापा बर्तन समेट किचेन की ओर बढ़ते हुए बोले, 'जब से तुम्हारा नया सीईओ आया है, देख रहा हूं कुछ ज्यादा परेशानहाल लग रहे हो।'

पापा चेहरा ही नहीं, मन भी पढ़ लेते हैं। बात तो सच थी। हालात यही थे। ऑफिस का तनाव घर तक पीछा कर रहा था। ऊपर से नीचे तक हर किसी के सिर पर टार्गेट का भूत सवार था। जो टार्गेट क्वार्टरली पूरा करना होता था, उसे नए सीईओ ने मंथली फिक्स कर दिया था। मीटिंग, प्लानिंग, प्रेजेंटेशन का ऐसा घमासान कि दम मारने की फुरसत नहीं।

खंडेलिया के प्रेजेंटेशन के दौरान तो सीईओ एक बार हत्थे से ही उखड़ गया था, 'मिस्टर खंडेलिया, हमारे प्रोजेक्ट का मार्केट शेयर सिक्स्टी सेवेन परसेंट है। लेकिन ग्रोथ फाइव परसेंट। व्हाट इज दिस?'

'सर, ये पिछले क्वार्टर की ग्रोथ है।' खंडेलिया सीईओ की आक्रामकता की चपेट में था।

'व्हाट क्वार्टर?' सीईओ चीखा, 'व्हाइ नॉट मंथली? इस रफ्तार से तो कंपिटीशन हमें खा जाएगा।' इसके साथ ही उसने ग्रोथ रेट सेवेन परसेंट हासिल करने की घोषणा के साथ फरमान जारी कर दिया था, 'आइ वांट टु मीट दिस चैलेंज ऐट एनी कॉस्ट।'

उस दिन बोर्डरूम से निकलते हुए हर चेहरे पर हवाइयां थीं। पहली बार उसने पूरे ऑफिस में एक ऐसी सनसनी महसूस की थी, गोया हर कोई किसी हॉरर फिल्म के असर में हो। उस रात उसने अपने फेसबुक स्टेटस में लिखा : ये टार्गेट क्या होता है?

जवाब में एक से एक कमेंट्स की बौछार लग गई।

आकाश द्विवेदी ने लिखा : बाजार पर छा जाने की रणनीति।

श्याम सक्सेना का जवाब था : परफोर्मेंस दिखाने का बेहतरीन मौका।

नवीन रस्तोगी का कमेंट था : एक स्वस्थ कंपिटीशन।

और इसी बीच रोमी अस्थाना अपने अंदाज-ए-बयां के साथ टपकी थी : टार्गेट माने बलि का बकरा।

पहले तो हंसी आई। लगा, रोमी ने किसी पिनक में एक मुहावरा जड़ दिया है। लेकिन नहीं, अगले ही क्षण महसूस हुआ, रोमी की बात में दम है। एकाएक मन कहीं ज्यादा विचलित हो आया। लैपटॉप बंद कर बड़ी देर तक वह खुद से जूझता रहा।

और वाकई एक दिन ऐसा ही हुआ। अनुपम को बलि का बकरा बनाने की तैयारी शुरू हो गई थी।

रिव्यू मीटिंग में मार्केटिंग हेड खंडेलिया ने अनुपम को सीधे टार्गेट किया, 'तुम टार्गेट पूरा नहीं कर पाए, क्यों?'

'सर, मेरा बीस लाख का टार्गेट था। वो तो मैंने पूरा कर दिया है।' अनुपम ने सफाई दी।

'बीस नहीं, पच्चीस लाख था तुम्हारा टार्गेट। मैंने तुमसे तीस कहा था। तुमने हाथ खड़े कर दिए थे, तब मैंने पच्चीस फिक्स किया था।' खंडेलिया ने एहसान जताने के अंदाज में याद दिलाया।

'सर, ऑफिशियली मेरा टार्गेट बीस था।' अनुपम ने भी याद दिलाने की गरज से तर्क दिया।

'व्हाट ऑफिशियली-अनऑफिशियली।' खंडेलिया इस कदर दहाड़ा कि मीटिंग को सांप सूंघ गया।

किसी को यकीन नहीं आया कि खंडेलिया अनुपम के साथ ऐसे पेश आ सकता है। वह अनुपम, जो खंडेलिया की आंखों का तारा रहा है। वह अनुपम, जिसके बगैर खंडेलिया की कोई प्लानिंग पूरी नहीं होती थी।

खंडेलिया की दहाड़ जारी थी, 'टार्गेट देखना मेरा काम है। तुम्हारे आर्गुमेंट से टार्गेट नहीं पूरा होने वाला। वी आर हियर टु एचीव टार्गेट ऐट एनी कॉस्ट।' यह खंडेलिया नहीं, सीईओ की भाषा थी।

खंडेलिया की वह दहाड़ कानों में ही नहीं, ऑफिस के कोने-कोने में गूंजती रही—कभी कानाफूसियों के दरम्यान, कभी खामोशियों के बीच। किसी को समझ में नहीं आ रहा था कि खंडेलिया के टार्गेट में अनुपम के होने का क्या अर्थ है?

यह एक अजीब पहेली थी। इस पहेली को अनुपम की गहरी उदासी ने कहीं ज्यादा पेचीदा बना दिया था। उसने गौर किया कि अनुपम रोज की तरह सहज-सामान्य नहीं है। कई बार इच्छा हुई कि अनुपम से बात करे। लेकिन हर बार उसकी हिम्मत जवाब दे गई।

उस दिन देर शाम पार्किंग में मोटरसाइकिल निकालते हुए संयोगवश दोनों आमने-सामने हो गए थे। आखिरकार उसने पूछ ही लिया, 'अनुपम, खंडेलिया तुमसे इतनी खुंदक क्यों खाए हुए है?'

जाहिरन, उसके सवाल में अनुपम के साथ खंडेलिया का करीबी होने का आशय भी चस्पां था। अनुपम ने पता नहीं इस आशय को पकड़ा या नहीं, लेकिन उसने जिस भाव से जवाब दिया, उसमें लाचारी नहीं, क्षोभ ज्यादा था, 'यू नो नीलेश, खंडेलिया मुझे जान-बूझकर परेशान कर रहा है।'

'लेकिन यार...!' उसे यकीन नहीं आया, सो मन की जिज्ञासा को चाहकर भी नहीं रोक पाया, 'तुम तो खंडेलिया की गुड बुक में रहे हो। फिर अचानक...।' सहसा उसे अपने कहे का अहसास हुआ और वाक्य अधूरा ही रह गया।

अनुपम की दुखती रग अब तक टभक चुकी थी। उसका चेहरा सुर्ख हो आया था, 'नीलेश, यहां कोई किसी का नहीं होता। ये टॉप पर बैठे तो अपने बाप के भी सगे नहीं।'

उसे अपने आप पर कोफ्त हुई। इस वक्त तो कतई अनुपम से ऐसी बात नहीं कहनी चाहिए थी। लेकिन यकीन करना अब भी आसान नहीं था। इससे पहले कि वह अनुपम से कुछ कहता, अनुपम ने मोटरसाइकिल स्टार्ट कर दी थी। इंजन के शोर से ज्यादा उसके भीतर शोर उठा। वह अनुपम को जाता हुआ देखता रह गया।

अनुपम और खंडेलिया के बीच आज ज़ो कुछ भी हुआ, उस पर किसी को विश्वास नहीं हो रहा था। हर किसी को लग रहा था, यह ड्रामेबाजी है। दोनों की मिलीभगत। दूसरों पर साइको फियर क्रिएट करने की चाल।

लेकिन अभी-अभी वह जिस अनुपम से मुखातिब था, उससे तो सारे कयास बेबुनियाद लग रहे थे। उसकी बात और बॉडी लैंग्वेज के बीच जो टीस थी, वह बेहद मारक थी। उसे अफसोस हुआ कि वह अनुपम के प्रति सहानुभूति क्यों नहीं दिखा पाया? क्यों नहीं अनुपम की आंखों की ताब सह पाया?

एक गहरी कचोट लिये वह घर को रवाना हुआ था।

पापा ने रोज की तरह ही फ्लैट का दरवाजा खोला। लेकिन वह रोज की तरह अंदर नहीं दाखिल हुआ। उसके साथ सीईओ की चीख, खंडेलिया की दहाड़, अनुपम की बेबसी और अपने-अपने डरों में सिकुड़े कलीग्स भी थे। इससे पहले कि पापा इस भीड़ को लक्ष्य कर लें, उसने बैग सोफे पर डालते हुए पूछा, 'चाय पिएंगे?'

'तुम थके लग रहे हो। मैं बनाता हूं।' पापा किचन की ओर बढ़ते हुए बोले, 'आज मेड नहीं आई। खाना ऑर्डर कर दिया है।'

'क्यों, उसे क्या हुआ?'

'दाई-नौकरानी संघ के प्रदर्शन में गई थी।' पापा बता रहे थे, 'लाठीचार्ज में उसके सिर पर चोट आई है। उसके बेटे ने फोन किया था।'

'ये भी न पापा!' वह बेसिन पर मुंह धोता हुआ ठिठका, 'फालतू के धंधों में पड़ी रहती है।'

पापा की कोई प्रतिक्रिया नहीं आई। वह टॉवल से मुंह पोंछता किचन के दरवाजे पर आ खड़ा हुआ। पापा चाय कप में छान रहे थे। एक कप उसकी ओर बढ़ाते हुए बोले, 'दिवाकर आया था। तेरे इंतजार में बड़ी देर तक रुका रहा। लेकिन देर होता देख चला गया।'

उसे एकदम यकीन नहीं आया। पापा की ओर अविश्वास से ताकता पूछ बैठा, 'आए थे तो रुके क्यों नहीं? चले क्यों गए?'

'उसका बरेली जाना जरूरी था।' पापा डायनिंग टेबल पर आ गए थे। चाय का कप टेबल पर रखते हुए बोले, 'कह रहा था, रबड़ फैक्टरी में कुछ प्रॉब्लम चल रही है। मैनेजमेंट ने वर्कर्स को ओवरटाइम देना बंद कर दिया है।'

'तो?' उसके मुंह से निकला।

'तो यह कि वर्कर ने भी आठ घंटे से ज्यादा काम न करने की नोटिस दे दी है।' पापा ने उसके 'तो' के जवाब में अपनी बात इस ठस्से से कही कि वह सीधे उसके कलेजे में आकर लगी।

'पापा, घड़ी देखकर काम करने का जमाना गया। मार्केट में जबरदस्त कंपिटीशन है। एंप्लाई हो या एंप्लायर, वही टिकेगा जो कंपीट करेगा।' उसके भीतर जैसे उसके सीईओ की आत्मा कुलबुलाने लगी थी।

'थके लग रहे हो।' पापा ने बगैर किसी जिरह के अपनी बात बदल दी, 'फ्रेश हो जाओ। खाना आता होगा।'

पापा अक्सर अपनी बात ऐसे ही किसी मोड़ पर छोड़ देते हैं। पहले वह पापा को ऐसे मोड़ों पर ही घेरने की जुगत करता। लेकिन आज उसने ऐसी कोई कोशिश नहीं की।

उस रात उसे नींद नहीं आई।

अगली सुबह जब ऑफिस पहुंचा तो सबकुछ लग तो यथावत रहा था। लेकिन हर ओर व्याप्त खामोशी में माहौल पर कोई बोझ-सा तारी था। बत्रा, शर्मा, अनुपम, चोपड़ा सुरेखा, दीपा एक-एक कर आते गए और अपने-अपने क्यूबेक में यूं समाते गए मानो सबके सब अपने बाड़े में कैद हो जाने की हड़बड़ी में हों। वह खुद भी अपनी सीट पर बैठकर लैपटॉप ऑन करने में जुट गया।

ऐन इसी वक्त प्यून ने अनुपम को आवाज दी, 'खंडेलिया साब बुला रहे हैं।'

क्यूबेक में समाई निगाहें उठीं। अनुपम अपनी सीट से उठा। सभी ने चुप्पी साधकर देखा। अनुपम खंडेलिया के चैंबर की ओर जा रहा था। सबकी आंखों की उत्सुकता अनुपम की पीठ पर जा टिकी थी। अनुपम खंडेलिया के चैंबर में दाखिल हो चुका था।

खंडेलिया के चैंबर में अनुपम का जाना कोई नई बात नहीं थी। खंडेलिया बात-बात में अनुपम को बुलाता और अनुपम हर बार उसके चैंबर से मुस्कराते हुए निकलता। कई बार तो उसकी हंसी उसकी सीट तक चली आती। लेकिन आज जब अनुपम खंडेलिया के चैंबर से बाहर निकला, तो उसके साथ न तो उसका आत्ममुग्ध चेहरा था और न ही उसकी चिर-परिचित हंसी। जब तक वह अपनी सीट पर पहुंचता, वहां उसकी उदासी उससे पहले आ पहुंची थी।

अनुपम के अपनी सीट पर बैठने से पहले ही वह अपनी सीट से उठ खड़ा हुआ। सभी चौंकन्ने दिखे। उसने उन निगाहों की परवाह नहीं की। सीधे अनुपम के पास जा पहुंचा, 'क्या हुआ? सब ठीक तो...?'

'शो कॉज!' अनुपम की आवाज किसी वीराने से आती जान पड़ी, 'टार्गेट पूरा न कर पाने को क्यों न आपकी अक्षमता माना जाए?'

यह शो कॉज था या यक्षप्रश्न?

इसी अनुपम को उसकी कार्यक्षमता देखते हुए हेवी पैकेज पर लाया गया था। एनुअल एप्रेजल में खंडेलिया ने साफ-साफ लिखा था : 'मोस्ट एफिशियंट।'

आज उसी खंडेलिया ने अनुपम की क्षमता पर सवाल उठाया था।

उसकी समझ में नहीं आया, अनुपम से क्या कहे? किंकर्तव्यविमूढ़-सा वह अनुपम का चेहरा देखता रहा। अनुपम अपनी सीट पर बैठते हुए उससे मुखातिब हुआ, 'जवाब तो देना ही पड़ेगा।'

क्या जवाब देगा अनुपम? यह सवाल उसे मथता रहा और कोई जवाब नहीं सूझा। हर ओर एक गहरा सन्नाटा पसरा था। हर कोई अपने में सिमटा था, गोया कोई उससे ही जवाब न मांग बैठे। सहमी हुई खामोशी में वह सवाल सनसनी-सा तैर रहा था।

खामोशी लंच के दौरान कैंटीन में टूटी। इसमें भी काफी कुछ टूटा-टूटा-सा था। बतकहियों में दरारें थीं। दरारों में छिपी दुश्वारियां थीं। दुश्वारियों में बेचारगी थी। बेचारगी से बाहर आने की कोशिश में उसने सीधे-सीधे अनुपम को टोका 'तुमने खंडेलिया से बात की? क्या कहता है वो?'

'वह कुछ सुनने को तैयार नहीं है। कहता है, अब पहले वाली बात नहीं रही।' अनुपम जैसे बेहद कठिनाई से बोल पाया।

उसे लगा बत्रा, शर्मा, चोपड़ा, जसवंत, सुरेखा, दीपा, यहां तक कि वह स्वयं, अनुपम को इस तरह देख रहे हैं मानो लंच खाते-खाते दांतों में कोई कंकरी आ फंसी हो।

इस कंकरी को निगलता अनुपम अचानक जैसे एक साथ सबसे मुखातिब हो, पूछ बैठा, 'तुम लोग क्या कहते हो, क्या करना चाहिए मुझे?'

पता नहीं, किसी के पास जवाब था या नहीं, या जानबूझकर कोई जवाब नहीं देना चाहता था। सभी एक-दूसरे का मुंह ताकने लगे।

'मुझे लगता है, हम सबको मिलकर खंडेलिया से बात करनी चाहिए।' जाने कैसे उसके अंदर हौसला आ गया। इसी के साथ उसने सबकी राय जाननी चाहिए, 'क्या कहते हो तुम लोग?'

सबने उसे थोड़ी असमंजस, थोड़ी व्यग्रता और काफी हद तक अविश्वास से देखा।

बत्रा, जो हमेशा अनुपम और खंडेलिया की करीबियत की खिल्ली उड़ाया करता था, इस वक्त बेहद संजीदे लहजे में बोला, 'हर्ज तो कुछ नहीं है। लेकिन पहल तो पहले अनुपम को ही करनी होगी।'

'यार, अनुपम तो टार्गेट पर है। पहल तो हमें करनी है उसे बचाने की।' पता नहीं, यह वह खुद बोल रहा था या उसके भीतर कोई और था, जो बोल रहा था, 'हम सब मिलकर बात करें तो शायद खंडेलिया कंसीडर करे। आफ्टरऑल वह हमारा बॉस है। उसे हमारी बात सुननी चाहिए।'

उसकी बात खत्म होते-न-होते, उसे महसूस हुआ, उसने अभी-अभी जो कुछ कहा है, उसे लेकर सबके सब असहज हो आए हैं। यह वाकई बेहद कठिन क्षण था।

'नीलेश, मैं तैयार हूं।' यह सुरेखा थी। उसके चेहरे पर कोई कठिन भाव नहीं था। वह निर्णायक स्वर में बोली, 'मैं खंडेलिया के पास चलने को तैयार हूं।'

वह अपलक सुरेखा को देखता रह गया। बेहद कम बोलने वाली सुरेखा को उसने हमेशा घंमडी समझा है। किसी हद तक वह रूपगर्विता लगती रही है। लेकिन यह उसका अप्रत्याशित रूप था। अचानक आईना चनचनाकर टूटता-सा महसूस हुआ।

'नीलेश, कोई फायदा नहीं।' अनुपम ने तपाक से टोका, 'मुझे लगता है, शायद खंडेलिया भी मजबूर है।'

'यस, मुझे भी यही लगता है।' बेचैनी से पहलू बदलता शर्मा टपका, 'हो सकता है, खंडेलिया भी मजबूर हो।'

'मैं तो यही कहूंगा कि अनुपम को शो कॉज का जवाब दे देना चाहिए। देन लेट'स वेट ऍंड वाच।' यह चोपड़ा था। जाहिरन, यह सलाह कम, मौजूदा स्थिति से बचने की कोशिश ज्यादा थी।

'ओके! लेट'स वेट ऍंड वाच।' आजिजी से भरा वह एक झटके से उठा और वाश बेसिन की ओर बढ़ गया।

बेसिन पर हाथ धोते हुए उसने सामने लगे शीशे में खुद को देखा। उसका चेहरा तमतमाया हुआ था। उसे खुद पर हैरानी हुई। उसने रूमाल से इस तमतमाहट को पोंछना चाहा कि ठीक उसके बगल वाले बेसिन पर आ पहुंची सुरेखा ने आवाज दी, 'नीलेश, यू नो, सब स्केप कर रहे हैं।'

'आई नो, सुरेखा। बट व्हाई?' वह अपनी तमतमाहट रोक नहीं पाया, 'इट्स नॉट अ पर्सनल इशू। आज अनुपम है, कल कोई और नहीं होगा इसकी क्या गारंटी है?'

'हैव पेशेंस!' सुरेखा की आंखों में तैरती तरलता उसे भिगो गई।

सुरेखा रुकी नहीं। वह सुरेखा को जाते हुए देखता रहा मानो एक दिवास्वप्न अभी-अभी उसे छूकर गुजरा हो।

हॉल में शर्मा, बत्रा, चोपड़ा, जसवंत, दीपा सिर जोड़े बैठे थे। कोई सलाद का आखिरी टुकड़ा टूंगता, कोई पानी के गिलास से घूंट भरता। तृप्ति के भाव से भरे। यह सब देखकर उसके भीतर कुछ करका। ऐसे में उसे वहां रुकने का कोई कारण नजर नहीं आया। वह तेजी से कैंटीन से बाहर निकल गया।

शाम को बाइक स्टैंड पर अनुपम उसका इंतजार करता मिला। उस पर नजर पड़ते ही अनुपम लपककर करीब आया, 'नीलेश, मैंने शो कॉज का जवाब दे दिया है। बट आइ नो, कुछ होने वाला नहीं।'

'नहीं यार, ऐसा मत बोल। सब ठीक हो जाएगा।' अनुपम से कहीं ज्यादा जैसे उसने खुद को भरोसा दिलाना चाहा, 'इट्स अ पार्ट ऑफ जॉब।'

अनुपम ने मुस्कराते हुए उसका कंधा यूं थपथपाया जैसे खुद की नहीं, उसकी हौसलाअफजाई कर रहा हो। एक अजीब-सी बेबसी उसे बेचैन कर गई। उसने अनुपम को ऊपर से नीचे तक देखा, लेकिन वहां कोई बेबसी नहीं थी।

'और हां, सुन! अंकल को बोलना, शादी की मियाद फिलहाल टल गई है।' अनुपम अपनी मोटरसाइकिल की ओर बढ़ गया था। वह समझ नहीं पाया, यह चुहलबाजी है या अफसोस।

वाकई इस अनुपम को समझना आसान नहीं रहा।

उसे कंपनी में काफी हाई पैकेज पर लाया गया था। कई पुराने साथियों से दुगना-ढाई गुना था उसका पैकेज। उस पर तुर्रा यह कि वह किसी से बोलता कम था, गोया उसे अपने हाई पैकेज का जबर्दस्त गुमान हो और इसी वजह से उसने जानबूझकर सबसे दूरी बना रखी हो। यह सबको कमतर समझने का उसका दर्प जैसा लगता। आग में घी डालने का काम किया खंडेलिया ने। जब देखो तब जुमला उछालता रहता : 'अनुपम कर लेगा... अनुपम कैन डू... अनुपम इज एफिशिएंट।'

जिस अनुपम के चेहरे पर कभी कोई भाव नजर नहीं आता था, वही जब खंडेलिया के चैंबर से निकलता तो कभी होंठों पर इठलाती मुस्कराहट रोके नहीं रुकती, तो कभी चेहरे पर छलकती खुशी थामे नहीं थमती। सारे कलीग्स ने उसे 'चतुर सुजान' मान लिया था। खुद उसने भी अनुपम के प्रति कोई सहजता नहीं महसूस की थी।

गाहे-ब-गाहे अनुपम से बात होती तो महज काम भर। इतना जरूर था कि वह जब भी बात करता, अनुपम उसके साथ शाइस्तगी से पेश आता। कभी-कभी

कैंटीन में चाय-कॉफी साथ-साथ शेयर करने लगा था। कभी-कभार मोबाइल पर हाय-हलो भी होने लगी थी।

ऐसे ही एक संडे जब वह घर में बैठा फेसबुक पर मिस्र में हो रहे आंदोलन से जूझ रहा था, अनुपम का कॉल आया था। उस वक्त उसने अनमने ढंग से कॉल रिसीव किया था, 'हां, अनुपम, बोलो।'

'नीलेश, क्या मैं तुमसे मिल सकता हूं?'

'कब? कहां?' उसके माथे पर बल उभरे थे।

'अभी, तुम्हारे घर।' अनुपम ने जिस बेबाकी से जवाब दिया, सहज ही उसे एकदम यकीन नहीं आया। दूसरी ओर अनुपम उसका जवाब सुनने के लिए 'हलो। हलो' किए जा रहा था।

'हां...हां...क्यों नहीं?' उसने आखिरकार जवाब दिया था।

फेसबुक पर मिस्र में जन विद्रोह की जय-जयकार मची थी।

-तानाशाह हुस्नी मुबारक का अंत निकट।

-तानाशाही के खिलाफ मिस्र की जनता के संघर्ष को सलाम।

-फेसबुक का चमत्कार। बना जनयुद्ध का हथियार।

-हुस्नी मुबारक की सेना को तहरीर चौक पर युवाओं की ललकार।

अचानक वह ठिठका। यह रोमी अस्थाना थी। हर बार की तरह उसका कमेंट यहां भी तेजाबी था : अमरीकापरस्ती का हश्र। हुस्नी मुबारक को भस्मासुर ले डूबा।

उसके होंठों पर बरबस मुस्कान रेंग गई। यह अनजानी दोस्त वाकई औरों से अलग है। इस बार उसने रोमी के कमेंट को लाइक करने के बजाय अपनी जबरदस्त प्रतिक्रिया दी : 'लगता है, तुम पर अमेरिका विरोध का भूत सवार है। करेक्ट योरसेल्फ, प्लीज। हुस्नी की तानाशाही खुद उसके लिए भस्मासुर बनी।'

कॉलबेल बजने के साथ ही उसे खयाल आया कि यह अनुपम होगा। वह भागकर दरवाजे तक गया। पापा ड्राइंगरूम में बैठे अखबार पढ़ रहे थे। उसके इस उतावलेपन पर चौंके। अखबार समेटकर वह भी एकटक दरवाजा खुलने का इंतजार करने लगे।

अनुपम ही था। उससे हाथ मिलाते हुए वह अपने भाव दबा नहीं पाया, 'ग्रेट सरप्राइज!'

'सरप्राइज वाली क्या बात है?' अनुपम बिल्कुल ऑफिस वाला अनुपम नहीं था। इस वक्त बेहद बदला-बदला नजर आ रहा था, ' क्यों तेरे यहां नहीं आ सकता क्या?'

इससे पहले कि वह पापा से अनुपम का परिचय कराता, अनुपम ने पापा के पांव छुए और अपने बारे में खुद ही बताना शुरू कर दिया, 'अंकल मैं अनुपम

हूं। नीलेश के साथ काम करता हूं। आ'म श्योर, इसने कभी मेरी चर्चा नहीं की होगी। इसीलिए मैं खुद चलकर आया कि आपसे मुलाकात भी हो जाएगी और इससे बात भी हो जाएगी।'

पापा अनुपम की बेतकल्लुफी के कायल होते दिखे। वह हलकान हुआ जा रहा था।

'मिलने-जुलने से ही इंसान सोशल होता है।' पापा गद्गद भाव अनुपम पर निछावर लगे, 'एक-दूसरे के लिए ऐसे ही वक्त निकालना पड़ता है।'

अनुपम पापा के सामने सोफे पर बैठ गया था। वह अभी भी खड़े-खड़े अनुपम की इस उपस्थिति पर यकीन करने की कोशिश में उलझा था। आखिरकार पूछ ही बैठा, 'अनुपम, यार यू ओके?'

'नीलेश, वो क्या है कि एक मुश्किल में फंस गया हूं। सोचा तुमसे शेयर करता हूं।' अनुपम शायद उसका आशय समझ गया था। लिहाजा तत्काल संजीदा हो आया, 'आई थिंक, यू विल नॉट फील अदरवाइज।'

उसे झटका-सा लगा। वह अनुपम का इतना आत्मीय कैसे हो गया कि उसे अपनी कोई बात उससे शेयर करने की जरूरत आन पड़ी? लेकिन अनुपम तो जैसे आज झटके पर झटका ही देने आया था। बगैर किसी भूमिका के शुरू हो गया, 'यू नो, मेरे को एक कंपनी से ऑफर आया है। काफी अच्छा पैकेज है।'

'तो?' इस बार उसने झटके को झटका दिया, 'इसमें सोचना क्या है, ज्वाइन कर।'

'यार ये बात नहीं है।' अनुपम थोड़ा हिचका। फिर पापा की ओर रुख करके बोला, 'सोचता हूं कहीं खंडेलिया माइंड न करे।'

'बी प्रोफेशनल!' इस बार वह एकदम से तीखा हो आया, 'खंडेलिया की ऐसी तैसी।'

'लेकिन यार!' अनुपम अपनी ही उलझन में बुरी तरह जकड़ा हुआ था, 'आफ्टर ऑल भरोसा भी कोई चीज होती है।'

'फिर इसमें मेरी राय की क्या जरूरत है?' उसने लगभग रुखे स्वर में अनुपम को झिड़का, 'यू हैव ऑलरेडी डिसाइडेड।'

उसकी बेरुखी से पैदा हो रही असहजता को भांपकर या सही जगह पर, सही मुद्दे पर हस्तक्षेप की प्रतीक्षा में बैठे पापा, तपाक से बोल पड़े, 'देखो बेटा, नौकरियां तो आती-जाती रहती हैं। लेकिन भरोसा हर जगह, हर किसी को नहीं मिलता। गुडविल बड़ी चीज होती है।'

वह अवाक् पापा को देखता रह गया। पापा उसे निरस्त करना चाह रहे हैं या अनुपम को आश्वस्त? अनुपम चुप था। लेकिन उससे रहा नहीं गया। उसने प्रतिवाद के लहजे में कहा, 'पापा, अब वो जमाना नहीं रहा। इमोशन... नो वे।'

'भई, अब वो तुम लोग जानो! मैंने तो बस अपनी एक राय रखी।' पापा की इस प्रतिक्रिया में तटस्थता-सी थी। हर बार की तरह उन्होंने फिर सारी राहें खुली छोड़ दी थीं।

सारी राह फ्रेम-दर-फ्रेम एक-एक वाकया दिमाग के परदे पर नुमायां होता बार-बार एक स्टिल पर आकर ठहर जाता : बाइक स्टैंड पर खड़ा अनुपम। उस चेहरे पर बत्रा, शर्मा, चोपड़ा, जसवंत से लेकर खुद उसका चेहरा एक-एक कर चस्पां हो जाता। वह घर भी पहुंचा तो इन तमाम चेहरों के साथ ही।

आज उसने तय कर लिया था कि पापा से सब कुछ डिसकस करेगा।

आखिरकार, खाने की टेबल पर उसने अनुपम के साथ हुए सारे वाकये की तफसील देने के बाद पापा पर एक तंज कस ही दिया, 'ये है भरोसे का नतीजा।'

पापा ने उसे जिस तरह देखा, उससे लगा, जैसे पूछ रहे हों, नीलेश मुझे निरस्त कर रहे हो या खुद को आश्वस्त?

उसने आंखें चुराईं।

'अनुपम के साथ जो हो रहा है, वह वाकई दुखद है। लेकिन यह मत भूलो कि इस व्यवस्था का अनुपम पहला या आखिरी शिकार नहीं है।' पापा के स्वर में गहरी बेचैनी थी। उनकी यह आवाज उसके अंदर सनसनी पैदा कर गई।

कैंटीन में आज उसकी सारी पहल का आशय क्या यही नहीं था? अनुपम के बहाने, खंडेलिया से मिलकर बात करने की कोशिश के पीछे, क्या यही मंशा नहीं थी?

पापा अपनी बात पूरी कर खाना खाने के बहाने चुप हो गए थे। लेकिन उनके शब्द उसके भीतर हाहाकार मचा रहे थे। उसने इस हाहाकार को थामने की गरज से पापा को टोका, 'दिवाकर अंकल की कोई खबर?'

पापा मुस्कराए। यकीनन बात बदल देने की उसकी चालाकी पर। हाहाकार थमता जान पड़ा।

'हां, फोन आया था। रबर फैक्टरी की हड़ताल टल गई है। कह रहा था, मैनेजमेंट आठ घंटे से ज्यादा काम न लेने पर राजी हो गया है।'

वह पापा को हैरानी से ताकता रह गया, जैसे कोई परी कथा सुन रहा हो। अविश्वसनीय लेकिन असरदार। इस असर में डूबता-उतरता वह बड़ी देर तक दिवाकर अंकल के बारे में ही सोचता रहा। पापा कहते हैं, दिवाकर अंकल उसके कॉलेज के दोस्त हैं। दोनों ने पढ़ाई साथ-साथ पूरी की। नौकरी भी एक साथ ही शुरू की। धीरे-धीरे दिवाकर अंकल एंप्लाइज यूनियन में सक्रिय हो गए। वर्कर्स के हक की लड़ाई लड़ते-लड़ते उन्होंने एक दिन अचानक नौकरी से इस्तीफा

दे दिया। पता चला, वे होलटाइमर हो गए हैं। पार्टी ने उन्हें मजदूर यूनियन की कमान सौंप दी थी। उन्होंने संगठन को मजबूत करने और संघर्ष को तेज करने में खुद को समर्पित कर दिया था।

'इससे दिवाकर अंकल को क्या फायदा हुआ?' तब उसने पापा से दो टूक यह सवाल किया था।

पापा ने उसे जिस चकित भाव से देखा था, उससे एकबारगी वह बगलें झांकने लगा था। उस दिन से आज तक वह प्रश्न अनुत्तरित है।

क्या कोई प्रश्न वाकई अनुत्तरित होता है? एक बार उसने अपने फेसबुक स्टेटस पर यह सवाल छोड़ा था।

फेसबुक पर अवतरित हुई रोमा अस्थाना ने लिखा था : अनुत्तरित प्रश्नों के उत्तर आने वाली पीढ़ियों को ढूंढ़ने होते हैं।

तो ये उत्तर ढूंढ़ने की ही बेचैनी है?

फेसबुक पर कोहराम मचा था। इंडिया अगेंस्ट करप्शन।

यह प्रतीक प्रभाकर का स्टेटस था : इस भ्रष्ट व्यवस्था के खिलाफ निर्णायक युद्ध शुरू हो चुका है। आइए, अण्णा का साथ दें।

ठीक उसके नीचे दीपक देशप्रेमी का कमेंट था : 'अण्णा नहीं आंधी है, देश का दूसरा गांधी है।'

राजेश राजकुंवर ले लिखा था : 'अण्णा तुम संघर्ष करो। हम तुम्हारे साथ हैं।'

ठीक इसके नीचे जयहिंद शास्त्री ने एलान किया था : 'मैं भी अण्णा।'

फिर तो जैसे 'मैं भी अण्णा' की झड़ी ही लग गई थी। वह जोशीले स्टेटस, वाल, कमेंट्स की रौ में बहता चला जा रहा था कि अचानक एक अपील पर ठिठक गया। यह किसी वालंटियर की अपील थी : वयोवृद्ध गांधीवादी सामाजिक कार्यकर्ता अण्णा हजारे भ्रष्टाचार के खिलाफ जनलोकपाल बिल संसद में लाने की मांग को लेकर 14 अगस्त से रामलीला मैदान में अनशन पर बैठेंगे। आपसे अपील है कि इस जनआंदोलन में आप उनका साथ दें। लाखों-लाखों की संख्या में रामलीला मैदान पहुंचें और इस संघर्ष को सफल बनाएं।

नींद और जाग के बीच वह कब रामलीला मैदान पहुंचा, उसे याद नहीं। बस इतना याद है कि वहां उमड़े जन-सैलाब में उसने बदलाव के एक शानदार सपने को हिलोरें लेते देखा। मुट्ठियां भींचे, नारे लगाते मुल्क को जवां जोश में उबलते देखने का यह सुख कुछ ऐसा था कि उसके भीतर पसरी बेबसी और कुछ न कर पाने की लाचारी तिरोहित होती जान पड़ी।

जिस दिन अण्णा हजारे का अनशन शुरू हुआ, ठीक उसी दिन मैनेजमेंट ने अनुपम का इस्तीफा ले लिया। एचआर हेड ने अनुपम को अपने चैंबर में बुलाकर कहा, 'आपका जवाब संतोषजनक नहीं है। आपको टर्मिनेट किया जाए, यह आपके कैरियर के लिए ठीक नहीं होगा। बेहतर हो कि आप खुद रिजाइन कर दें।'

जिस दिन अण्णा हजारे के आंदोलन में शामिल युवाओं की भीड़ रामलीला मैदान में भ्रष्ट व्यवस्था को उखाड़ फेंकने का संकल्प ले रही थी, ठीक उसी दिन उसके ऑफिस में इस कदर मुर्दानगी छाई हुई थी कि किसी ने नोटिस तक नहीं लिया कि उनके ही बीच का एक साथी कब ऑफिस से चलता कर दिया गया। अनुपम के जाने से जाहिरन कहीं कोई जुंबिश तक नहीं हुई थी।

उस रात पापा टीवी देखते हुए मिले। अण्णा हजारे के अनशन, उनके संकल्प और वेपर लाइटों से दिन की तरह रौशन रामलीला मैदान में उमड़े हुजूम का सीधा प्रसारण जारी था। वह कुछ बोले बगैर पापा के बगल में बैठ गया।

रिमोट से टीवी की आवाज कम करते पापा ने उससे मुखातिब हुए पूछा, 'आज तो बहुत जाम रहा होगा?'

'क्यों?' जवाब के बजाय उसने ही मासूम-सी जिज्ञासा की।

'अरे भई, टीवी देखने से तो लग रहा है कि पूरी दिल्ली सड़कों पर उतर आई है।' पापा के स्वर में व्यंग्य था।

'पापा, दिल्ली क्या, देखिएगा एक दिन पूरा देश सड़कों पर उतर आएगा।' उसके भीतर बैठी बेचारगी जैसे बेसाख्ता फूट पड़ी।

'काश! कि ऐसा होता।' पापा के स्वर में ठंडी आह भरने जैसा कुछ था।

उसे साफ महसूस हुआ कि पापा इस आंदोलन को लेकर कतई उत्साहित नहीं हैं। लिहाजा उसने पापा को आश्वस्त करने की उत्तेजना में एलान-सा किया, 'जन विद्रोह के आगे सारी सत्ताएं ध्वस्त हो जाती हैं।'

पापा की आंखें आश्चर्य से फैल गईं। उन्होंने उसे ऊपर से नीचे तक घूरा गोया वह उसके वजूद में किसी अजूबे को देख रहे हों।

'नीलेश, समथिंग इज रांग विद यू?' पापा वाकई आश्चर्यलोक में थे।

पापा के इस प्रश्न में पता नहीं क्या तो था कि बड़ी देर से जब्त बेकली रोके नहीं रुकी। उसकी आवाज भर्रा आई थी, 'पापा, आज अनुपम से रिजाइन ले लिया गया। हम कुछ नहीं कर पाए।'

पापा ने उसे गौर से देखा। लेकिन बोले कुछ नहीं गोया चाहकर भी कुछ बोलते नहीं बन रहा हो। यह बेचारगी से तमतमाई खामोशी थी। किसी अदृश्य गिरफ्त से छूटने की कोशिश करती हुई।

'ये तो होना ही था।' अचानक जैसे अदृश्य गिरफ्त में फड़फड़ाई हो पापा की आवाज।

पहली बार, पापा ने कोई खुली राह नहीं छोड़ी थी।

वह बेहद बोझिल और अकेले हो जाने के दबाव में ऑफिस से घर, घर से ऑफिस करता रहा। सुरेखा भी पिछले कई दिनों से छुट्टी पर थी। कई बार इच्छा हुई कि कॉल करके उससे बात करे। लेकिन हर बार कोई संकोच आड़े आ गया।

अचानक ही एक दिन कनाट प्लेस में सुरेखा पर नजर पड़ गई। मिलते ही उसने तपाक से पूछा, 'हाय नीलेश, कैसे हो?'

जवाब में सवाल कर बैठा, 'तुम लंबी छुट्टी पर चल रही हो। सब ठीक तो?'

सुरेखा मुस्कराई। उसकी मुस्कराहट को उसने कभी इतने गौर से नहीं देखा था, लिहाजा झिझक-सी हुई। वह झिझक छुपाने के लिए अपनी घड़ी देखने लगा।

सुरेखा की मुस्कराहट और गाढ़ी हो आई थी। कोई रहस्य होंठों पर अटका हुआ था। उसका दिल जोरों से धड़का। उसने आंख उठाई। सुरेखा ने बेतकल्लुफी से कहा, ' यू नो नीलेश, मैं नई कंपनी ज्वाइन कर रही हूं। प्रमोशन विद हाइक।'

एक पल को तो उसकी आंखें फैल ही गईं। यकीन और ना यकीनी के बीच उसने चकित भाव से सुरेखा को बधाई दी, 'कांग्रेचुलेशंस!'

सुरेखा ने उसी गाढ़ी मुस्कान के साथ 'थैंक्स' कहा। प्रत्युत्तर में वह भी मुस्कराया। सुरेखा का मोबाइल बजा। नंबर देखकर वह हड़बड़ाई। एक बार उसकी तरफ देखते हुए सुरेखा ने 'सॉरी' कहा और फिर चलते-चलते विदा के अंदाज में बोली, 'नीलेश, फेसबुक पर फ्रेंडशिप रिक्वेस्ट भेजूंगी। एक्सेप्ट कर लेना।'

तो क्या यह हजारवां दोस्त सुरेखा है? क्या सुरेखा ने भेजी है यह रिक्वेस्ट?

यह एक चिर-प्रतीक्षित खयाल था। उसकी धड़कनें सहसा कुछ ज्यादा ही तेज हो गईं।

सुरेखा के कंपनी छोड़ने की खबर फैल चुकी थी। जितने मुंह, उतनी बातें। दीपा ने तो जैसे उसे ही सुनाते हुए कहा था, 'सुरेखा तो चालू थी ही। जरूर उसने कोई टांका भिड़ाया होगा।'

इससे पहले कि वह कुछ बोलता, बत्रा तपाक से बोल पड़ा था, 'वह नीलेश को भी सूली पर चढ़ा देती। थैंक्स गॉड! तू बच गया।'

वह हक्का-बक्का दीपा और बत्रा की जुगलबंदी के बरक्स खुद के भीतर सुरेखा को घुमड़ता महसूस करता रहा।

इस बीच न सुरेखा ने फ्रेंड रिक्वेस्ट भेजी थी, न उसका कोई कॉल आया था। आखिरकार, एक दिन उसी ने सारी झिझक तोड़ते हुए सुरेखा को कॉल किया। बड़ी देर तक घंटी जाती रही और 'नो आन्सर' के साथ खत्म हो गई। एक नामालूम-सी कसक भीतर धंसकर रह गई थी। शाम तक, जबकि वह इस कसक से उबर चुका था, सुरेखा ने रिंग बैक किया। छूटते ही बोली, 'सॉरी नीलेश, शोर शराबे में रिंग सुन नहीं पाई।'

'कोई बात नहीं।' तटस्थ रहने की कोशिश के बावजूद, उसके चेहरे पर रौनक लौट आई थी।

'अभी कहां हो तुम?' सुरेखा के स्वर में आत्मीयता थी।

वह लरज गया। गहरे राग-भाव में छलक पड़ा, 'ऑफिस से निकल रहा हूं। तुम कहां हो?'

'रामलीला ग्राउंड।' सुरेखा की आवाज में गजब की कशिश थी। उसने जोर देकर आग्रह किया, 'आ सकते हो क्या?'

उसे अपने कानों पर यकीन नहीं आया। दूसरी ओर से कॉल कट होते ही उसने मोबाइल को निहारा। फिर जेब में डाला। अपने आप में मुस्कराया। और लहराता हुआ अपनी मोटरसाइकिल पर जा बैठा।

जब तक वह रामलीला ग्राउंड पहुंचता, मोबाइल की घंटी कई-कई बार बजी। सड़क पर भीड़। भारी ट्रैफिक और जल्द पहुंचने की बेताबी में मोबाइल देख पाना संभव नहीं हुआ। जब देखा, तो पूरे दस मिस कॉल थे। सबके सब अनुपम के। उसकी इच्छा हुई कि वह तुरंत अनुपम को कॉल बैक करे। लेकिन यह खयाल आते ही कि सुरेखा उसकी राह देख रही होगी, उसने पहले सुरेखा को कॉल लगाया।

रिंग जाती रही। कॉल करता हुआ वह भीड़ में सुरेखा को तलाशता रहा। उमड़ता जन सैलाब और हहराकर उठता शोर। कुछ भी सुनाई देना संभव नहीं हो रहा था। तमाम कोशिशों के बावजूद न सुरेखा मिली, न अनुपम को कॉल कर पाया।

लौटते हुए मन पर अजीब-सी बेकसी तारी रही।

देर रात अनुपम का कॉल आया। रिंग की धुन निहायत कर्कश लगी। जी में आया कॉल काट दे। लेकिन यह सोचकर कि अनुपम के साथ उसका यह व्यवहार उचित नहीं होगा, उसने झट से कॉल रिसीव कर लिया।

'नीलेश, तू रामलीला ग्राउंड पहुंचा था क्या?' दूसरी ओर से अनुपम ने जो सवाल किया, उससे वह चकरा-सा गया।

'क्यों, तू वहां था?' उससे अपनी हैरानी छुपाई नहीं गई।

'हां, मैं सुरेखा के साथ ही था।' अनुपम बता रहा था, 'हम दोनों तेरा इंतजार कर रहे थे।'

'अच्छा।' उसकी उत्सुकता बढ़ गई। उसने पहलू बदलते हुए पूछा, 'सुरेखा को तो मैं रिंग करता रहा। उसने कॉल क्यों नहीं लिया?'

'बहुत भीड़ थी। बहुत शोर था। हो सकता है, नहीं सुन पाई हो।'

सुरेखा की तरफ से अनुपम सफाई दे रहा था।

'होता है!' उसने खिसियानी हंसी के साथ बात बदल दी, 'क्या हुआ तेरी जॉब का? कहीं बात बनी?'

दूसरी ओर से कोई जवाब नहीं आया। वह हलो-हलो करता रहा। मोबाइल स्क्रीन को देखा। कॉल डॉप हो गई थी। उसे खुद पर झुंझलाहट हुई। इतनी देर से खामख्वाह बड़बड़ाता रहा। स्क्रीन को घूरता वह अनुपम के कॉल का इंतजार करने लगा। अनुपम का कॉल नहीं आया। सुरेखा ने भी फिर कोई कॉल नहीं किया। उसने एक-दो बार कोशिश भी की तो एक ही जवाब मिला– 'दिस नंबर डज नॉट एक्जिस्ट।'

फेसबुक पर न सुरेखा मिली, न अनुपम मिला। उसने बहुत सर्च की लेकिन दोनों के दोनों नहीं मिले।

कर्सर स्थिर था। लाल रंग में चमकती हजारवीं फ्रेंड रिक्वेस्ट। सिर्फ एक क्लिक। उसका कलेजा धाड़-धाड़ बज रहा था। बेकाबू स्मृतियों और बेलगाम भावनाओं के आवेग में ऊभ-चूभ होता वह किसी तिलिस्म की गिरफ्त में था। उंगलियां। जहां की तहां ठिठकी हुई थीं।

अचानक कोई करिश्मा-सा हुआ। कर्सर एकबारगी फ्रेंड रिक्वेस्ट के लाल निशान पर क्लिक हुआ। वह सांसें रोके, धीरे-धीरे खुल रहे प्रोफाइल पर एकटक निगाहें गड़ाए देखता रहा।

पूरा प्रोफाइल उसके सामने खुला पड़ा था। एक ऐसा सच, जिस पर सहज ही विश्वास नहीं हुआ। खुद को यकीन दिलाने के लिए उसने कई-कई बार उस प्रोफाइल को पढ़ा– कॉमरेड दिवाकर। वर्क ऐट होल टाइमर। लिव इन इंडिया। खुशी के मारे उसकी चीख-सी निकल पड़ी। पापा को आवाज लगाने के लिए उसने गर्दन उठाई ही थी कि अपने पीछे पापा को खड़े पाकर सकपका गया। पापा मुस्करा रहे थे। इससे पहले कि पापा कुछ कहें, उसने फ्रेंडशिप रिक्वेस्ट कन्फर्म कर दी!

एक मामूली आदमी का इंटरव्यू

वह एक मामूली आदमी थे। उतने ही मामूली, जितना कि कोई दो-चार बार भी देखे तो, उसमें ऐसा कुछ नजर नहीं आए, जिसके जरिए उसे याद रखा जा सके। रहन-सहन ही नहीं, कद-काठी भी इतनी मामूली कि वह कहीं भी, किसी भीड़ में इस प्रकार खप जाए, कि उसे अलगाना कतई संभव नहीं हो। ऐसे आदमी का होना, हद से हद महज एक वोट भर होना होता है। सांख्यिकी गणना में वह एक जनसंख्या भर होता है। यानी कि सवा सौ करोड़ की जनसंख्या में उसका नंबर कहां है, यह जानना जितना दुरूह है, उतना ही दुरूह है, उसके होने की पहचान को तलाशना।

ऐसे में आपका यह प्रश्न जायज है कि इतने मामूली आदमी के इंटरव्यू का क्या मतलब है? ऐसे नामालूम आदमी के इंटरव्यू में किसी की भला क्या रुचि हो सकती है? खासतौर पर एक ऐसे समय में, जब टीवी चैनलों से लेकर अखबारों तक में 'एक ढूंढ़ो हजार मिलते हैं' की तर्ज पर एक से एक दिग्गज मौजूद हों। जब आप राजनीति के महान नायकों के साक्षात्कार से धन्य हो रहे हों। अर्थशास्त्र से लेकर ज्योतिषशास्त्र तक के प्रकांड-पंडितों के दिव्यज्ञान से आपके ज्ञान चक्षु चमत्कृत हो रहे हों। आपकी सेहत से लेकर आपके पैसों तक के सही उपयोग और समृद्धि की गारंटी देने-दिलानेवाले पैनलिस्ट आपसे रू-ब-रू हों और उनसे सहमत होते हुए आप अपनी समस्या का समाधान, सीधे उनसे फोन कर प्राप्त कर सकते हों। और तो और आपके उदास एकांत में स्वयंवर रचाने के लिए स्वयं राखी सावंत और मल्लिका सहरावत जैसी सुंदरियां उपलब्ध हों या कि आपसे बोलने-बतियाने को हर वक्त सदी के महान नायक सहज ही सुलभ हों। तब इस संभव-समय में एक मामूली आदमी के इंटरव्यू को कोई क्यों देखना चाहेगा?

आप सही सोच रहे हैं कि मामूली से मामूली आदमी को भी इस मामूली आदमी के इंटरव्यू में कोई दिलचस्पी नहीं हो सकती। वह एक मामूली आदमी में अपनी शक्लोसूरत देखना और अपनी ही कथाओं-उपकथाओं को जानना, क्योंकर चाहेगा? वर्षों के अभ्यास से वह जिन दुःस्वप्नों से बाहर आ चुका है, वह उन्हीं से दो-चार होने के लिए अपना समय क्यों जाया करेगा?

फिर, यह सब जानते हुए भी मैंने एक मामूली आदमी का इंटरव्यू करने में क्यों रुचि ली? क्यों मैंने ऐसी हिमाकत की कि आप भी मेरी मूर्खता पर हंसें और एलान करें कि झूठ को सच और सच को झूठ बनाने में माहिर आजकल के पत्रकारों का कोई भरोसा नहीं। हो सकता है, आप ठीक हों। आपका सोचना ही सच हो। लेकिन मुझ पर भरोसा कीजिए कि यह 'एक मामूली आदमी का इंटरव्यू' न तो झूठ को सच और सच को झूठ बनाने की महारत का नमूना है, न ही मेरी हिमाकत की कोई मिसाल। दरअसल, यह मेरा एक इन्नोवेटिव आइडिया है!

एक ऐसा आइडिया जिसे ढूंढ़ने-तलाशने और फिर उसे क्रियान्वित करने में बहुत मशक्कत करनी पड़ी। यह चूंकि इन्नोवेटिव आइडियाज का दौर है और होड़ इस हद तक जा पहुंची है कि आपकी नौकरी, आपका भविष्य इसी पर मुन्हसर है, इसलिए ऊपर से लेकर नीचे तक के तमाम दिमाग, हर दिन, हर वक्त नए-नए आइडिया की तलाश में जुटे हुए हैं। इन्नोवेटिव आइडिया क्या होता है, क्यों होता है, क्यों होना चाहिए और इन्नोवेटिव आइडियाज ने कैसे दुनिया बदलकर रख दी, इस बाबत कंपनियां अपने इंप्लाइज के लिए बकायदे वर्कशॉप ऑर्गनाइज करती हैं। इस वर्कशॉप में इन्नोवेशन के विशेषज्ञ होते हैं। उनके लैपटॉप में गहन-गूढ़ ज्ञान और अनुभवों के चमत्कारिक प्रेजेंटेशन होते हैं। उनके सामने बैठे हुए इंप्लाई निहायत मासूमियत से भरे, उत्सुकता से ऊभ-चूभ होते हुए, अपने अंदर ज्ञान की एक नई दुनिया के खुलने की जिज्ञासा और उसमें विनम्र उतावली से घुस जाने के आत्मविश्वास से होड़ा-होड़ी करते नजर आते हैं। इन्नोवेशन विशेषज्ञ पता नहीं किस लोक से आया होता है कि उसका एक-एक शब्द जादुई जान पड़ता है, एक-एक वाक्य ब्रह्मवाक्य होता है और एक-एक सूचना इतनी नायाब कि हर इंप्लाई को महसूस होता है कि वह सिर्फ और सिर्फ इसलिए नाकामयाब है कि उसने कोई इन्नोवेटिव आइडिया नहीं सोचा और दुनिया में जो लोग कामयाब हैं, वे सिर्फ और सिर्फ इसलिए कामयाब हैं कि उन्होंने इन्नोवेटिव आइडियाज पर काम किया। ये इन्नोवेशन विशेषज्ञ जब बताते हैं कि एक टूथपेस्ट मार्केट में पिछड़ने लगा तो कैसे उस टूथपेस्ट के मुंह को प्वाइंट फाइव मिलीमीटर बड़ा कर देने के एक इन्नोवेटिव आइडिया से वह टूथपेस्ट अपने क्षेत्र का बादशाह बन गया। कैसे एक शीतलपेय महज 'ठंडा' का पर्यायवाची बनकर भारतीय बाजार का लीडर बन गया। कैसे एक फ्रीज कंपनी ने अपने फ्रीजर का साइज बढ़ाकर भारतीयों के आइसक्रीम खाने और ठंडा पानी पीने की चिरइच्छा को साकार करके बाजार पर कब्जा कर लिया, तो इंप्लाइज के मुंह खुले के खुले रह जाते हैं। दिलों में गहरी हूक उठती है कि, अरे, ये आइडिया कभी हमें क्यों नहीं सूझा? और तभी वे इस आश्वस्ति से भर उठते हैं कि वे भी अपने इन्नोवेटिव आइडिया से दुनिया का नक्शा बदल सकते हैं। ऐसे वर्कर्शाप से उनके अंदर सबसे पहले एक नया

इंप्लाई जनमता है, जो इन्नोवेटिव आइडियाज की जरूरत से न सिर्फ सहमत होता है, बल्कि कोलंबस की तरह इन्नोवेटिव आइडिया की खोज में निकल पड़ता है। यह खोज शुरू-शुरू में नैसर्गिक इच्छा की तरह कुलांचे भरती है। लेकिन जल्दी ही अनिवार्य दबाव में तब्दील होकर गले की फांस हो जाती है। हर हफ्ते जब इंप्लाई से एक नए आइडिए की मांग होती है और नया आइडिया न दे पाने की वजह से उस पर 'फायर' किए जाने का खतरा मंडराने लगता है, तो वह दुनिया का नक्शा बदल देने के बजाय, खुद का नक्शा बदलता हुआ पाता है। उसकी चमकीली दुनिया में अंधेरा 'केआर' की शक्ल में दाखिल होने लगता है।

इस विस्तृत सूचना और सोदाहरण व्याख्या से, मुझे पूरा यकीन है कि आप 'इन्नोवेटिव आइडिया' के महात्म्य को अच्छी तरह समझ गए होंगे और मुझे यह भी कतई संदेह नहीं कि आप मेरे 'केआर' की ओर बढ़ते अंधेरे को भी नहीं भांप चुके होंगे। समझदार के लिए इशारा की ही तर्ज पर इतना बताना काफी होगा कि मैं अर्से से एक इन्नोवेटिव आइडिया की तलाश में जी-जान से जुटा था और यह 'एक मामूली आदमी का इंटरव्यू' उसी आइडिए के गर्भ से जन्मा था। इस गर्भ-कथा को भी जान लेने की जहमत उठा लें, तो ही आप इस इंटरव्यू के लिए मेरी छटपटाहट को ठीक-ठीक महसूस कर पाएंगे; क्योंकि जो गर्भ में होता है, उसे बाहर आने में चाहे जितना वक्त लगता हो, इस बीच जो पीड़ा होती है, जिसे प्रसव-पीड़ा कहा जाता है, उसे सिर्फ वही समझ सकता है, जो इससे होकर गुजरता है। यह भोगा हुआ यथार्थ, बगैर परकाया प्रवेश के महसूस नहीं किया जा सकता। इसलिए आपसे अनुरोध है कि पत्रकारों की परकाया में प्रवेश कर आप देखें कि उन्हें हर दिन कितनी प्रसव-पीड़ाओं से गुजरना पड़ता है और कितने गर्भपातों का अभिशाप ढोना पड़ता है। जनाब, यह पत्रकारिता किसी हंसी-ठट्ठे का काम नहीं है। इसमें हर दिन जीना और हर दिन मरना पड़ता है। यह 'एक मामूली आदमी का इंटरव्यू' मेरे उसी मरने-जीने का आख्यान है। तो, जैसे ही मेरे दिमाग में इस इंटरव्यू का आइडिया आया, मैंने उसे अपने एसाइनमेंट एडीटर पंकज मिश्रा को मेल किया। थोड़ी देर बाद ही पंकज ने मुझे बुलाया और उस पर डिस्कशन किया। मेरे यह समझाने पर कि इस मामूली आदमी के इंटरव्यू का एंगल इक्कीसवीं सदी के एक अजूबे के रूप में होगा, वह कंविंस हो गया। उसकी आंखें चमकीं और एकाध सुझावों के साथ ही उसने इस इंटरव्यू के लिए हरी झंडी दे दी।

मैंने अपने पांच साल की पत्रकारिता के कॅरियर में छोटे-बड़े कई इंटरव्यू किए हैं। उन इंटरव्यूओं के लिए मुझे कभी कोई खास मशक्कत नहीं करनी पड़ी। इसके उलट मैंने जब भी किसी विशिष्ट व्यक्ति को इंटरव्यू के लिए चुना और उसे फोन से सूचित किया, उसने इस कदर गर्मजोशी से स्वागत किया कि मेरे

अंदर कई-कई दिनों तक उसकी उष्मा बनी रही। जब मैं उस सेलेब्रिटी से उसकी सहूलियत से दिन और समय तय करने के लिए कहता तो वह निहायत विनम्रता से पूछता, 'अरे भाई, आप बताइए आपको क्या सूट करेगा?'

और होता यह कि कभी मेरी सहूलियत से, कभी उनकी सहूलियत से और कभी हम दोनों की सहूलियत से दिन और समय तय हो जाता और सब कुछ उतनी ही सहूलियत से संपन्न हो जाता। लेकिन यह जो मामूली आदमी का इंटरव्यू है, मत पूछिए! इसने मुझे जमीन पर ला खड़ा किया। इस आदमी पर न मेरे चैनल का जादुई असर पड़ा, न ही इसने मेरे निवेदन को तवज्जो दिया। उसके सामने मेरी वाकपटुता भी धरी की धरी रह गई। उसने मुझे एक ही झटके में निरस्त कर दिया, 'माफ कीजिए, मेरी कोई रुचि नहीं है।'

अब मैं उसे कैसे बताता कि मेरी उसमें रुचि है, कि मेरे एसाइनमेंट एडीटर को उसमें रुचि है और हम दोनों को पूरा विश्वास है कि जब यह इंटरव्यू प्रसारित होगा, तब देश के तमाम दर्शकों की उसमें रुचि होगी और कहने की जरूरत नहीं कि इससे हमारे चैनल के टीआरपी में जो उछाल आएगा, उससे अंततः मेरे कॅरियर में उछाल आएगा। लिहाजा प्रश्न उसकी रुचि का नहीं, हमारी रुचि का है। जाहिर है, मेरे लिए उस आदमी के इस अड़ियल रवैये के आगे हथियार डालना संभव नहीं था। मैंने इसे एक चुनौती की तरह लिया और जैसा कि कई ट्रेनिंग कार्यक्रमों में हमें सिखाया गया था, हर काम को एक चुनौती की तरह लो और उसे तब तक मत छोड़ो, जब तक कि उसमें कामयाबी न हासिल कर लो। मैंने इस मूलमंत्र की प्रेरणा से इस चुनौती को स्वीकार किया और जैसा कि किसी 'मोटिवेशनल गुरु' ने कहा है, सफल आदमी कोई नया काम नहीं करता, वह, बस उस काम को नए तरीके से करता है। मैंने यही नया तरीका आजमाया!

यूं जो तरीका मैंने आजमाया, हो सकता है, उसे आप नया न मानें, क्योंकि ऐसा तरीका मुझसे पहले भी कई लोगों ने आजमाया होगा। लेकिन मेरा मानना है कि जो तरीका बार-बार आजमाये जाने के बावजूद, कारगर हो जाए, तो वह हर बार नया जैसा ही होता है। लेकिन ठहरिए! उस कारगर तरीके को जानने से पहले, आप यह जान लीजिए कि मैंने इस 'इन्नोवेटिव आइडिया' को हासिल कैसे किया?

यह बात रविवार की है, जब मैं ऑफ में था और अपने फेसबुक एकाउंट को चेक कर रहा था। मैंने पाया कि मेरे नोटिफिकेशन बॉक्स में ढेरों सूचनाएं भरी पड़ी हैं। मैंने जब उत्सुकता से नोटिफिकेशन बॉक्स क्लिक किया तो एक फ्रेंड्स ऑफ फ्रेंड्स के एक टैग पर लाइक्स और कमेंट्स की भरमार थी। पहले तो बड़ी झुंझलाहट हुई इस 'टैग' पर। लेकिन इतने लाइक्स और कमेंट्स देखकर थोड़ी उत्सुकता भी हुई कि देखें तो सही यह क्या बला है? बस, यही वह क्षण

था, जब 'सिमसिम' की मानिंद मेरे सामने एक रहस्मय खजाना खुल रहा था। फेसबुक का यही तो मायाजाल है कि वह किसी न किसी रास्ते हर करिश्मे से आपको रू-ब-रू करा ही देगा। तो यह करिश्मा, जिससे मैं रू-ब-रू था और जिसे सैकड़ों लोगों ने 'लाइक' किया था, मेरी दिलचस्पी का बायस बना! यहीं ठीक यहीं, मेरे दिमाग में कौंधा कि, जिसे इतने लोग पसंद कर रहे हैं और कमेंट्स की बौछार कर रहे हैं, वह एक सेलेबल आइटम है। यह आइटम एक 'इन्नोवेटिव आइडिया' था और इसने मुझे एक इंटरव्यू के लिए प्रेरित किया। यह एक ऐसी प्रेरणा थी, जैसा कि हम जानते हैं, कुछ प्रेरणाएं लोगों की जिंदगियों में 'टर्निंग प्वाइंट' बन जाती हैं, मेरे लिए भी 'टर्निंग प्वाइंट' बन गईं। मैं वाकई एक 'टर्निंग प्वाइंट' पर खड़ा था।

इस 'टर्निंग प्वाइंट' का दिशा नियामक था वह शख्स, जिसका नाम था प्रेमप्रकाश। उसने अपने 'स्टेटस' पर 'मोबाइल अपलोड' के जरिए एक फोटो डालते हुए लिखा था–इक्कीसवीं सदी का अजूबा। मेरे मुहल्ले का एक ऐसा इंसान, जो न टेलीविजन देखता है, न मोबाइल का इस्तेमाल करता है। इसकी बीवी और बच्चे भी किसी गैजेट का इस्तेमाल नहीं करते। हद तो यह कि इसे इस बात का अहसास तक नहीं कि उसे पूरा मुहल्ला अजूबा मानने लगा है। आप क्या कहते हैं?

'मुहल्ले का अजूबा' यह पंक्ति मेरे दिमाग में ठक्क से बजी और फिर बजती ही चली गई– अगर यह आदमी एक मुहल्ले का अजूबा है, तो पूरे शहर, पूरे राज्य और फिर पूरे देश का अजूबा क्यों नहीं हो सकता? यह आइडिया ही इन्नोवेटिव था। मेरी सारी इंद्रियां सक्रिय हुईं और मैंने सूंघ लिया कि इस सूचना में एक बड़ी संभावना छुपी है। यह 'सूंघना' पत्रकारिता की वह पवित्र शब्दावली है, जिसके जरिए ही हर पत्रकार अपनी काबलियत साबित कर पाता है। हर सीनियर पत्रकार, अपने जूनियर पर 'सूंघने' का इस कदर दबाब डालता है, कि लगता है, अगर वह सूंघ नहीं सकता तो कुछ भी हो, वह पत्रकार तो किसी कीमत पर नहीं हो सकता। आप कह सकते हैं, 'सूंघना' पत्रकार होने का 'गुणधर्म' है। यह पीढ़ी दर पीढ़ी गुणसूत्र के रूप में स्थानांतरित होते हुए मुझ तक पहुंची है।

काफी सूंघने-सांघने के बाद मैं इस नतीजे पर पहुंचा कि इस आइडिए में हिट हो जाने की पूरी खासियत मौजूद है। मैंने फौरन से पेश्तर प्रेमप्रकाश नाम के उस शख्स को फ्रेंडशिप रिक्वेस्ट भेजा। आश्चर्य किंतु सत्य की तरह, थ्री जी स्पीड के सदके, प्रेमप्रकाश का एक्सेप्टेंस मेरे लैपटॉप पर चमकने लगा। प्रेमप्रकाश ने मेरी दोस्ती स्वीकार करते हुए लिखा था– सर, मुझे विश्वास नहीं हो रहा कि इतने बड़े चैनल के पत्रकार ने मेरी ओर दोस्ती का हाथ बढ़ाया है। मुझे आपको अपनी फ्रेंडलिस्ट में शामिल करते हुए गर्व महसूस हो रहा है।

मैं मुस्कराया। मेरा निशाना सटीक बैठा था। मैंने प्रेमप्रकाश के इन बॉक्स में मैसेज डाला– मित्र, मैं आपसे मिलना चाहता हूं। क्या आप अपना मोबाइल नंबर दे सकते हैं?

थ्री जी स्पीड के सदके, प्रेमप्रकाश ने जवाबी मैसेज में एक नहीं दो-दो मोबाइल नंबर भेजे। मैंने उन्हें शुक्रिया अदा किया। उनसे विस्तृत बातचीत के लिए मैंने तत्काल उनका नंबर डायल किया। पहले नंबर पर नॉट रीचेबल की सूचना मिली, तो मैंने झट से दूसरा नंबर ट्राई किया। रिंग जाती रही, मैं इंतजार करता रहा। आखिरकार प्रेमप्रकाश ने कॉल रिसीव किया। मैंने जैसे ही उन्हें अपना परिचय दिया, मुझे लगा, वह जहां भी थे उत्तेजना के मारे उछल पड़े हैं। उनकी अकबकाई-सी आवाज आ रही थी, 'सर...सर, मुझे विश्वास नहीं हो रहा कि मैं आपसे बात कर रहा हूं।'

प्रेमप्रकाश से बहुत सारी बातें हुईं। यहां उनका जिक्र करके मैं आपको बोर नहीं करूंगा। सीधे-सीधे उस प्रसंग पर आता हूं, जो आपको बताना जरूरी है। बातों-बातों में यह तय हो गया कि मैं उनसे मिलता हूं और वह मुझे उस आदमी से मिलाने में मेरी मदद करेंगे।

तय कार्यक्रम के अनुसार मैं प्रेमप्रकाश के मुहल्ले के नुक्कड़ पर पहुंचा, जहां मोबाइल रिचार्ज की एक दुकान थी और उसमें इस कदर भीड़ थी कि दुकानदार को दम लेने की फुरसत नहीं थी। मुझे तो ऐसा लगा कि पूरा मुहल्ला मोबाइल रिचार्ज कराने की किसी प्रतियोगिता में शामिल है। जब तक दो बंदे दुकान से हटते, चार हाजिर हो जाते। मैं इस दौरान दुकान तक आने वाले हर बंदे में प्रेमप्रकाश ढूंढ़ता रहा।

चूंकि प्रेमप्रकाश से यहीं मिलना निश्चित हुआ था और मैं उन्हें पहचानता नहीं था, इसलिए हर आने वाला मुझे लगता कि हो न हो यही प्रेमप्रकाश होगा। लेकिन उनमें से किसी के प्रेमप्रकाश न होने की कोफ्त और पंद्रह मिनट की निरर्थक प्रतीक्षा से उबकर मैंने जैसे ही उसका नंबर डायल किया, किसी करिश्मे-सा वह मेरे सामने नमूदार हुए और मुस्कराते हुए पूछा, 'आप टीवी पत्रकार नीलेश रंजन जी हैं न?'

'प्रेमप्रकाश?' मैंने उत्तर देने के बजाय प्रतिप्रश्न किया।

उन्होंने गर्मजोशी से हाथ मिलाया। विलंब के लिए क्षमा मांगते हुए सफाई देने लगे, 'मैं अंकल को देखने चला गया था कि वह घर में हैं या नहीं?'

मुझे हल्की-सी हंसी आई। जिस शख्स को प्रेमप्रकाश अभी अंकल बोल रहे हैं, उसे ही इन्होंने फेसबुक पर मुहल्ले का अजूबा लिख रखा है। मैंने हंसी को पीछे धकेलते हुए पूछा, 'वह घर में हैं?'

'हां!' प्रेमप्रकाश ने अपनी चमकती आंखें मुझ पर टिकाते हुए कहा, 'आइए मेरे साथ!'

तकरीबन पच्चीस साल के प्रेमप्रकाश मेरे साथ चलते हुए बेहद रोमांच से भरे हुए बताते रहे, 'मैंने एमबीए किया है। जॉब की तलाश में हूं। कई जगह इंटरव्यू दिया है। उम्मीद है कहीं न कहीं जल्दी ही लग जाऊंगा। वैसे सर, जर्नलिस्ट होने की तो बात ही कुछ और है। हर कोई जर्नलिस्ट थोड़े ही न बन सकता है।'

अपने टीवी जर्नलिस्ट होने के ग्लैमर पर मैं मन ही मन इतराया और धन्य-धन्य होते प्रेमप्रकाश को पूरे ध्यान से सुनने का नाटक करता रहा।

'जानते हैं सर, मैंने गली से गुजरते हुए अंकल की तस्वीर चुपचाप खींच ली थी। बस मौज में ही उसे फेसबुक पर अपलोड कर दिया। मुझे क्या पता था कि इसे लोग इतना लाइक करेंगे?

प्रेमप्रकाश ने जब यह बताया, तब मेरे दिमाग ने कहा—बेटा, तेरी इस मौज को देख, मैं कैसे कैश करता हूं!

प्रेमप्रकाश की बातें और गली दोनों एक साथ खत्म हुईं। हम जिस मकान के सामने खड़े थे, वह बहुत पुराने किस्म का था। संभवतः पुश्तैनी होगा। हालांकि बाद में इसकी पुष्टि भी हो गई थी। लेकिन तब तो सिर्फ संभावना ही थी। मैं प्रेमप्रकाश की अगली कार्रवाई की प्रतीक्षा कर ही रहा था, कि अचानक उस मकान के दरवाजे से एक ग्यारह-बारह साल का बच्चा निकलता दिखाई दिया। प्रेमप्रकाश ने तपाक से उस बच्चे को बताया, 'बिट्टू, ये अंकल तुम्हारे पापा से मिलने आए हैं।'

बिट्टू ने बिटबिटाकर मुझे देखा और वापस हो गया। पता नहीं, बिट्टू कहीं जा रहा था या संयोग से बाहर आ गया था, कुछ समझ में नहीं आया। लेकिन संयोग अच्छा है, यह सोचकर अच्छा लगा।

बमुश्किल दो मिनट बाद जो शख्स दरवाजे पर दिखा, वह लगभग पैंतालीस साल का, मामूली कद-काठी का, बिल्कुल फेसबुक पर देखे गए धुंधली फोटो की तरह ही था। फर्क इतना था कि फोटो में जो शर्ट उसने पहन रखी थी, इस वक्त उसने वह शर्ट नहीं पहन रखी थी। कुलजमा उसमें कुछ भी ऐसा नहीं था, जिसकी वजह से रोमांचित हुआ जा सके। अलबत्ता एक पल को तो यह भी लगा कि मुझे अपना आइडिया ड्रॉप कर देना चाहिए। ठीक इसी वक्त उस आदमी ने पूछा, 'कहिए, क्या बात है?'

मैंने उसे अपना परिचय दिया। मुझे आश्चर्य हुआ कि न तो उसके चेहरे पर चकित भाव आया, न ही आंखों में जिज्ञासा दिखाई दी। मेरे अंदर आहत-अहं कुनमुनाया। सायास उसे दबाते हुए मैंने अपने आने का मकसद बताया, 'मैं आपका इंटरव्यू करना चाहता हूं।'

मुझे लगा, यह सुनकर, शायद वह चौंकें या चमत्कृत हो जाए। लेकिन वह तो हंस पड़े। पता नहीं, वह खुद पर हंसे या मुझ पर, पक्का नहीं कह सकता। उनकी हंसी के बीच जो स्वर उभरा, वह बेहद सपाट था, 'माफ कीजिए मेरी कोई रुचि नहीं है।'

मेरे लिए यह स्थिति घड़ों पानी पड़ने जैसी थी। मेरी प्रतिक्रिया देखे जाने बगैर वह मुड़े कि प्रेमप्रकाश ने मेरी मदद करने के लिहाज से उन्हें बड़े आदर से आवाज दी, 'अंकल प्लीजऽ।'

वह मुड़े। मैं अब तक संभल चुका था। मैंने भरसक प्रोफेशनल अंदाज अपनाते हुए कहा, 'सर, मेरी पूरी बात तो सुन लीजिए।'

उन्होंने सहमति में सिर हिलाया और आमंत्रित करते हुए कहा, 'आइए, अंदर आकर बात कीजिए।'

मैंने राहत की सांस ली। उनके पीछे-पीछे हम यानी मैं और प्रेमप्रकाश जिस कमरे में दाखिल हुए, वह ड्राइंगरूम तो नहीं, कुछ-कुछ बैठका किस्म का था। पुराना होने के बावजूद खुला-खुला। खिड़की ऐसी कि रोशनी भरपूर आ रही थी। हवा भी आती ही होगी। कमरे में प्लास्टिक की चार कुर्सियां थीं। बीच में प्लास्टिक की ही टेबल। बाईं दीवार से लगी एक आलमारी के ऊपरी खाने में किताबें थीं और निचले खाने में एक पर एक तह किए अखबार थे। कुल जमा इस उपस्थिति के उस कमरे में न कोई कंप्यूटर था, न ही टीवी। कहीं से आता-जाता कोई केबिल कनेक्शन भी नहीं था, जिससे जाहिर था कि उनके घर में कहीं टीवी नहीं है।

उन्होंने मुझे बैठने का इशारा किया और सवाल प्रेमप्रकाश से किया, 'तुम्हारे पापा कहां हैं, कई दिनों से दिखे नहीं?'

मैं एक कुर्सी पर बैठ गया। प्रेमप्रकाश शायद इसलिए खड़े थे कि वह पहले बैठें, तब वह बैठें। यह फेसबुक से बाहर मुहल्ले की संस्कृति थी।

यह जानकर कि प्रेमप्रकाश के पापा शहर से बाहर गए हुए हैं, उन्होंने इत्मीनान से मेरे सामने की कुर्सी खींची और बैठ गए।

'अब कहिए, क्या कहना चाह रहे थे आप?' शुक्र है उन्होंने मुझे तवज्जो दी।

मैंने इस बार कहीं ज्यादा विनम्रता के साथ 'सर' पर जोर देकर कहा, 'सर, मुझे आपका इंटरव्यू चाहिए।'

मुझे उम्मीद थी कि वह पूछेंगे—मेरा इंटरव्यू क्यों करना चाहते हो? लेकिन उन्होंने ऐसा कुछ नहीं पूछा।

इस बीच वही बच्चा, जिसका नाम बिट्टू था, एक ट्रे में दो गिलास पानी लेकर हाजिर हुआ।

'पानी पीजिए!' उन्होंने इसरार किया।

उनके इसरार में मेजबान होने की शिष्टता थी। पानी खत्म होते-होते एक प्यारी-सी बच्ची, जिसकी उम्र नौ-दस साल होगी, जो दो चोटियों में बेहद क्यूट लग रही थी, एक ट्रे में दो कप चाय लेकर दाखिल हुई। उसने सिर हिलाकर नमस्ते कहा और ट्रे टेबल पर रख दिया। प्रेमप्रकाश ने उस प्यारी-सी बच्ची की एक चोटी को हिलाते हुए पूछा, 'गुड़िया, कैसी चल रही है पढ़ाई?'

'ठीक चल रही है, भइया।' गुड़िया गुड़िया की तरह ही मुस्कराई।

उन्होंने चाय लेने का अनुरोध किया। मैंने उन्हें याद दिलाया, 'मुझे आपका इंटरव्यू करना है।'

उन्होंने बगैर मुरव्वत दो टूक जवाब दिया, 'देखिए, इसमें मेरी कोई रुचि नहीं है।'

मेरे भीतर एक गहरा क्षोभ उठा और मैं झटके से उठ खड़ा हुआ। चाय का कप मैंने छुआ तक नहीं था। यह इस बात का एलान था कि मैं अब अपना पैंतरा बदलने वाला हूं।

उन्होंने मेरे इस पैंतरे को मेरी नाराजगी समझा। बोले, 'लगता है, आप नाराज हो गए?'

'नहीं सर, मैं आपसे नाराज होकर भी क्या कर लूंगा।' मैंने अब भावुक स्वर में वह तरीका अपनाया, जो पुराना होने के बावजूद हर बार नए जैसा असर करता है, 'मेरा एसाइनमेंट पूरा हो न हो, इससे आपको क्या लेना-देना? मेरी नौकरी पर भी बन आए, तो आपको क्या फर्क पड़ने वाला? मैं तो बस रिक्वेस्ट ही कर सकता हूं।'

वह पहली बार मुझे गहरे तक हिले नजर आए। प्रेमप्रकाश तो मुझे देखकर हैरान थे। शायद उन्हें अपनी कल्पना के हीरोनुमा पत्रकार को ऐसी लाचार स्थिति में देखने की उम्मीद नहीं थी। दोनों बच्चे बिट्टू और गुड़िया के चेहरों पर कुछ भी न समझ पाने की उलझन साफ दिख रही थी।

इस बीच वह, अपने पूरे मामूलीपन में तब्दील होते नजर आए। दयाभाव की तरलता हिलोरें मारने लगी थी। अपने दोनों बच्चों को पास खींचते हुए उन्होंने जैसे मुझमें उनका भविष्य देखा और गहरी करुणा से मुस्करा पड़े। बोले, 'चाय पीकर जाइए!'

'चाय तो सर, मैं तभी पिऊंगा जब आप हां कहेंगे।' मैंने भी उनके मर्म को बेध दिया।

आखिरकार, मर्मबेधी, इस मार्मिक माहौल में उन्होंने कल सुबह दस बजे तक आ जाने की सहमति दे ही दी। कल चूंकि रविवार था और उनकी छुट्टी का दिन था, इसलिए उन्होंने इसे मुफीद बताते हुए ताकीद की, 'दस का मतलब दस।'

मैंने उन्हें आश्वस्त किया। वह बाहर छोड़ने आए। प्रेमप्रकाश ने बकायदे मुझे गली के नुक्कड़ तक आकर विदा किया। यह वापसी एक विजेता की-सी थी।

उस रात मैंने उनसे इंटरव्यू के लिए अच्छा खासा 'होमवर्क' किया। इसे एक्सक्लूसिव बनाने की तैयारी के साथ मैं देर रात तक जागता रहा। फिर भी अगली सुबह मैं जल्दी उठ गया।

दस बजते-बजते मैं कैमरामैन महेन्द्र के साथ उनके घर पहुंच गया। हां, मैंने जानबूझकर प्रेमप्रकाश को कांटेक्ट नहीं किया। इसकी एक वजह तो यह थी कि अब उसकी कोई जरूरत नहीं थी और दूसरी वजह यह थी कि मैं नहीं चाहता था कि उसकी उपस्थिति से इस इंटरव्यू की गोपनीयता लीक हो।

वह हमें समय पर हाजिर देख मुस्कराए। लेकिन कैमरे पर नजर पड़ते ही थोड़ा 'नर्वस' हो गए। पहली बार उन्हें इस स्थिति में देख मुझे गुदगुदी हुई। अब आया है ऊंट पहाड़ के नीचे। मैंने हावी होने के अंदाज में कहा, 'आप एकदम सहज रहें। आपको कैमरे की तरफ देखने की जरूरत नहीं है। बस, आप मुझसे वैसे ही बात करेंगे जैसे किसी दोस्त-रिश्तेदार से बात करते हैं।'

महेन्द्र हम दोनों के बैठने और कैमरे की दूरी को आगे-पीछे होते हुए एडजस्ट कर रहा था।

वह किंचित संकोच में थे, इससे उनके मामूलीपन में कुछ और इजाफा हो गया था। धारीदार सफेद कमीज और नीले रंग की पतलून। कमीज पतलून से बाहर लटकी हुई। खिचड़ी बालों में जरा-सा तेल की चमक, लेकिन लापरवाही से संवारे गए। यह पूरी तरह से मामूली आदमी का 'एपीएरेंस' था और मेरी योजना में एकदम फिट बैठ रहा था।

उन्होंने कुर्सी पर बैठते हुए कहा, 'पहले चाय पी लेते।'

'नहीं सर, पहले काम शुरू करते हैं। चाय बाद में पी लेंगे।' मुझसे पहले महेन्द्र टपक पड़ा। उसके स्वर में सौजन्यता नहीं, हड़बड़ी थी।

वह थोड़े मायूस दिखे। फिर सहमति में सिर हिलाकर मेरी ओर देखने लगे। मैंने महेन्द्र को देखा। महेन्द्र ने कैमरे में देखते हुए दाहिने हाथ से शुरू करने का संकेत दिया। मैंने बगैर देरी किए उनका इंटरव्यू शुरू किया।

मैं : सर, जैसी कि जानकारी मिली है, आप टीवी नहीं देखते, क्या यह सच है?

वह : जी, सच है। मैं टीवी नहीं देखता। मेरे घर में टीवी नहीं है।

मैं : आज के जमाने में देश-दुनिया की ताजा खबरों के लिए टीवी एक जरूरी माध्यम है। आपको नहीं लगता कि आप इससे वंचित हो रहे हैं?

वह : मैं अखबार पढ़ता हूं। इससे मेरा काम चल जाता है।

मैं : फिर भी टीवी तो...

उन्होंने हस्तक्षेप किया।

वह : जहां तक मैं समझता हूं, टीवी की खबरें स्मृति में टिकती नहीं हैं। अखबार की खबरें टिकती हैं। उन्हें मैं जरूरत के हिसाब से सुरक्षित भी रख लेता हूं।

मैं : लेकिन अखबार में ज्यादातर खबरें एक दिन पुरानी होती हैं, टीवी में लेटेस्ट खबरें उस दिन, उसी वक्त मिल जाती हैं।

वह : मेरे पिताजी के जमाने में टीवी नहीं था। वह अखबार पढ़ते थे। दुनिया भर की खबरों से वाकिफ रहते थे। मैं भी अखबार पढ़ते हुए बड़ा हुआ। मुझे कभी ऐसा नहीं लगा कि मैं देश-दुनिया की खबरों से वाकिफ नहीं हूं। कई खबरों पर मैं अपनी सहमति-असहमति अखबारों को भेजता हूं। वे छपती भी हैं। टीवी मुझे ये सुविधा नहीं देता।

मुझे लगा, यह आदमी कुछ ज्यादा ही नॉस्टेल्जिक है। अतीतमोह से ग्रस्त आदमी को बाहर निकालना कठिन होता है, यह जानते हुए भी मैंने एक कमजोर नस पर उंगली रखने की सोची।

मैं : आपको फर्क न पड़ता हो। लेकिन आपकी पत्नी, आपके बच्चों की इच्छा नहीं होती कि वे भी टीवी देखें जैसे तमाम लोग देखते हैं? सीरियल्स, फिल्म, कार्टून?

वह मुस्कराए गोया उन्हें इस सवाल का अंदाजा हो।

वह : उन्होंने कभी ऐसी इच्छा जाहिर नहीं की। आप कह सकते हैं, यह हमारा सामूहिक निर्णय है। मेरी पत्नी अपनी पसंद की पत्रिकाएं पढ़ती हैं। नॉवेल्स पढ़ती हैं। खाली वक्त में पड़ोस की महिलाओं के साथ गप्प-सप्प करती हैं। बच्चे भी फुरसत में खेलते-कूदते हैं। मैं स्वयं उनके साथ समय बिताता हूं। उन्हें कहानियां सुनाता हूं। मेरे पास कई बुजुर्ग आते हैं, उनके घर में टीवी है। लेकिन उनका समय नहीं कटता। हम सब मिल-बैठकर बातें करते हैं। सुख-दुख बांटते हैं। हमें तो पता ही नहीं चलता है कि समय कब और कैसे गुजर गया।

इस बार वह ज्यादा खुलकर और विस्तार से बोले। मुझे लगा वह अब भी पिछले वक्त में ही हैं, अपनी जिद के साथ। मैंने विषय बदलते हुए अगला सवाल किया।

मैं : आप मोबाइल क्यों नहीं रखते?

वह : कभी जरूरत महसूस नहीं हुई।

उनके दो टूक जवाब से मैं असहज हुआ। उन्हें घेरने की कोशिश की।

मैं : लेकिन यह तो आज की एक बड़ी जरूरत है। एक-दूसरे के संपर्क में रहने के लिए। आपको नहीं लगता कि मोबाइल बेहद उपयोगी है?

वह : आपके पास तो मोबाइल है। अभी आपने उसे बंद कर रखा है। आपको क्या फर्क पड़ रहा है? आप अपना काम इत्मीनान से कर रहे हैं। मोबाइल क्या अवांछित हस्तक्षेप का वायस नहीं है? जब मोबाइल नहीं था, तब भी लोगों से संपर्क होता था। जुड़ाव था। कहीं ज्यादा आत्मीयता थी।

मैं : लेकिन यह एक तरह का कुतर्क है। आप जान-बूझकर सुविधाओं का निषेध कर रहे हैं।

वह : एक बात बताइए, आपने अपना मोबाइल कब खरीदा?

मैं : एक साल पहले।

वह : उससे पहले आपके पास क्या था?

मैं : मोबाइल ही था।

वह : फिर दूसरा क्यों खरीदा?

मैं : पुराने मोबाइल में फीचर्स कम थे। नए में ज्यादा फीचर्स हैं। नई टेक्नोलॉजी है।

वह : पुराने मोबाइल से काम नहीं चल रहा था?

मुझे लगा, इंटरव्यू मैं उनका नहीं, वह मेरा ले रहे हैं। मैं ठिठका। वह मुझे देख रहे थे।

मैं : चल तो रहा था लेकिन ...

उन्होंने मेरी बात काट दी।

वह : फीचर्स ने लुभाया, आपने नया मोबाइल ले लिया। कल फिर नए फीचर्स आएंगे। डिजाइन बदलेगी। आप ले लेंगे। यह आपकी च्वाइस है या लुभाए जाने का आकर्षण?

मैं अचकचाया। वह बदस्तूर बोले जा रहे थे।

वह : आप चिट्ठियां लिखते हैं? नहीं न? आपके पास एसएमएस आते होंगे। दो-चार लाइनें। उन्हें भी एकाध दिन में डिलीट कर देते होंगे। मैं चिट्ठियां लिखता हूं। मेरे पास चिट्ठियां आती हैं।

मेरे मन में उठा—आप चिट्ठियां लिखते होंगे। लेकिन आपके पास चिट्ठियां आती भी हैं, तो ये चिट्ठियां लिखता कौन है?

वह : मेरा डाकिया कहता है, मुहल्ले में बस आपकी ही चिट्ठियां आती हैं। लगता है, विभाग जल्दी ही मेरी छुट्टी कर देगा। एक आदमी के लिए विभाग कब तक डाकिया रखेगा? मैंने उससे पूछा, ऐसा कैसे हो सकता है? मेरी चिट्ठियों का अधिकार कैसे छीना जा सकता है?

उनका सवाल जायज लगा। बातचीत दिलचस्प मोड़ पर थी। मैंने उन्हें टोका।

मैं : लेकिन चिट्ठियां मोबाइल का विकल्प तो नहीं?

वह : मोबाइल भी चिट्ठियों का विकल्प नहीं।

मैं : मोबाइल त्वरित सूचना-संपर्क का माध्यम तो है?

वह : यह हमारी असुरक्षा बोध को भी तो जाहिर करता है। हम हर वक्त कहां हो, कहां पहुंचे, कब पहुंचोगे जैसे सवालों के साथ क्या जानना चाहते हैं? क्यों जानना चाहते हैं? इसीलिए न कि हम आशंकाओं में घिरे होते हैं। यह स्थिति कैसे पैदा हुई? चिट्ठियां और मोबाइल के बीच ये कौन आ खड़ा हुआ है? किसने खड़ा किया?

उनके प्रश्न का जवाब मेरे पास नहीं था। मुझे लगा वह जवाब देंगे। लेकिन उन्होंने इसे अनुत्तरित ही छोड़ दिया। मैंने झट से अगला सवाल किया।

मैं : आपके पास कंप्यूटर, इंटरनेट भी नहीं है। आपको नहीं लगता कि आप समय के साथ नहीं चल रहे हैं? ग्लोबल होती दुनिया से आप नावाकिफ हैं?

वह : मैं अपने पड़ासियों को पहचानता हूं। मुहल्ले के लोगों को नाम से पुकार सकता हूं। मुझे ये ज्यादा जरूरी लगता है।

यह आदमी वाकई अजूबा है। इसके अपने तर्क हैं, बेहतर होगा जिद कहें। भीतर खीझ भी पैदा हुई। लेकिन मैंने प्रोफेशनल मुस्कराहट के साथ उन्हें छेड़ा।

मैं : आप अपने बच्चों को भी पिछड़े हुए समय में रखे हुए हैं, इस बात का अहसास है आपको?

वह फिर मुस्कराए। मुझे लगा यह आदमी अव्वल दर्जे का ढीठ है।

वह : देखिए, मैंने बच्चों पर कोई प्रतिबंध नहीं थोपा है। अगर उन्हें लगता है कि कंप्यूटर, इंटरनेट, मोबाइल उनके लिए अनिवार्य हैं, तो वे अवश्य लेंगे। पिता होने के नाते उनकी जरूरतों को पूरा करना मेरा कर्तव्य है।

मुझे लगा, कुछ तो रास्ते पर आए। गांठ ढीली तो हुई।

वह : लेकिन जहां तक समय के साथ न चलने का प्रश्न है तो मुझे बताइए कि जब ये गैजेट नहीं थे, तब क्या इंसान समय से पिछड़ा हुआ था? इंसान का समय गैजेट तय करेगा या उसके समय की चुनौतियां तय करेंगी? समय के साथ चलने का अर्थ अपनी निजता और आपसदारी का विलोम नहीं हो सकता।

मैं उनके भारी-भरकम शब्दों और उनकी गूढ़ता से चकराया। ऐसे शब्दों की तो मीडिया में खिल्ली ही उड़ाई जाती है। क्या पता हमारे दर्शक भी समझ पाएंगे या नहीं? सोचा, एडिटिंग में कुछ ट्रिक इस्तेमाल कर लेंगे।

वह मेरी ओर ताक रहे थे। मुझे लगा, उनकी आंखों में कोई सवाल मुखर हो। इससे पहले कि वह वाकई कोई सवाल पूछ दें, मैंने एक बार फिर उनको घेरने की कोशिश की।

मैं : आपके बच्चे ऐसा महसूस नहीं करते कि इन सुविधाओं के बगैर वे अपने सहपाठियों से पिछड़ रहे हैं?

वह : मेरे दोनों बच्चे अपने स्कूल के बेहतर छात्र हैं। पढ़ाई में भी अव्वल। उनकी कोई कंपलेन नहीं आती। मैं स्वयं उन्हें पढ़ाता हूं। उनकी समस्याओं के समाधान के लिए तत्पर रहता हूं।

मैंने सहज उत्सुकता से पूरक प्रश्न किया।

मैं : कोचिंग वगैरह?

वह : नहीं, वे कोचिंग नहीं करते। मैं उन्हें पराश्रित नहीं बनाना चाहता। उन पर अतिरिक्त बोझ डालने का पक्षधर नहीं। वे स्कूल से घर आएं। घर से कोचिंग भागें। फिर डबल होमवर्क करें। बच्चे हैं या बोझ ढोने वाले जानवर? मुझे अपने बच्चे चाहिए, जानवर नहीं।

लोग जिन सिद्धांतों को बघारते हैं, यह आदमी तो उन्हीं को जीता है। ऐसे लोग वाकई मामूली आदमी ही होते हैं। बिल्कुल अजूबा। मुझे प्रसन्नता हो रही थी कि इंटरव्यू सही लाइन पर जा रहा था।

मैं : आपको नहीं लगता कि ये तमाम गैजेट्स आज की जीवनशैली की अनिवार्य आवश्यकता हैं?

इस बार वह मुस्कराए नहीं। थोड़ा हिले-डुले। हल्का-सा पोस्चर बदला। कैमरामैन महेन्द्र ने कोई आपत्ति नहीं की।

वह : देखिए, मेरा मानना है कि हम जरूरत के हिसाब से चीजें चुनेंगे न कि चीजों के हिसाब से जरूरतें पैदा करेंगे। चुनने की स्वतंत्रता मेरी है। मुझे अपनी निजी स्वतंत्रता की कीमत पर कोई खरीद-फरोख्त स्वीकार नहीं। मेरी जीवनशैली कोई और कैसे तय कर सकता है?

यह एक तरह से उनका निष्कर्षात्मक वक्तव्य था, क्योंकि वह जिस तरह आजिज नजर आ रहे थे, उससे यह साफ था कि इससे ज्यादा उनके पास कहने को कुछ नहीं है।

मैंने कैमरामैन महेन्द्र की तरफ देखा। महेन्द्र ने कैमरा ऑफ करते हुए बताया, 'तेरह मिनट, सात सेकंड।'

फुटेज पर्याप्त हो चुका था। मुझे लगा काम की बातें हो चुकी हैं, बाकी तो हम जरूरत के हिसाब से क्रिएट कर लेंगे। वॉयस ओवर और दूसरे विजुअल्स के जरिए इस इंटरव्यू को कहीं ज्यादा रोचक और उत्तेजक बना लेना कोई मुश्किल काम न था।

मैंने उनसे आग्रह किया, 'क्या आपकी पत्नी और बच्चों के कुछ शॉट्स ले सकते हैं?'

उन्होंने मना नहीं किया। वहीं से उन्होंने बेटे को आवाज लगाई। बेटा मुस्कराता हुआ आया। उन्होंने मां और बहन को बुलाने की हिदायत के साथ कहा, 'अरे यार, अंकल लोगों को चाय-वाय तो पिलाओ!'

बिट्टू के अंदर जाने से पहले ही कैमरामैन महेन्द्र ने सख्ती से मना किया, 'चाय छोड़ दीजिए। बहुत सारा काम है। हमे तुरंत निकलना होगा।'

इस बीच बच्चा अंदर चला गया।

उनकी पत्नी, बेटी और बेटा कमरे में आए। महेन्द्र ने कैमरा ऑन किया।

मैंने सबसे एक सीधा-सा सवाल किया, 'आप कंप्यूटर, मोबाइल, टीवी का इस्तेमाल नहीं करते कैसा लगता है?'

'जो लोग इन चीजों का इस्तेमाल करते हैं, उनसे आपने पूछा, उन्हें कैसा लगता है?' छोटी-सी मासूम-सी दिखने वाली लड़की, जिसे गुड़िया कहा जाता है, टक से पूछ बैठी।

मैं कटकर रह गया।

उनकी पत्नी ने कहा, 'खाना तैयार है, आप लोग खाकर जाइएगा।'

'जी फिर कभी!' हड़बड़ाते हुए महेन्द्र ने हस्तक्षेप किया। उसे लगा कहीं मैं उनके इस निमंत्रण को स्वीकार न कर बैठूं।

बेटे ने कुछ नहीं कहा। महेन्द्र ने कैमरा ऑफ किया। मैंने माइक्रोफोन संभाले। उठकर विदा लेने के लिए उन्हें धन्यवाद कहा।

उन्होंने दरवाजे पर पहुंचकर कहा, 'उम्मीद है, अब आपका 'केआर' बेहतर हो जाएगा।'

मैं लज्जित-सा मुस्कराया। हंसी भीतर थी, बाहर शालीनता। मैंने उन्हें सूचित किया, 'कम से कम अपना इंटरव्यू जरूर देखिएगा टीवी पर। मैं आपको सूचित कर दूंगा।'

'मुझे कोई रुचि नहीं है!' उन्होंने फिर वही जुमला दुहराया। मैंने असहाय भाव से उन्हें देखा—कुछ नहीं हो सकता इस आदमी का। ठीक इसी वक्त मेरे भीतर पंच लाइन बजी—इक्कसवीं सदी का अजूबा।

हो सकता है, इस लाइन में कुछ सुधार हो। एसाइनमेंट एडीटर का दिमाग ज्यादा ऊर्वर है। वह सड़ियल से सड़ियल स्टोरी को भी अपनी सनसनीखेज पंचलाइनों से, इस कदर शानदार बना देता है कि उसे दिन भर तानकर दर्शकों को फंसाए रखने में कामयाबी मिल जाती है। एडीटर तो उसका मुरीद है। हर मीटिंग में वह उसकी तारीफ करते हुए एक ही बात दुहराता है, 'स्टोरी कैसे बेची जाती है, यह पंकज जानता है।'

पंकज यानी पंकज चतुर्वेदी। उसे एडीटर एक दूसरे चैनल से उड़ाकर लाया था और उसकी इस कृपा के एवज में पंकज अपनी पूरी प्रतिभा झोंके हुए था। इसमें कोई संदेह नहीं कि पंकज स्टोरी प्लानिंग, पैकेजिंग और प्रेजेंटेशन का मास्टर था। कोई आश्चर्य नहीं कि उसे जल्दी ही प्रमोशन मिल जाए।

शुक्र है कि मैं पंकज की गुडबुक में था। वह एक्सक्लूसिव स्टोरीज के लिए मुझे प्रेरित करता है और मैं भी जी-जान से जुटकर उसके दिए एसाइनमेंट को पूरा करता हूं। मुझे पूरा यकीन है कि 'यह एक मामूली आदमी का इंटरव्यू' उसके हाथों में जाकर एक्सक्लूसिव हो जाएगा।

और वही हुआ।

पंकज ने पूरा फुटेज देखा। इस देखने के दौरान उसके चेहरे पर कई तरह के भाव आते-जाते रहे। कई बार उसने फुटेज को रिपीट किया। कुछ सोचा और फिर मुस्कराते हुए मेरी तरफ देखा। पंकज के साथ एक अच्छी बात यही है कि उसकी मुस्कराहट रहस्यमय नहीं होती। वह खुश है, नाराज है या कि असमंजस में है, उसके चेहरे पर साफ-साफ देखा जा सकता है। दूसरे साथी इसे दूसरे अर्थ में लेते हैं—पंकज से कुछ छिपता नहीं है। यही कमजोरी उसे ले डूबेगी। फिलहाल, तो वह अब तक डूबा नहीं है और जैसा कि मैं समझ पाया हूं वह ऊपर से लेकर नीचे तक सबको साधने में माहिर है। हां, मैं मन ही मन उसे 'ब्रेन विद ब्यूटी' की तर्ज पर 'ब्रेन विद बटर' मानकर मजे लेता हूं और यह सोचकर खुश होता हूं कि पंकज को प्रतिभाओं की पहचान और कद्र है। आखिर ऐसे ही थोड़े न मैं उसकी 'गुडबुक' में हूं।

इस इंटरव्यू की एडीटिंग के दौरान भी वह बैठा। स्क्रिप्ट में भी उसने पूरी मदद की। वॉयस ओवर से लेकर संबंधित विजुअल्स इनसर्ट करने तक उसने मदद की। आखिरकार जब वह संतुष्ट हो गया तो उसने मेरी पीठ थपथपाते हुए कहा, 'वेलडन!'

मैं कृतज्ञता से भरा, उसके प्रति आभार प्रकट करने के लिए दोहरा हो गया, 'थैंक्यू सर! ए लॉट ऑफ थैंक्स!'

उस दिन मेरे दिमाग में बार-बार एंकर की आवाज गूंजती रही, 'आइए, हम आपकी मुलाकात कराते हैं, इक्कीसवीं सदी के एक ऐसे अजूबे इंसान से, जिसे देखकर आपकी आंखें फटी की फटी रह जाएंगी। आप इसे देखकर दांतों तले उंगलियां दबा लेंगे और सोचने पर मजबूर हो जाएंगे—क्या इस जमाने में, आज की इक्कीसवीं सदी में ऐसा भी मुमकिन है! जी हां, हम आज आपकी मुलाकात ऐसे ही एक शख्स से कराने जा रहे हैं। एक ऐसा शख्स, जिसे आपने पहले कभी, टेलीविजन पर नहीं देखा होगा। आप आज उस अजूबे इंसान से मिलिए सिर्फ और सिर्फ इस चैनल पर।'

मुझे उस वक्त बहुत गुदगुदी हो आई थी, जब पंकज ने एंकर को झिड़की दी थी, 'पॉज तो ठीक है, लेकिन आवाज में फोर्स नहीं। थोड़ा और जोर दो।'

और फाइनली एंकर ने कमाल कर दिखाया था। लगा था, सड़क के किनारे खड़ा फेरी वाला आवाज लगा रहा हो, या कि मदारी मजमा जुटाने के लिए गला

फाड़ रहा हो। शुरू-शुरू में मुझे यह सब अजीब लगता था। लेकिन माल बेचने और मजमा जुटाने का कोई और तरीका अब तक न खोज पाने की वजह से सारे चैनलों की यह मजबूरी थी। अब तो मैं खुद इस तरीके का इतना अभ्यस्त हो गया हूं कि लगता है, एंकर ऐसे ना चीखे तो कोई चैनल चलेगा कैसे? हमारा चैनल तो फिर भी हिट एंड हॉट था, फिर कोई रिस्क लेने की जरूरत क्या थी?

जो भी हो, यह इंटरव्यू मेरे लिए एक एक्सक्लूसिव था और पंकज का मानना था कि इसे 'प्राइम टाइम' मिलना चाहिए। वह अपनी ओर से 'टाइम स्लॉट' के लिए प्रयासरत था।

कई दिनों की प्रतीक्षा के बाद, आखिरकार, एक दिन एडीटर का बुलावा आ गया। बुलावा पंकज के पास आया था। पंकज ने मुझे अपने पास बुलाया और कहा, 'चलो बॉस ने बुलाया है। वह तुम्हारे इंटरव्यू पर डिसकस करना चाहते हैं।'

बॉस यानी कि एडीटर यानी परितोष पार्थ, जिसे हमारे कई साथी पार्थिव कहते हैं। पार्थिव का अर्थ बेजान ही होता है। लेकिन सारे साथी इसे इस अंदाज में बोलते हैं कि यह बेहद जानदार जान पड़ता है। अंग्रेजीनुमा जीभ और मुंह की कसरत से उचरा यह शब्द इतना प्रिय और प्रचलित हो गया था, कि स्वयं पार्थ भी इसे गर्व से स्वीकार चुका था।

उसी पार्थिव के बुलावे की सूचना पाकर मैं क्षण-भर को सन्न हुआ। लेकिन पंकज की हौसलाआफजाई से खुद को संभालते हुए, उसके साथ हो लिया, इस विश्वास के साथ कि आखिर मेरे एसाइनमेंट में कुछ तो ऐसी बात है कि पार्थ ने मुझे भी अपने चैंबर में मिलने के लिए बुलाया है। पार्थ से मिलना और उसके चैंबर में मिलना, मुझ जैसे जूनियर पत्रकारों के लिए आमतौर पर संभव नहीं होता है। अगर किसी के लिए यह संभव होता है, तो वह उसके लिए दुर्लभ अवसर होता है। और यह दुर्लभ अवसर वाया पंकज इस वक्त मुझे हासिल हुआ था।

पार्थ के चैंबर में दरवाजे के अंदर सिर डालकर पंकज ने अपनी उपस्थिति की सूचना दी और अंदर आने की अनुमति भी ली। मैं उसके पीछे था, इसलिए ऐसी कोई प्रक्रिया मुझे नहीं दुहरानी पड़ी। लेकिन उसके भव्य चैंबर में दाखिल होते ही मेरा दिल धड़का और मैंने सहमे अंदाज में झुककर उसे अपना अभिवादन निवेदित किया। उसने सिर हिलाया और सामने खुले लैपटॉप पर देखने लगा। इस बीच उसने न बैठने को कहा, न हमने ऐसा कोई उपक्रम किया। पंकज जब स्वयं आज्ञाकारी मुद्रा में खड़ा था, तो मेरी क्या बिसात!

इस चुप्पी में बहुत कुछ था। डर, उपेक्षा, आशंका, रौब और औकात जैसे तमाम रस-गंध का कंपलीट पैकेज। कितने मिनट के बाद यह चुप्पी स्वर में बदली, कहना मुश्किल। लेकिन जब पार्थ ने सिर उठाया और दाहिने हाथ के

संकेत से बैठने को कहा, तो लगा कि हाथ भी बोलते हैं। पंकज पहले बैठा। मैं सकुचाया-सा उसके बगल की दूसरी कुर्सी पर बैठ गया जैसे मैं उसका बाल-बच्चा होऊं!

पार्थ ने घंटी बजाई। प्यून नमूदार हुआ। पार्थ ने उसे आदेश दिया, 'अरे यार, कॉफी-वाफी कुछ पिलाओ।' यह क्या, पार्थ इतना सहज है? इतना उदार? इतनी सौजन्यता से भरा हुआ? चैंबर के बाहर, उसकी जो छवि है, उससे निहायत उलट थी पार्थ की यह छवि। मैं तो भीतर तक अभिभूत हो उठा– आखिरकार पार्थ भी है तो पत्रकार ही। मैं विनम्रता और उत्सुकता से उसे देखता रह गया। हालांकि अभी तक उसने सीधे-सीधे मुझे नहीं देखा था।

'यह इंटरव्यू, एक मामूली आदमी का इंटरव्यू आपने किया है?' अचानक पार्थ मुझसे मुखातिब हो गया था।

'जी ... जी!' मैं हकला-सा गया।

'गुड!' पार्थ मुस्कराया, 'काम तो अच्छा है। कुछ और इनपुट की जरूरत थी। लेकिन कोई बात नहीं, जो है, वह भी काफी अच्छा है।'

मेरा हौसला बढ़ा। आतंक, आशंका का दबाब कम होता-सा जान पड़ा। मैं पटुशिष्य-सा सुन रहा था।

पार्थ ने पूछा, 'वैसे ये आइडिया, आपको मिला कैसे?'

'सर, फेसबुक से। एक छोटी-सी जानकारी थी, जिसे काफी लोगों ने लाइक किया था।' मैंने मिली शह की रौ में खुलकर बताया।

'और इसे तुमने!' पार्थ अचानक पंकज से मुखातिब हो गया, 'एसाइन किया?'

'सर!' पंकज फुसफुसाया या बोला अंदाज लगाना मुश्किल था।

'इस लड़के ने जो किया, सो किया।' पार्थ कुछ आक्रामक हो आया था, 'लेकिन पंकज तुमने क्या किया? एक मामूली से इंटरव्यू को इस कदर सनसनीखेज बना दिया है, मानो दुनिया का आठवां अजूबा हो।'

यह मेरे औंधे मुंह गिरने की बारी थी। मैंने अपने भीतर खुद को इसी मुद्रा में पाया। उठ पाने की न हिम्मत हुई और न उठ पाने का बल था।

'सर!' पंकज मानो इस एक शब्द के सिवा कुछ बोलना जानता ही न हो।

'इस इंटरव्यू को कौन देखेगा? कौन देखेगा इसे?' अपनी बात पर जोर देता पार्थ पंकज से पूछ रहा था, 'कौन है हमारा व्यूअर, क्या यह भी तुमको बताने की जरूरत है?'

'सर!' पंकज के मुंह से निकला, तो मेरी हंसी निकलते-निकलते रुकी।

'भइया, हमारा व्यूअर इन बातों से बहुत आगे जा चुका है। वह तरक्की चाहता है। वह ग्लोबल होना चाहता है। उसकी अनंत इच्छाएं हैं। हम उसकी इन इच्छाओं को रोक नहीं सकते। रोका भी नहीं जा सकता।'

पार्थ प्रवचन तो कतई नहीं दे रहा था। फिर? मुझे लगा वह हमें अपने अनुभवों से पत्रकारिता और व्यूअर के रिश्ते को समझाने की कोशिश कर रहा है। वह जारी था, 'पंकज, यह सच तुम भी जानते हो। फिर तुमने इस इंटरव्यू को कैसे ओके कर दिया?'

पंकज कठघरे में था। मेरा तारणहार ही डूब रहा था, मेरे लिए बचाव का विकल्प ही कहां था। मेरा दिल डूबने लगा। 'सर!' पंकज ने कोई सफाई नहीं दी। गोया हर सवाल का जवाब 'सर' हो। गोया हर मुश्किल का हल 'सर' हो। गोया यही उसका अस्त्र हो और यही शस्त्र।

अचानक दरवाजा खुला और ट्रे में कॉफी के तीन प्याले लिये प्यून हाजिर हुआ। उसने इस सलीके और सफाई से हमारे सामने कॉफी के प्याले रखे कि चैंबर की शालीनता कतई भंग नहीं हुई। प्यून की इस कला पर मैं मुग्ध होना चाहता था। लेकिन स्थिति इसके लिए माकूल नहीं थी।

प्यून बाहर गया।

पार्थ ने कॉफी का प्याला उठाते हुए संकेत दिया कि हम भी कॉफी पियें। लेकिन मेरे तो हाथ ही नहीं बढ़े। पंकज ने जरूर प्याला उठा लिया था। हालांकि घूंट उसने तुरंत नहीं भरी।

'मैंने पूरा इंटरव्यू देखा है।' कॉफी का घूंट अंदर और प्याला टेबल पर रखते हुए पार्थ ने बोलना शुरू किया, 'यह पिछड़े जमाने की पत्रकारिता है। अस्सी के दशक की। हम ऐसी चीजें दिखाकर टीआरपी नहीं हासिल कर सकते। यू नो, मीडिया मार्केटिंग का क्या कहना है?'

हम दोनों यानी मैं और पंकज दोनों पार्थ को जिज्ञासा भाव से देखने लगे। पार्थ ने फिर कॉफी का लंबा घूंट भरा। प्याला किनारे सरकाया और बोला, 'मार्केटिंग हेड दिवाकर मेरे पास आया था। उसने साफ-साफ कहा कि हम यह इंटरव्यू किसी भी हाल में एअर ना करें। पहले तो मैं समझ नहीं पाया। तब उसने बताया कि यह इंटरव्यू हमारे क्लाइंट के खिलाफ जाता है। टीवी, फ्रिज, कंप्यूटर, मोबाइल, इंटरनेट यहां तक कि कोचिंग वाले सभी हमारे क्लाइंट हैं। वे ही हमें एड देते हैं। और यह इंटरव्यू तो उन्हीं चीजों का निषेध करता है।'

मैं चकराया। मेरी सांसें सीने में ही अटक गई थीं। एक इंटरव्यू, एक मामूली आदमी का इंटरव्यू, इतना खतरनाक था? इतना भयावह? मैंने तो सोचा तक नहीं था। इतनी दूर तक सोच भी नहीं सकता था। लेकिन पंकज क्यों नहीं सोच पाया? वह तो सोच ही सकता था। फिर उसने यह जोखिम क्यों उठाया? मेरे पास कोई जवाब नहीं था। हो भी नहीं सकता था।

मेरे इंटरव्यू की ही नहीं, मेरी भी हवा निकल चुकी थी। पार्थ के सामने, पार्थ के चैंबर में बैठे रहना भारी गुजर रहा था। बगैर पार्थ की अनुमति के उठना,

चले जाना भी संभव नहीं था। और पार्थ था कि उसकी तरफ से कोई संकेत मिलता नहीं दिख रहा था।

'पंकज, मुझे तुम पर, तुम्हारी समझ पर बहुत भरोसा रहा है। बट सॉरी टू से, तुमने मुझे निराश किया।' पार्थ की आवाज निहायत ठंडी थी। काफी कुछ अनपहचानी-सी, 'एनीवे, आप दोनों के नाम मेल भेजा है। जाइए। देख लीजिएगा।'

उस वक्त यह सोचना कतई मुमकिन नहीं था कि भेजे गए मेल में क्या है, क्या होगा? बड़ी बात यह थी कि पार्थ से, उसके तिलिस्मी चैंबर से बाहर निकलने का अवसर मिल गया था और मैं इस अवसर के आवेग में पंकज से पहले उठ खड़ा हुआ।

पंकज भी उठा। उसके उठने में कोई हड़बड़ी नहीं थी। मुझे लगा, चलते-चलते वह कहीं फिर 'सर' ना बोल पड़े। लेकिन उसने कुछ नहीं कहा। मेरे पीछे पंकज किसी अनसुलझे सवाल-सा आ रहा था। इस बार मैं आगे था। पंकज पीछे। चैंबर का दरवाजा मैंने खोला। पंकज मेरे पीछे-पीछे बाहर आया।

मैं ठिठका। पंकज ने मुझे मुस्कराकर देखा। मेरी आंखों में अचरज था, जिसे उसने लक्ष्य किया। मेरे कंधे पर हाथ रखते हुए उसने माफी मांगने के अंदाज में कहा, 'मेरी वजह से तुमको इतना सुनना पड़ा।'

'नहीं सर, मेरी वजह से खामखाह आपको एम्बेरेस होना पड़ा।' मैंने शिष्टता ही नहीं दिखाई अपनी धृष्टता के लिए भी क्षमा याचना की।

'ओके। ओके!' मुस्कराकर सिर हिलाते पंकज ने याद दिलाया, 'जाओ, पहले अपना मेल चेक करो!'

मैं जमीन पर लौटा। यथार्थ में उतरा। हमारे साथी, कुछ कौतूहल से, तो कुछ दबी मुस्कराहट से, तो कुछ ईर्ष्या भाव से हमें देख रहे थे। कम से कम मुझे तो ऐसा ही लगा। मैं इतनी आंखों, इतने भावों से घिरा कुछ ज्यादा ही असहज हो आया। तेजी से अपने क्यूब की ओर लपका।

लैपटॉप ऑन था। मेल बॉक्स खुला था। इन बॉक्स में कई मेल थे। मैंने पार्थ के मेल को क्लिक किया। मेल बीस मिनट पहले भेजा गया था। इसका मतलब यह हुआ कि पार्थ ने यह मेल तब सेंड किया था, जब हम उसके चैंबर में दाखिल हुए थे और वह ठीक उसी वक्त अपने लैपटॉप पर बिजी था। यानी उसने जो बीस मिनट लेक्चर दिया, पत्रकारिता की एबीसीडी समझाई और कॉफी पिलाई, उससे पहले ही वह अपना फैसला हमें भेज चुका था। यह 'फायर' करने का नया तरीका था क्या?

मैं सिहर गया। पार्थ का मेल खुला था। लेकिन पढ़ने का साहस नहीं हो रहा था। अचानक मुझे वह मामूली आदमी याद आया। उसकी बेफिक्री, उसकी मुस्कराहट और उसकी जिद याद आई। टीवी, मोबाइल, कंप्यूटर, इंटरनेट, लैपटॉप

कुछ भी नहीं था उसके पास। यह बात तब भले ही अजूबा लगी थी। लेकिन अब असाधारण लग रही थी। वह अपने विरुद्ध शक्तियों के खिलाफ खड़ा था। यह उसका साहस था। मैंने मन ही मन उसे सैल्यूट किया और अपनी भावनाओं पर काबू करते हुए पार्थ का मेल पढ़ना शुरू कर दिया।

डियर नील रंजन,

आपके द्वारा किए गए 'एक मामूली आदमी का इंटरव्यू' की उच्चस्तरीय समीक्षा में पाया गया है कि यह एक सोची-समझी साजिश के तहत किया गया इंटरव्यू है। यह कंपनी की नीति और नियमों के विरुद्ध है। कंपनी की छवि को क्षति पहुंचाने के आपके इस कृत्य को देखते हुए, क्यों नहीं आपके विरुद्ध अनुशासनात्मक कार्रवाई की जाए?

होना तो यह चाहिए था कि मैं इस मेल के मजमून से डर जाता। मेरी आंखों के आगे अंधेरा छा जाता और एक लगी-लगाई नौकरी के चले जाने का खौफ मेरे वजूद को अपनी गिरफ्त में ले लेता। लेकिन आश्चर्य ऐसा कुछ नहीं हुआ।

मैंने स्वयं को सहज पाया। दृढ़ता से निश्चय किया कि पार्थ के इस 'शो कॉज नोटिस' का जवाब दिया जाना चाहिए। लेकिन क्या? क्या हो सकता है सटीक उत्तर?

उत्तर की तलाश में मैं भागा-भागा पंकज के पास पहुंचा। पंकज अपनी सीट पर नहीं था। कहां गया वह? अभी-अभी तो वह मेरे ही साथ पार्थ के चैंबर से बाहर आया था और अपनी सीट पर गया था। फिर अचानक कहां चला गया वह?

मेरी परेशानी पर हैरानी जताते हुए खूबसूरत-सी एंकर सुधा अमृत ने बताया, 'पंकज तो पार्थ के पास गया है।'

सुधा अमृत मुस्करा रही थी। मुझे मुस्कराती हुई वह इस वक्त मेरी खिल्ली उड़ाती जान पड़ी। जी में आया उसी से पूछ बैठूं, 'मेरे पास जो 'शो कॉज नोटिस' आया है, उसका कोई जवाब तुम्हारे पास है?'

मैं जानता था, उसके पास उसकी मुस्कराहट के अलावा कुछ नहीं था। लेकिन मैं यह भी जानता था कि मेरे पत्रकार साथियों के पास कोई न कोई माकूल जवाब जरूर होगा।

मैंने बेहद विश्वास और उम्मीद के साथ अपने साथियों से जवाब जानने की कोशिश की। लेकिन ज्यादातर ने दबी जुबान से 'ना' कर दिया, तो कुछ ने साहसभरी समझदारी से सुझाव दिया, 'तुम्हें माफी मांग लेनी चाहिए।'

मैं ठगा-सा अपने पत्रकार साथियों को देखता रहा। मुझे माफी मांगने में कोई गुरेज नहीं। लेकिन यह पार्थ के सवाल का जवाब तो नहीं हुआ?

क्या आपके पास कोई जवाब है?

सपने

पहले वह सपने देखता था। अब सपने दिखाता है।

जिन दिनों वह सपने देखा करता था, उसके पास इतने सपने होते थे कि उनसे बाहर आने की उसे फुरसत ही नहीं मिल पाती थी। सोते-जागते, यहां तक कि तंद्रा की स्थितियों में भी वह सपने देखा करता। तब, वह कब सपने के भीतर है और कब सपने के बाहर, खुद उसे भी पता नहीं चलता। कई बार तो ऐसा होता कि दोस्तों की भीड़ में होते हुए भी वह सबकी आंख बचाकर किसी सपने के साथ हो लेता और जब उसके दोस्त पाते कि वह उनके साथ नहीं है, तो वे जोर की आवाज लगाते, 'कहां गुम हो गया, तू?'

वह झेंपता हुआ दोस्तों के साथ होने का आश्वासन देता, 'कहीं नहीं। तुम लोगों के साथ ही तो हूं।' लेकिन वह और सिर्फ वही जान रहा होता कि यह आश्वस्ति देते हुए भी वह अपने सपने के साथ है। दरअसल, उसकी मुस्कराहट का सम्मोहन ऐसा होता कि दोस्त उसके झूठ पर यकीन कर लेते और वह अपनी इस कामयाबी पर मन ही मन खुद को दाद देकर इतरा रहा होता।

उन दिनों उसके पास ढेरों सपने थे। देश-दुनिया को बदल देने के सपने। अमीरी-गरीबी की खाई पाट देने के सपने। भूख और बेकारी खत्म कर देने के सपने। अन्याय और अत्याचार मिटा देने के सपने। इंसान और इंसान के बीच की असमानता दूर करने के सपने। शोषणमुक्त, समतामूलक समाज निर्माण के सपने। और...और एक बेहद कोमल सपना-कोमल के सपने।

इन तमाम सपनों के साथ ही उसने पत्रकारिता के कोर्स में दाखिला लिया था। सच तो यह है कि पत्रकारिता के कोर्स में दाखिला लेना भी उसके सपनों में ही एक था। उसने यह सपना कब देखना शुरू किया, ठीक-ठीक तो याद नहीं, लेकिन यह सपना उसे अपने तमाम सपनों को पूरा करने का जरिया जान पड़ने लगा था। लिहाजा, उसने इस सपने पर सवार होकर अपने तमाम सपनों के सफर पर निकलने के लिए मुफीद माना था और वह सारे सपनों को समेटकर पत्रकारिता की क्लास में दाखिल हो गया था।

पहले दिन, पहले पीरियड में पहले-पहल जिस फैकल्टी की क्लास हुई थी, उनका नाम था विश्वबंधु। विश्वबंधुजी ने अपना संक्षिप्त परिचय देने के बाद एक-एक छात्र से परिचय लेने के साथ ही पत्रकारिता के प्रति उनके नजरिये की जानकारी लेनी शुरू की थी। जब उसकी बारी आई थी, उसने बेधड़क कहा था, 'अन्याय के खिलाफ लड़ने के लिए पत्रकारिता एक कारगर हथियार है। मैंने इसी उद्देश्य से पत्रकारिता को चुना है।'

विश्वबंधुजी मुस्कराकर रह गए थे। उसे लगा था, दूसरे छात्रों से अलग उसके जवाब ने विश्वबंधुजी को प्रभावित किया है। लिहाजा उसने लगे हाथों विश्वबंधुजी को हैरानी में डाल दिया था, 'सर, आपकी कहानी 'मुर्दा' मैंने पढ़ी है।'

यह हालांकि संदर्भहीन सूचना थी। लेकिन उसने देखा कि इस सूचना का पूरी क्लास पर जबर्दस्त असर पड़ा। यहां तक कि विश्वबंधुजी भी थोड़ा चकित, लेकिन अधिक मुग्ध भाव से उसे देखने लगे थे। उन्होंने उस वक्त बस इतना ही कहा था, 'इस जज्बे को बनाए रखिए।'

लेकिन इसके पहले या कि ठीक उस पहले दिन की पहली क्लास के बाद ही, क्लास के कई लड़के-लड़कियों ने उसकी तरफ दोस्ती का हाथ बढ़ा दिया था। उन्हीं में थी करिश्मा। उसने थोड़ा-सा एकांत पाते ही कहा था, 'मुझे कविताएं लिखने का शौक है।'

'अच्छा! कभी पढ़ाइए!' उसने उत्साहित भाव से करिश्मा का उत्साह बढ़ाया था।

'कल डायरी लाऊंगी। आप बताइएगा कैसी हैं।' करिश्मा की आवाज उसी की तरह नर्म-नाजुक थी। वह उसकी नजाकत का कायल हो गया था।

अगले ही दिन करिश्मा डायरी लेकर आई थी। परिसर के कोने में गुलमोहर के नीचे एकांत था। यह जगह करिश्मा ने ही तजबीज की थी। उसे भी यह जगह माकूल लगी थी। करिश्मा बैठ गई थी। वह ठीक उसके सामने बैठा था। किसी की कविता, वह भी किसी लड़की की कविता सुनने का यह पहला अवसर था और इस अवसर व एकांत ने इस क्षण को एक अजीब सनसनी से भर दिया था। करिश्मा ने डायरी खोलते हुए पूछा था, 'सुनाऊं?'

उसने सहमति में सिर हिलाते हुए आंखें मूंद ली थीं गोया करिश्मा की कविता ध्यान से सुनने की तैयारी में हो। करिश्मा ने आहिस्ता-आहिस्ता कविता पढ़नी शुरू की जैसे नदी में हल्की-हल्की लहरें उठ रही हों। उसे महसूस हुआ कि कविता सुनाते हुए करिश्मा की मुख-मुद्रा ही नहीं, उसकी आवाज भी कहीं ज्यादा करिश्माती हो आई है। करिश्मा की कविताओं में प्रकृति की छटाएं थीं। नदी, पहाड़, समंदर, झरने थे। एकाध कविताओं में औरत की बेबसी, संघर्ष और हुंकार के भाव थे। कुछेक कविताओं में भूख, गरीबी और भिखारी की दयनीयता के प्रति सहानुभूति भी थी। हर कविता के बाद करिश्मा उसकी ओर देखती और वह जैसे तंद्रा में डूबा बस

इशारे से कहता– सुनाती रहो। कविता मुस्कराती और अगली कविता कहीं ज्यादा उत्साह से सुनाने लगती। आखिर में डायरी बंद कर करिश्मा ने एक गहरी सांस ली और गाढ़ी मुस्कराहट के साथ उसकी ओर देखते हुए पूछा, 'कैसी लगी?'

करिश्मा के देखने के अंदाज में कुछ ऐसा था गोया उसकी राय ही करिश्मा की कविता के महत्त्व को तय करने वाली हो। उसने संभल-संभलकर अपनी प्रतिक्रिया व्यक्त की, 'अच्छी हैं। तुम्हारी कविताओं की सबसे बड़ी ताकत इसकी भावुकता है, जो आजकल की कविताओं में सिरे से नदारद है।'

पता नहीं, करिश्मा उसके आशय को कितना समझी, कितना नहीं, लेकिन उस दिन के बाद वह जो भी लिखती, उसे सुनाती जरूर। ऐसे ही में उसने एक दिन करिश्मा को सुझाव दिया, 'करिश्मा, अपनी कल्पना की उड़ान में जमीनी यथार्थ को भी जगह दो।'

बगैर किसी भाव-मुद्रा के उसने संक्षिप्त-सा जवाब दिया, 'कोशिश करूंगी।'

उसे लगा, शायद उसकी बात करिश्मा को अच्छी नहीं लगी। कहीं वह नाराज न हो जाए, यह खयाल आते ही वह अगले ही पल सफाई देने के अंदाज में बोल पड़ा, 'करिश्मा, तुम कविताएं बहुत अच्छी लिखती हो। मेरा आशय यह है कि इसकी रेंज और डायमेंशन को और बढ़ाओ।'

इस बार करिश्मा मुस्कराई। उसने राहत की सांस ली। करिश्मा डायरी अपने बैग में रखते हुए बोली, 'करत-करत अभ्यास से जड़मति होत सुजान।'

ये पत्रकारिता के क्लासेज और पत्रकारिता दोनों को समझने के शुरू-शुरू के दिन थे।

विश्वबंधुजी एक दैनिक अखबार के वरिष्ठ पत्रकार थे और सप्ताह में दो दिन क्लास लेने आते थे। वे जब क्लास में आते तो गजब की उत्तेजना होती। पूरी क्लास ढेरों सवालों से भरी होती और विश्वबंधुजी बेहद मैत्री-भाव से उन सवालों के जवाब देते। उनकी वक्तृत्व-क्षमता मोहक थी। शब्दों का चयन चमत्कारिक। विषय को उदाहरणों और अनुभवों से जोड़कर इस कदर ग्राह्य बना देते कि पूरी क्लास उनकी मुरीद हो गई थी। वह भी उनका मुरीद हो गया था।

उनसे मिलने कभी-कभार वह उनके ऑफिस जाने लगा था। ऑफिस में विश्वबंधुजी बेहद व्यस्त रहते। कई बार तो उसे बैठने को कहकर जाते और किसी मीटिंग या किसी पेज के लेआउट में फंसकर यह भी भूल जाते कि कोई घंटे भर से उनका इंतजार कर रहा है। लौटने पर लगभग क्षमा वाली मुद्रा में कहते, 'घर आओ तो इत्मीनान से बात होती है।'

उनके घर में वह, पत्नी और दो बच्चे थे। जिस दिन वह विश्वबंधुजी के घर पहुंचा उस दिन वह अकेले थे। उसे देखते ही गर्मजोशी से बोले, 'आओ...आओ। अच्छे समय पर आए। बस, चाय बनाने ही जा रहा था।'

विश्वबंधुजी जब तक चाय लेकर आए, उसने उनके ड्राइंगरूम का मुआयना कर लिया। शेल्फ में करीने से सजी किताबें। 'दस दिन जब दुनिया हिल उठी' से लेकर 'मुझे चांद चाहिए' तक का कलेक्शन। दीवारों पर कोई चित्र नहीं। महज एक कैलेंडर। बीच की टेबल पर उस दिन के अखबारों के ढेर। चाय के साथ बिस्कुट की प्लेट टेबल पर रखते हुए उन्होंने पूछा, 'पहुंचने में दिक्कत तो नहीं हुई?'

'नहीं सर!' संक्षिप्त-सा उत्तर देने के साथ ही उसने जानना चाहा, 'सर, चाय आपने बनाई। घर में कोई नहीं है क्या?'

उस दिन, विश्वबंधुजी से ढेरों बातें हुईं। खुलकर। कुछ निजी बातें भी हुईं। उसी दिन पता चला कि विश्वबंधुजी की पत्नी नौकरी करती हैं। दो बच्चे हैं। दोनों पढ़ रहे हैं। वे मूलतः गांव के रहने वाले हैं। उनके पिता सरकारी नौकरी में थे। पिता का जहां तबादला होता, वहीं उनका नामांकन होता। बाद में उन्होंने बीए और एमए की पढ़ाई इलाहाबाद से पूरी की। पिता के रिटायर होते-होते उन्होंने पत्रकारिता शुरू कर दी। आज पत्रकारिता करते हुए उन्हें पच्चीस साल हो गए हैं। इतनी सारी बातें जानने के बाद उसके अंदर एक स्वाभाविक जिज्ञासा उठी थी। उसने पूछ ही लिया, 'सर, साहित्य और पत्रकारिता में आप कैसे संतुलन बनाकर रख पाते हैं?'

'साहित्य मेरा पैशन है, पत्रकारिता प्रोफेशन!' विश्वबंधुजी ने दो टूक जवाब दिया।

'सर, आपको क्या लगता है, समाज को बदलने में साहित्य का ज्यादा असर होता है या पत्रकारिता का?'

उसके मासूम सवाल पर विश्वबंधुजी कुछ देर तक मुस्कराते रहे। वह उनकी इस मुस्कराहट का कोई सीधा अर्थ नहीं ढूंढ़ पाया।

'कभी साहित्य और पत्रकारिता दोनों एक-दूसरे के पूरक थे।' विश्वबंधुजी अचानक गंभीर हो आए थे, 'लेकिन आज दोनों के बीच का रिश्ता टूट चुका है। पत्रकारिता में अब ऐसे लोग आ रहे हैं, जिनका साहित्य से कोई वास्ता नहीं। हद तो यह है कि ऐसे लोग साहित्य को अछूत की तरह देखते हैं।'

उसने महसूस किया कि विश्वबंधुजी के भीतर कहीं गहरा अफसोस छिपा है।

और यह अफसोस लगातार उजागर होता गया।

एक दिन उन्होंने गहरी उदासी के बीच शून्य में ताकते हुए कहा, 'मीडिया आज आम आदमी से बहुत दूर हो गया है। उसकी चिंता में भूख, गरीबी, जनसंघर्ष, आर्थिक विषमता, बेरोजगारी के लिए कोई जगह नहीं रह गई है। यह बहुत खतरनाक है।'

'सर, लेकिन इसके लिए जिम्मेदार कौन है?' सवाल के साथ ही उसने अपने मन से एक जवाब भी जोड़ दिया, 'आखिर पत्रकार ही तो जिम्मेदार है। दुनिया भर की लड़ाइयां लड़ने वाला पत्रकार पत्रकारिता के पक्ष में लड़ता क्यों नहीं?'

फिर मुस्कराए थे विश्वबंधुजी, जिसका कोई अर्थ नहीं ढूंढ़ पाया वह।

'लड़ने वालों को धकेलकर किनारे कर दिया जाता है या फिर वे हालात के सामने हथियार डाल देते हैं।' उसे समझते देर नहीं लगी कि इस सच में विश्वबंधुजी के खुद का हाहाकार भी शामिल है। उस वक्त विश्वबंधु जी की आवाज कहीं दूर वीराने से आती जान पड़ी थी।

कोमल की आवाज भी आजकल किसी दूर वीराने से आती जान पड़ती थी। जब भी फोन करती, उसके भीतर कुछ चिटकता-सा लगता, 'पापा की तबीयत खराब रहती है। उन्हें लेकर बहुत घबराहट होती है।'

कोमल के पापा कॉमरेड शिवशंकर उसके फ्रेंड, फिलॉस्फर, गाइड-सब कुछ थे। जूट मिल में काम करते थे। मजदूर यूनियन के सचिव। जूट मिल को बचाने की लड़ाई के अगुआ। जूट मिल घाटे का बहाना बनाकर एक दिन अचानक बंद कर दी गई थी। मजदूर सड़क पर आ गए थे। धरना, प्रदर्शन, संघर्ष। सरकार से वार्ता की तारीख तय होती। एक उम्मीद बंधती कि मिल शुरू होगी। वार्ता बेनतीजा खत्म हो जाती। प्रतीक्षा की उम्र लंबी होती जा रही थी। उम्मीद की उम्र छोटी।

कॉमरेड शिवशंकर उसके पिता के मित्र थे। बहुत छुटपन से उन्हें देख रहा था। धीरे-धीरे वह उनकी बातों को समझने लगा था। उनके विचार, उनकी प्रखरता और जुझारूपन उसे भाने लगा था। पिता का स्वभाव जितना शांत, कॉमरेड शिवशंकर का उतना ही मुखर। ताज्जुब होता कि उन दोनों में पटती कैसे है? बहुत बाद में कॉमरेड शिवशंकर ने ही यह रहस्य खोला था, 'तेरे पिता एक आदर्श शिक्षक हैं। ईमानदार हैं। कभी एक ट्यूशन तक नहीं किया। गलत का विरोध वे भी करते हैं। लेकिन लड़ते नहीं। ऐसे ही लोगों की लड़ाई हम लड़ते हैं।'

'यह तो कोई बात नहीं हुई कि आपकी लड़ाई कोई दूसरा लड़े।' वह थोड़ा उग्र हो आया था। कहीं पिता के प्रति असंतोष-भाव भी था।

'अपनी लड़ाई का क्या मतलब है, कॉमरेड? लड़ाई तो पूरे वर्ग की लड़नी होती है।' कॉमरेड शिवशंकर ने पहली बार उसे कॉमरेड कहा था। वह रोमांच से भर उठा था। उसे अपना कद दो इंच बड़ा होता-सा महसूस हुआ था।

उन्हीं कॉमरेड शिवशंकर की बेटी थी कोमल। दोनों कब एक-दूसरे के करीब आए, पता ही नहीं चला। बस, इतना याद है कि दोनों खूब बातें करते। बहस करते। एक-दूसरे का खयाल रखते।

कोमल के मन में ढेरों कोमल सपने थे। उसे आश्चर्य होता कि कॉमरेड शिवशंकर की बेटी पिता से अलग कैसे सोचती है? वह कहती, 'ऐसे संघर्ष से क्या मिला? कुछ भी बदला? सोवियत संघ टूट गया। कम्युनिज्म पूरी दुनिया में कौड़ी के तीन हो गया। देखते-देखते दुनिया बदल गई, जो नहीं बदला वह कहीं का नहीं रहा।'

वह कोमल को देखता रह जाता। उसे लगता, कोमल अपने पिता को उलाहने दे रही है। थोड़ी मासूम, थोड़ी सपनीली लगती वह। उसकी आंखों में सपने तैरते। लेकिन उसके होंठों पर चस्पां उदासी भी लगातार साथ रहती। वह उसे जितना समझाने की कोशिश करता, वह लगातार उतना ही अबूझ होती जाती।

इस अबूझपन में भी एक सम्मोहन था। इस सम्मोहन के जेरे साया दिन सनसनी से भरे थे। रातें सपनों से। ऐसे कोमल भावों के बीच ही वह कोमल के प्रति कोमल होता चला गया था। उसे स्वयं पर आश्चर्य होता कि वह कोमल को लेकर इतना भावुक, इतना रोमानी कैसे हो गया?

कोमल भी धीरे-धीरे उसकी भावनाएं समझने लगी थी। मिलती तो गर्मजोशी होती। बात करती तो कोमलता। कोमल के बारे में सोचना उसे सुखद लगने लगा था। हर वक्त आंखों में मुस्कराती कोमल चुप-चुप उसके सपने में शामिल हो गई थी।

कोमल को वह फोन पर समझाता, 'चिंता मत करो। उनकी तबीयत ठीक हो जाएगी।'

उन्हीं दिनों एक बार जब उसकी कॉमरेड शिवशंकर से फोन पर बात हुई तो उन्होंने उसे ही समझाना शुरू कर दिया, 'कॉमरेड, मेरी तबीयत उतनी खराब नहीं, जितनी इस देश की। यकीन मानो मैं इतनी जल्दी मरने वाला नहीं।'

अपनी बात खत्म करते-करते कॉमरेड शिवशंकर फोन पर ही ठठाकर हंस पड़े थे। उनकी वह हंसी उसके अंदर लगातार गूंजती रही थी।

जिस दिन उसे कॉमरेड शिवशंकर की मृत्यु की खबर मिली, उसके भीतर गहरे सन्नाटे के बीच उनकी उस आखिरी हंसी की अनुगूंज बेसाख्ता उभर आई थी। वह अपनी रुलाई नहीं रोक पाया था। ठठाकर गूंजती हंसी के बीच उसका वह रुदन छुपाए नहीं छुपा था।

विश्वबंधुजी ही थे जब उन्होंने उसके रुदन को महसूस करते हुए ढाढ़स बंधाया था, 'उनके प्रति सच्ची श्रद्धांजलि उनके सपनों को बचाए रखना है।'

वे परीक्षाओं के दिन थे। कॉमरेड शिवशंकर की अंत्येष्टि में उसका जाना संभव नहीं हो पाया था। उसने अपनी बेबसी का हवाला देते हुए कोमल को फोन किया, तो कोमल ने उसे आश्वस्त किया था, 'कोई बात नहीं। तुम बेफिक्र होकर अपनी परीक्षा दो। मैं यहां सब संभाल लूंगी।'

उस वक्त पता नहीं क्यों उसे महसूस हुआ था कि कोमल का स्वर कोमल कतई नहीं था। उसे थोड़ी चिंता हुई थी। उसने फिर फोन किया था। कोमल ने फोन नहीं उठाया था।

वह बेहद बोझिल क्षण था। चीजें बेरंग थीं। मौसम धूसर। हवा अनमनी। ऐसे में करिश्मा की एक कविता की कुछ पंक्तियां अनायास उसके होंठों पर आ गई थीं, 'चीजें बेरंग थीं/ मौसम बेनूर/ हवा बेहिस/ मेरे सपनों में जब तक तुम न थे।'

यह कविता सुनने के बाद वह थोड़ी देर तक करिश्मा की आंखों में झांकता रहा था। करिश्मा ने मुस्कराते हुए पूछा था, 'बताओ न, कैसी लगी?'

उसकी इच्छा हुई थी, पूछे, 'यह कविता कब लिखी और इसमें आया यह 'तुम' कौन है?' लेकिन पूछने के बजाय वह लरजकर रह गया था। आंखों में प्रशंसा के भाव के बावजूद उसने स्वभावगत करिश्मा को छेड़ा था, 'तुम सुधरने वाली नहीं। लगता है, सपनों से बाहर कभी नहीं आओगी।'

'सपने ही हकीकत बनते हैं।' करिश्मा की करिश्माई मुस्कान गहरी हो आई थी, 'मैं अपने हर सपने को हकीकत में बदलते हुए देखना चाहती हूं।'

'अच्छा! तो तुम्हारे इस सपने की हकीकत क्या है?' भीतर लरजता रोमान आखिरकार बाहर आ ही गया था।

करिश्मा ने जवाब देने के बजाय लजालू मुस्कराहट के बीच चुप्पी खींच ली थी।

चुप्पी, उलझन और उदासियों के साथ ही परीक्षाएं निबटी थीं। परीक्षाएं खत्म होने के बाद, जबकि वह घर हो आने की सोच ही रहा था कि एक दिन विश्वबंधुजी ने सूचित किया, 'सुनो, हमारा हाउस कैंपस सेलेक्शन करने वाला है। तुम तैयार रहना।'

उसने यह सूचना करिश्मा को दी तो करिश्मा ने छूटते ही कहा, 'नहीं यार, मैं प्रिंट नहीं, इलेक्ट्रॉनिक मीडिया ज्वाइन करूंगी।'

'लेकिन ट्राई करने में क्या हर्ज है?' उसने जोर देकर जानना चाहा।

'जिस गांव जाना नहीं, उसके कोस क्या गिनना?' करिश्मा ने उसकी बात एक ही फूंक में हवा में उड़ा दी।

हवा में उड़ता वह वाकई धड़ाम से जमीन पर आ गिरा था।

जिस दिन उसने अखबार में पहली स्टोरी फाइल की थी, संपादक ने उसे अपने चैंबर में बुलाया, 'भइया, आपको ये फुटपाथी दुकानदारों की पीड़ा नजर आई और यह नहीं कि उनके अतिक्रमण से सड़क जाम हो जाती है। लोगों को परेशानी होती है?'

'सर! उन्हें दुकानें आवंटित हों। उनकी रोजी-रोटी की जरूरी व्यवस्था हो। उनकी समस्या का समाधान हो। सरकार उनके लिए कुछ करे, यह भी तो जरूरी है।' उसने अपनी स्टोरी के पक्ष में तर्क रखा।

'वही घिसी-पिटी कहानी!' संपादक ने स्टोरी वापस करते हुए नसीहत दी, 'नए ढंग से सोचो, भाई। कुछ नया लिखो।'

ठीक उसी शाम टीवी टॉप वन पर करिश्मा नजर आई। वह दर्शकों को बता रही थी, 'अभी मैं ड्रीम्स मॉल में हूं। सपनों-सा खूबसूरत यह मॉल आपके सारे सपनों को एक छत के नीचे हकीकत में बदलता है। कल तक जो चीजें सपना

थीं, वे आज आपकी पहुंच के अंदर हैं, तो ऐसे ही मॉल्स की वजह से। इन्हीं में एक है यह ड्रीम्स मॉल।'

करिश्मा की यह स्टोरी देखते हुए वह खीझ से भर गया था। उसने उसी वक्त करिश्मा को कॉल किया, 'करिश्मा, हकीकत नहीं दिखा सकती तो कम से कम सपने तो मत दिखाओ!'

'तुम्हें सपने देखने का हक है, तो दूसरों को सपने देखने का हक क्यों नहीं?' करिश्मा ने जवाब देने के बजाय तुर्शी से सवाल जड़ दिया था।

'सपने...सपने में फर्क होता है।' उसने प्रतिवाद किया।

करिश्मा की खनकती हंसी आई, 'सपने सिर्फ सपने होते हैं। वे पूरे हों या न हों, उन्हें देखना सुखद होता है। वे सपने चाहे तुम्हारे हों या हमारे।'

वह सन्नाटे में डूबा बड़ी देर तक खुद से जूझता रहा था।

आखिर उसने विश्वबंधुजी को अपना निर्णय सुना दिया था, 'सर, मैं रिजाइन कर रहा हूं।'

विश्वबंधुजी उसके इस निर्णय से दुखी हो आए थे। उन्होंने बेहद संजीदगी से समझाया था, 'घबराओ नहीं, धीरे-धीरे सब ठीक हो जाएगा।'

'नहीं, सर, तब तक बहुत देर हो जाएगी।' उसने दृढ़ता के साथ प्रतिवाद किया था, 'मैं आप जैसों का हश्र देख रहा हूं।'

विश्वबंधुजी हिल गए थे। उससे आंखें नहीं मिला पाए थे। वह बिना किसी औपचारिकता के उठा था और उनके चैंबर से यूं निकल गया था, गोया उनसे कभी की कोई जान-पहचान ही न हो। उसके इस तरह जाने में कहीं न कहीं उनके प्रति हिकारत भी थी।

वे बेकारी के दिन थे। वह उन्हें संघर्ष के दिन कहता। करिश्मा से मिलना, बात करना कम होता जा रहा था।

कभी-कभार कोमल से बात होती। बातों-बातों में उसने एक दिन बताया, 'कांट्रैक्ट टीचर की बहाली होने वाली है। मैंने भी अप्लाई किया है।'

उसके भीतर कोई सपना चनाक से टूटा था। वह रात जागते बीती थी। सारी रात आंखों में कोमल। कोमल के सपने। तो क्या उसने महज आठ हजार रुपए की नौकरी के ही सपने देखे थे? उसके जितने सारे सपने थे, उन्हें क्या वह आठ हजार रुपयों में पूरे कर लेगी? सवाल ही सवाल थे। जवाब कोई नहीं था।

पिता ने सवाल किया था, 'कब तक करते रहोगे संघर्ष?'

उसके पास कोई जवाब नहीं था।

ढेरों सवालों और बगैर जवाबों वाले ऐसे ही दिनों में एक शाम कैफे कॉफी डे के ठीक सामने मिल गई थी करिश्मा। साथ में था शांतनु। खुद करिश्मा ने उसका परिचय कराया, 'ये शांतनु है। एसाइनमेंट हेड।'

खूबसूरत। स्मार्ट। जींस-टीशर्ट में शांतनु किसी फिल्मी हीरो से कम नहीं था। हाथ मिलाते हुए उसने दावत दी, 'कॉफी पीते हैं।'

कॉफी उसे कभी पसंद नहीं रही। लेकिन उस शाम उसने करिश्मा और शांतनु के साथ कॉफी पी। कॉफी की कड़वी घूंट उसे बड़ी देर तक जलाती रही।

'क्या कर रहे हो?' शांतनु ने पूछा।

'सपने देख रहा है।' करिश्मा खिलखिलाई।

जी में आया बड़ी जोर से चीखे। लेकिन भीतर रुलाई छूटती-सी जान पड़ी।

'अरे भइया, सपने मत देखो। सपने दिखाओ।' शांतनु ने कॉफी की चुस्की लेते हुए कहा, 'आजकल सपने ही बिकते हैं।'

'तुम्हारी कविताएं कैसी चल रही हैं?' प्रसंग बदलने की गरज से उसने गहरी कसक के साथ करिश्मा से पूछा।

'कहां कविता और कैसी कविता, यार! सांस लेने को तो फुर्सत नहीं।' करिश्मा ने बेहद आजिजी से बात खत्म करनी चाही गोया कविताओं से उसका कोई नाता ही न हो, 'यार, मुझे तो लगने लगा है कि कविता-कहानी सब फार्स है। धोखा। हकीकत से कोई वास्ता नहीं।'

'और हकीकत क्या है?' इस बार उसका लहजा सायास तीखा हो आया था।

'ईट, ड्रिंक एंड बी हैप्पी।' बिंदास करिश्मा ने कंधे उचकाए और बेपरवाह उठते हुए बोली, 'सॉरी, हम जल्दी में हैं। फिर कभी मिलते हैं। शांतनु, चलें?'

करिश्मा और कोमल। दोनों के सपने एक। लेकिन हकीकतें इतनी अलग।

जिस दोपहर पिता का फोन आया, उसी शाम विश्वबंधुजी का भी फोन आया।

पिता ने सूचना दी, 'अगले महीने मैं रिटायर हो रहा हूं। अब मुझसे कोई उम्मीद मत रखना।'

विश्वबंधुजी ने बताया, 'पचास पार वालों को नोटिस मिल गई है। मैं भी उनमें हूं।'

'पचास पार वालों को क्यों, सर?' उसने धड़कते दिल से पूछा।

'पचास पार मतलब आउटडेटेड।' विश्वबंधुजी की हंसी में तंज शामिल था, 'पुरानी सोच, पुराना तरीका। थके हुए लोग।'

'अब क्या सोचा है, सर?' उसके स्वर में विश्वबंधुजी के लिए सचमुच हमदर्दी थी।

'बहुत हो चुकी चाकरी, यार!' विश्वबंधुजी तो जैसे मुक्ति के अहसास से भरे थे। उधर से उनकी खनकती आवाज उसे हैरान कर गई, 'वे सपने जो कहीं पीछे छूट गए थे, उन्हें ढूंढूंगा।'

सपने! सपने!! सपने!!!

सबके पास सपने थे। कुछ टूटे। कुछ छूटे। कुछ मरते। कुछ जनमते।

और अचानक एक दिन शांतनु का फोन आया।

'करिश्मा कह रही थी, तुम्हें नौकरी की जरूरत है। एक नया चैनल शुरू हो रहा है। इंटरेस्टेड हो तो बोलो?' शांतनु ने बगैर किसी भूमिका के सीधे-सीधे पूछा।

जवाब अंदर ही अटककर रह गया। एक ही क्षण में वह इतनी किरचों में बिखर गया था कि एकबारगी कुछ बोलते नहीं बना।

'देखो, ऐसा मौका बार-बार नहीं मिलता। करिश्मा ने कहा तो मैं उसकी बात नहीं टाल सका। ऐसा करो सीवी मेरे मेल पर सेंड करो!' उसके जवाब का इंतजार किए बिना ही शांतनु ने लगभग फैसला सुनाया।

यह करिश्मा का करिश्मा था या उसकी ओर से दी गई खैरात? हालात आगा-पीछा सोचने लायक नहीं थे।

उसने सीवी शांतनु को सेंड कर दी थी।

'जनपक्ष' टीवी चैनल शुरू करने के पीछे सूबे के सीएम थे। लेकिन सामने सूबे का एक बड़ा बिल्डर। शांतनु चैनल हेड। करिश्मा का करिश्मा पूरे चैनल पर सिर चढ़कर बोल रहा था।

सीएम के जन्म दिन को ही चैनल की लांचिंग तय हुई।

पार्टी कार्यकर्ताओं ने जन्मदिन का समारोह शहीद पार्क में रखा था। पूरे कार्यक्रम के लाइव टेलीकास्ट की जबर्दस्त तैयारी। वह थोड़ा सहमा। लेकिन ज्यादा रोमांचित और कहीं ज्यादा उत्तेजित था। उसे डाकबंगले से लाइव टेलीकास्ट की जिम्मेदारी दी गई थी। शांतनु ने थम्सअप के साथ गुडलक कहा था।

सीएम का कारवां डाकबंगला से गुजरने वाला था। डाकबंगला रोड के दोनों ओर लोगों की भीड़। स्टूडियो से कनेक्ट होते ही उसने बोलना शुरू किया, 'मैं इस वक्त राजधानी के मुख्य चौराहे डाकबंगला पर मौजूद हूं। यहां सीएम के स्वागत के लिए लोगों की भीड़ पिछले कई घंटे से जमी हुई है। तेज धूप और उमस के बावजूद लोग सीएम को उनके जन्मदिन की बधाई देने के लिए बेसब्री से उनका इंतजार कर रहे हैं। आइए, हम यहां मौजूद कुछ लोगों से बात करते हैं।'

कैमरा पैन कर रहा था। उसने माइक्रोफोन जैसे ही अपने इर्द-गिर्द जमा लोगों की ओर बढ़ाया, लोग उत्साह से भर गए। किसी ने जोर की आवाज लगाई, 'मुख्यमंत्री जिंदाबाद।'

इसी शोर के बीच उसने एक युवक से पूछा, 'आप यहां क्यों खड़े हैं?'

'जी, सीएम को विश करने के लिए। देखिए मैं बुके लेकर आया हूं।' उस युवक ने बुके को उठाकर हवा में लहराया।

'और आप...?'

'मैं उन्हें माला पहनाऊंगा।' यह एक बुजुर्ग थे। उनके दाहिने हाथ में गेंदे की एक मोटी-सी माला थी।

ऐन इसी वक्त डाकबंगले के दूसरे छोर पर हंगामा-सा हुआ। उसने मुड़कर देखा, एक बड़ा-सा हुजूम हाथों में काले झंडे लिये सड़क पर उतर आया था। उस भीड़ के हाथों में तख्तियां थीं : शिक्षा में ठेका प्रणाली बंद करो! ठेके पर बहाल शिक्षकों को परमानेंट करो!

उस ओर कोई टीवी कैमरा नहीं था। जब तक वह स्थिति को कुछ समझता, पुलिस ने लाठियां चटखानी शुरू कर दीं। उस भागती, गिरती भीड़ में उसने गौर किया जैसे कोमल भी थी। नहीं, कोमल नहीं हो सकती। यहां उसका क्या काम? उसे यह अपनी आंखों का भ्रम लगा।

सड़क पर गिरे लोगों को पुलिस वालों ने लाठियों से पीटना शुरू कर दिया था। बूटों से रौंदने लगे थे। देखते ही देखते पुलिस ने डाकबंगले की जबर्दस्त नाकेबंदी कर दी थी। उसने कैमरामैन को इस दृश्य की ओर कैमरा पैन करने का इशारा किया। कैमरा जब तक उधार घूमा, मेरा स्टूडियो से कनेक्शन कट गया। मैं बेकसी में होंठ भींचता रह गया।

सायरन बजाती सीएम की गाड़ी अपने कारवां के साथ जैसे ही डाकबंगले के पास पहुंची, मैं स्टूडियो के साथ कनेक्ट हो गया। कारवां फर्राटे भरता निर्विघ्न गुजर गया। इस बीच जिंदाबाद के गगनभेदी नारे गूंजे। लेकिन बुके देने और मालाएं पहनाने की लोगों की हसरत हसरत ही रह गई।

देर रात जब वह ड्यूटी खत्म कर ऑफिस से निकलने ही वाला था कि पिता का फोन आया, 'कोमल मेडिकल कॉलेज अस्पताल में है। कुछ कर सकते हो तो करो।'

कोमल मेडिकल कॉलेज अस्पताल में? उसके दिमाग की सारी नसें तन गईं। रीढ़ की हड्डी में लहर-सी उठी। आंखों में डाकबंगला रोड पर पछाड़ खाकर गिरती कोमल नजर आई। तो, वह उसका भ्रम नहीं था? फिर भी तस्दीक के लिए पूछ बैठा, 'कोमल को क्या हुआ?'

'सुना है, डाकबंगले पर पुलिस लाठीचार्ज हुआ है। उसी में घायल हुई है, शायद!' पिता की आवाज में आशंका, असमंजस, अतिरेक क्या था, वह नहीं समझ पाया।

बस हवा की रफ्तार से मेडिकल कॉलेज अस्पताल की ओर भागा।

कोमल इमरजेंसी में थी। नीम बेहोशी की हालत में। चेहरे पर ऑक्सीजन मास्क चढ़ा था। वह जैसे जीवन-मृत्यु से संघर्ष कर रही थी। उसकी आंखें बंद थीं। उन बंद आंखों में कोई सपना था या नहीं, वह नहीं जान पाया। उसने भारी मन से करिश्मा को फोन पर कोमल के बारे में बताया। अगले ही पल करिश्मा ने कहा, 'लो, शांतनु से बात करो।'

शांतनु लाइन पर था, 'डोंट वरी। मैं मेडिकल सुपरिटेंडेंट को बोलता हूं। वह अटेंशन लेगा।' लगे हाथ उसने आदेश दनदना दिया, 'तुम ऑफिस पहुंचो। अरजेंट।'

उधर से कॉल कट चुकी थी। उसने बेबसी से मोबाइल को देखा और कोमल को उसके हाल पर छोड़ चलता बना।

ऑफिस में शांतनु उसका इंतजार करता मिला। उस पर नजर पड़ते ही उसने उसका गर्मजोशी से स्वागत किया, 'आओ...आओ, मैं तुम्हारे ही इंतजार में बैठा था। सुनो, कोमल की स्टोरी सिर्फ तुम्हारे पास है। यह हमारे चैनल के लिए एक्सक्लूसिव होगी। प्लीज...फटाफट एक स्क्रिप्ट तैयार कर दो!'

'लेकिन... कोमल तो सीएम का विरोध कर रही थी। वह पुलिस ज्यादती का शिकार हुई है।' उसने निहायत बेचारगी से खुद को बचाने की कोशिश की।

'अरे यार, हमने सीएम की बाइट ले ली है। ये देखो...।' शांतनु ने मॉनिटर ऑन कर दिया।

'हम सूबे के नौजवानों के जज्बे की कद्र करते हैं। उनके सपने मेरे सपने हैं। हम उनके सपने मरने नहीं देंगे। हम आज अपने जन्मदिन पर उनका मानदेय एक हजार रुपए बढ़ाने की घोषणा करते हैं।' मॉनिटर ऑफ करते हुए शांतनु ने कहा, 'तो स्टोरी लाइन यह बनती है कि सीएम सूबे के नौजवानों की बेहतरी के लिए फिक्रमंद हैं। नौजवान सपने जरूर देखें। लेकिन उन सपनों को साकार होने तक उन पर भरोसा रखें।'

वह विमूढ़-सा शांतनु को देखता रह गया। शांतनु स्टोरी लाइन बताकर वहां से एक झटके में निकल गया।

जिस वक्त उसकी एक्सक्लूसिव स्टोरी चैनल पर चल रही थी, वह मेडिकल कॉलेज अस्पताल में था। कोमल ऑक्सीजन के सहारे सांस ले रही थी। उसकी आंखें अब भी बंद थीं, गोया किसी सपने में मुब्तिला हों। उसने डॉक्टर से जानना चाहा कि कोमल की हालत कैसी है। डॉक्टर ने कुछ भी स्पष्ट बताने में लाचारी जाहिर की।

उसकी स्टोरी हिट हो गई थी। चैनल का टीआरपी उछाल पर था। उसे बधाइयों पर बधाइयां मिल रही थीं। स्वयं सीएम ने उसे फोन कर बधाई दी और मिलने का आमंत्रण भी दिया।

उस दिन उसने सपने दिखाने की कला सीख ली थी। अब वह सपने नहीं देखता। सिर्फ सपने दिखाता है।

सदमा

कोई दवा कारगर नहीं हो रही थी। तमाम इलाज बेअसर साबित हो रहे थे। सुदर्शन बाबू की तबीयत दिनोदिन बदतर होती जा रही थी। घरवालों की समझ में नहीं आ रहा था कि बैठे-बिठाए उन्हें ऐसा क्या हो गया है कि दवा-दुआ कुछ भी काम नहीं कर रही। पूरा घर सदमे में था। घर माने तीन कमरों का पुश्तैनी-पुराना मकान। बीवी, दो बेटियां और एक बेटा। अच्छा-खासा, खाता-पीता परिवार। बड़ी बेटी बी.ए. के बाद मास कम्युनिकेशन का कोर्स कर रही है। बेटा बी.ए. फाइनल में है। यूपीएससी की तैयारी का इरादा है। छोटी बेटी इंटर में है। अभी उसका तय नहीं कि वह क्या करेगी। वैसे उसके मन में कई टार्गेट हैं। वह फैशन डिजाइनिंग, मॉडलिंग या फिर इवेंट मैनेजमेंट का कोर्स कर सकती है। कुल जमा इन पांच जनों का वह घर सुदर्शन बाबू की मौजूदा हालत से गहरे सदमे में है। सबकी आंखों में अंधेरा, चेहरे पर पीड़ा और मन में अजीब आशंका पल-पल गहरी होती जा रही है। सभी की चिंताएं साझा थीं, लिहाजा वे हर निदान-अनुष्ठान में प्राण-पण से एकजुट थे।

सुदर्शन बाबू पूरे घर को हलकान-परेशान चुपचाप देखते रहते। चेहरे पर न किसी तरह की प्रतिक्रिया होती न जिस्म जुबान में कोई जुंबिश। पहले की तरह बात-बेबात किसी भी काम में टपक पड़ने वाले सुदर्शन बाबू की यह तटस्थता या कहिए यह प्रतिक्रियाहीनता पूरे घर के लिए एक बड़ी घटना थी। उनकी पत्नी शीला देवी को आश्चर्य होता कि जो शख्स एक मिनट चुप और खाली नहीं बैठ सकता था, वह पिछले पंद्रह दिनों से इस कदर खामोश और बेखयाल है गोया कोई माटी का लोंदा हो। शुरू के एक-दो दिनों तक तो शीला देवी को लगता रहा कि सुदर्शन बाबू किसी बात पर नाराजगी का नाटक कर रहे हैं और धीरे-धीरे अपने-आप अपनी रौ में लौट आएंगे। दरअसल, यह उनकी पुरानी आदत थी। जब भी कुछ उनके मन के विरुद्ध होता, वह एकदम चुप्पी खींच लेते। उनके व्यवहार में इस कदर अजनबीपन होता कि शीला देवी को ताज्जुब होता कि यह आदमी अपने ही घर में अपने ही लोगों के प्रति अपरिचितों-सा स्वांग कैसे कर लेता है? लेकिन यह सुदर्शन बाबू का अपना स्वभाव था। अपनी नाराजगी

व्यक्त करने का उनका यही तरीका था। धीरे-धीरे सभी इस स्वभाव के अभ्यस्त हो गए थे। हद से हद दो-ढाई दिनों तक तनी रहने वाली चुप्पी स्वतः ढीली पड़ती जाती। सुदर्शन बाबू सामान्य दिनचर्या में लौट आते। बच्चे मंद-मंद मुस्कराते। पत्नी राहत की सांस लेती। बात आई-गई हो जाती।

लेकिन इस बार सुदर्शन बाबू की चुप्पी निहायत असामान्य थी। जैसे-जैसे दिन बीतते जा रहे थे, पूरा घर आतंक और आशंकाओं की गहरी गिरफ्त में जकड़ता जा रहा था। किसी की समझ में नहीं आ रहा था कि अच्छे खासे सुदर्शन बाबू को हो क्या गया? घर, दफ्तर, मुहल्ला, मित्र, अपने, पराये किसी के प्रति उनमें न राग रहा न विराग। न अजनबियत न वाकिफियत। कौन आया, कौन गया, किसने क्या कहा, क्या नहीं कहा जैसी किसी बात से कोई वास्ता नहीं। वह तो बस, निर्निमेष आंखों से टुकुर-टुकुर ताकते रहते। आंखें हवा में कही अटकी होतीं, चेहरा शून्य में कहीं जड़ होता। पहली नजर में बीमार लगते।

कई लोगों से राय-मश्विरे के बाद, तय यही पाया गया कि उन्हें किसी अच्छे डॉक्टर से दिखाया जाए। आखिरकार शहर के एक फिजिशियन ने कई दिनों तक कई दवाइयां चलाने के बाद कुछ टेस्ट कराए और जांच-मुआयने के बाद उन्हें किसी विशेषज्ञ डॉक्टर से दिखाने की सलाह दी। विशेषज्ञ डॉक्टर ने तमाम जांच रिपोर्ट देखने के बाद कुछ और टेस्ट कराने की हिदायत दी फिलहाल डॉक्टर ने कुछ दवाएं लिखते हुए सुदर्शन बाबू को कंपलीट रेस्ट की ताकीद की। स्ट्रेन एंड स्ट्रेस की आशंका जताते हुए डॉक्टर ने आश्वस्त किया था कि सुदर्शन बाबू जल्द ही ठीक हो जाएंगे। लेकिन जब हफ्ते-भर बाद भी सुदर्शन बाबू की हालत में कोई सुधार नहीं हुआ तो कई शुभचिंतकों ने व्रत, उपवास, झाड़-फूंक से लेकर मंशादेवी से मन्नत मांगने तक के उपाय सुझाए। हालात को देखते हुए व्रत-उपवास और मन्नत मांगने का काम पत्नी शीला देवी ने पूरे मन से किया, जबकि झाड़-फूंक, जंतर-मंतर का काम बच्चों ने संभाला। दवा और दुआ दोनों का सिलसिला चलता रहा। लेकिन सुदर्शन बाबू की स्थिति में कोई बदलाव नहीं आया।

सुदर्शन बाबू एक पारिवारिक व्यक्ति थे। बहुत ज्यादा नहीं तो सामान्यतः सामाजिक भी थे। मुहल्ले में उनका परिवार कभी खानदानी रईस था। अब भले वह रुतबा न हो, लेकिन पुराने लोग अभी भी अदब से दुआ-सलाम करते हैं। यही वजह है कि मुहल्ले में कभी किसी के यहां आयोजन अनुष्ठान होता है तो सुदर्शन बाबू उसमें शामिल जरूर होते हैं और अपनी ओर से न्योता देने में भी कोई कोताही नहीं करते। वैसे उनका स्वभाव एक तरह से ना काहू से दोस्ती, ना काहू से बैर वाला है। ज्यादातर वह घर, परिवार और दफ्तर में ही मग्न रहते हैं। सेक्रेटेरिएट में सेक्शन अफसर थे। तनख्वाह के अलावा ऊपर की कमाई की

भी गुंजाइश थी। लेकिन उन्होंने एक नया पैसा भी छूना हराम समझा। हालांकि, इस वजह से घर और दफ्तर, दोनों जगह उन्हें मुश्किलें भी आती रहीं। लेकिन उन्हें मुश्किलें मंजूर थीं, उसूलों से डिगना नहीं। यह उनका संबल भी था और सम्मान भी। उन्हें बस एक ही विश्वास था कि जब मैं किसी का बुरा नहीं करूंगा, तो कोई मेरा भी बुरा नहीं कर सकता।

उनका यह विश्वास कई कारणों से पक्का होता गया था। कई बार जब वह किसी परेशानी में पड़ते, पता नहीं कैसे कोई मदद को सामने आ जाता और फिर देखते ही देखते समस्या का समाधान निकल आता। कई बार तो बिलकुल औपचारिक या कि अनजान शख्स तक मददगार साबित हो जाता। तब वह पत्नी को गर्व से बताते, 'देखा, अच्छे लोगों की मदद ईश्वर कैसे करता है?' पत्नी को सुदर्शन बाबू का तर्क गले नहीं उतरता। लेकिन उनकी खुशी देखकर वह भी सहमति में सिर हिला देतीं। कुल जमा यह कि सुदर्शन बाबू अपनी रची दुनिया में अपनी तरह से सुखी थे।

ऐसा नहीं कि उन्हें दुःख व्यापता नहीं था। दुःख तो उन्हें बात-बात पर होता था। अखबार में छपी कई खबरों को लेकर भी दुःखी हो जाते थे। टीवी पर आ रहे अनाप-शनाप कार्यक्रमों से भी क्षुब्ध होते थे। मुहल्ले में कहीं, कोई अवांछित होता जानकर भी मन गहरे तक दुःखी होता था। ऐसे में वह इन दुखों पर जमकर बहस करते या अफसोस जताकर मन को शांत कर लेते थे। ऐसे वक्तों पर वह अक्सर बच्चों को भी हिदायत दे डालते, 'भई, सावधान रहा करो। जमाना ठीक नहीं है।'

बेटा कभी-कभी टोक देता, 'पापा जमाने से डरकर भी तो नहीं रहा जा सकता।'

'लेकिन खामख्वाह सींग भिड़ाई जाए यह भी तो बुद्धिमानी नहीं।' सुदर्शन बाबू समझाते। एकदम उस कर्तव्यपरायण पिता की तरह, जिसे जवान होते बेटे के बदल रहे लक्षणों में आशंका बलवती होती दिखती।

बातें-बहसें होतीं तो प्रकारांतर से पूरे घर में यह संदेश जाता कि शरीफ लोगों को अपनी इज्जत का खुद खयाल रखना चाहिए और जैसे भी हो, जितना भी हो, बच-बचाकर चलने में ही भलाई है। सुदर्शन बाबू को इत्मीनान होता और यह सोचकर गर्व भी कि उनके बच्चे भी किसी लंद-फंद में नहीं थे। पढ़ाई-लिखाई और कैरियर को लेकर संजीदा अपने बच्चों पर उन्हें पूरा भरोसा था कि वह जैसा चाहते थे लगभग वैसा ही चल रहा है।

इन तमाम आश्वस्तियों के बावजूद, सुदर्शन बाबू चौकस रहते। लेकिन उस वक्त उनकी बेचैनी कुछ ज्यादा ही बढ़ जाती, जब पता चलता कि मुहल्ले के कई लड़के गलत रास्ते पर चल पड़े हैं। इन लड़कों के दारू पीकर धमा-चौकड़ी

करने और लड़कियों से छेड़खानी के किस्से तो आए दिन सुनने को मिलते। कभी-कभार उन्हें लड़कियों के किस्से भी चौंका जाते। आमतौर पर इस मुहल्ले की लड़कियां ज्यादातर गऊ की तरह ही मानी जाती रही हैं। लेकिन पिछले कुछ वर्षों से यह धारणा चरमराकर टूटी है। अचानक एक दिन मुहल्ले की एक लड़की किसी विजातीय लड़के के साथ भाग गई, तो मुहल्ला सनसनी से भर उठा। महीनों तक यह आग कई घरों को डराती रही। स्वयं सुदर्शन बाबू इस लपट से घर को बचाने की जुगत में लगे रहे। जब तक यह आग ठंडी हुई, एक अन्य लड़की ब्यूटी पार्लर में देह व्यापार करती पकड़ी गई। शर्म से सुदर्शन बाबू का चेहरा काला पड़ गया। वह कभी वक्त को कोसते, कभी उन मां-बापों को जो अपने बच्चों पर ध्यान नहीं दे रहे थे। उन्हें इस बात की खुशी थी कि वह एक अच्छे पिता की तरह अपने बच्चों पर पूरा ध्यान देते हैं। दिन पर दिन खराब होते जा रहे वक्त को लेकर सुदर्शन बाबू चिंतित रहते। घर हो या दफ्तर, पास-पड़ोस हो या मित्र-रिश्तेदारों के साथ मिलना-बैठना किसी न किसी बहाने कठिन होते जा रहे वक्त का जिक्र आ ही जाता और तब सुदर्शन बाबू लक्ष्य करते कि सबके सब गहरे तक चिंतित दिख रहे हैं। कई बार तो ज्यादातर लोग इस कदर हताशा से भरे होते कि लगता अब हालात किसी भी कीमत पर नहीं बदलने वाले। ऐसे में वह उद्विग्न हो सवाल कर बैठते, 'क्यों, ऐसा क्यों सोचते हैं आप?'

'समय दिन पर दिन खराब होता जा रहा है। नहीं लगता कि कुछ बदलने वाला।' अक्सर निर्णायक उत्तर मिलता।

'तो क्या लोग चाहते ही नहीं कि हालात बदले?' वह जिज्ञासु-सा मासूम सवाल करते।

'कौन नहीं चाहता कि हालात बदलें। लेकिन भइया, हालात बदलेंगे ऐसा नहीं लगता।' कोई-कोई जब इस कदर हथियार डाल देता तो सुदर्शन बाबू की बेबसी वाकई कुछ ज्यादा ही गहरा जाती। यह उनकी अकेली बेबसी नहीं थी। उनके जैसा हर पढ़ा-लिखा इंसान कमोबेश ऐसी ही असहायता में जड़ था। सभी यह मानते थे कि हालात बद से बदतर होते जा रहे हैं। कोई इस बात की गारंटी नहीं दे सकता कि घर से सही-सलामत निकला है तो वह सही-सलामत घर लौट ही आएगा। लोग तो यहां तक कहने लगे थे कि आप इसलिए सही सलामत हैं कि आप की किस्मत अच्छी है। और किस्मत का क्या कब किस दिन आप लुट जाएं, कोई नहीं जानता। ये सारी मुश्किलें शराफत से जाने की चाहत से पैदा हुई थीं या शराफत के दायरे में सिमट-सिकुड़कर जीने के लिए बाध्यकारी थीं, कहना आसान नहीं था। लेकिन एक बात साफ थी कि सुदर्शन बाबू जैसे तमाम लोगों के मन में सोते-जागते हर वक्त एक गहरा खौफ स्थायी रूप से घर किए बैठा था।

यह खौफ ही था कि सुदर्शन बाबू भीतर-बाहर से हर वक्त चौकन्ने रहते। आमतौर पर देर रात तक घर से बाहर न खुद रहते, न बच्चों को रहने देते। घर में तो बाहरी दरवाजा हर वक्त बंद रखने की सख्त हिदायत दे रखी थी। बेटा इस पाबंदी पर टोका-टोकी करता, तो वह उसे घुड़क देते, 'मुसीबत बताकर नहीं आती। एहतियात बरतना जरूरी होता है। अपनी तरफ से सावधान रहने में हर्ज क्या है?'

तो, एक तरह से जिंदगी बचा-बचाकर पटरी पर ही चल रही थी। लेकिन अचानक एक दिन सबकुछ अनपेक्षित हो गया। रोज की तरह ही वह ऑफिस से घर के लिए चले थे। रोज की तरह ही वह बस स्टॉप पर उतरे थे। रोज की तरह ही, कुछ सब्जियां खरीदी थीं। बनारसी की दुकान पर खड़े होकर पान खाया था और रोज की तरह ही मुहल्ले की गली पकड़ ली थी। शाम ढल चुकी थी। धुंधलका घिर आया था। तकरीबन सात बजे होंगे। स्ट्रीट लाइटें तो खैर न कभी जलीं न उस दिन जल रही थीं। हां, इक्का-दुक्का घरों से आती रोशनियों से गली में कहीं-कहीं उजाला छितराया दिख रहा था। यह सब कुछ रोज की तरह ही था। घर भी करीब ही था। बस, एक नुक्कड़ पार किया और आधा फर्लांग चले कि पहुंच गए। घर का मुख्य द्वार नुक्कड़ से साफ-साफ दिखता था। कई बार तो नुक्कड़ पर पहुंचते ही समझ जाते कि खिड़की से पत्नी झांक रही है या बेटी। ऐसे में आंखों में चमक जागती और होंठों पर मुस्कान गहरा जाती। वह पान की पीक थूकते और तेज कदमों से घर की ओर लपक लेते।

उस दिन भी उन्होंने नुक्कड़ पर पहुंचकर पान की पीक फेंकने के लिए मुंह बाईं ओर घुमाया ही था कि अचानक वह हुआ, जिसकी उन्होंने सपने में भी कल्पना नहीं की थी। चार लड़कों ने उन्हें घेर लिया था। सबके मुंह पर रूमाल बंधा था। आंखें लाल थीं। मुंह से शराब की बदबू आ रही थी। दो लड़कों के हाथ में रिवाल्वर थे। उनमें से एक ने उनके करीब सटते हुए रिवाल्वर की नोक उनकी पसली से सटा दिया था। बाकी लड़कों ने उन्हें इस तरह घेर रखा था गोया अगल-बगल खड़े हो, उनसे बतिया रहे हों। अप्रत्याशित हुई इस घटना से वह एकबारगी सकते में आ गए थे। न बोल फूट रहे थे, न विरोध का साहस जुट रहा था। दो लड़कों ने उनकी जेबें टटोलीं। जेब में दो-चार सौ जो थे, सब समेट लिए। फिर उन लड़कों ने मोबाइल और घड़ी की मांग की। उन्होंने बगैर हील-हुज्जत के मोबाइल और घड़ी दे दी। लड़के सब समेटते हुए इस तरह चुपचाप आगे बढ़ लिए गोया उनका मकसद पूरा हो गया हो। न शोर-शराबा, न हाथा-पाई। वह खड़े-खड़े ठीक अपने घर के नुक्कड़ पर लुट गए थे। कुछ देर तक तो उनकी समझ में ही नहीं आया कि हुआ क्या है? और जब समझ आया तो वह

सन्न रह गए कि यह सब कुछ कैसे हो गया? वह जब तक अपने-आप में लौटते, सामने से आ रहे मोती बाबू ने टोका, 'सुदर्शन बाबू, क्या हुआ? काहे ऐसे गुमसुम खड़े हैं?'

मोती बाबू की उपस्थिति से सहसा साहस भी लौटा। हालांकि दहशत फिर भी बरकरार थी। लेकिन इतना जरूर हुआ कि मोती बाबू को सामने पाकर उनकी बेचारगी को जैसे संबल मिल गया। वह एक ही सांस में अभी-अभी अपने साथ हुए, वाकये की जानकारी देते हुए वह इस कदर क्षोभ और बेबसी से भर गए कि उनका सीना धौंकनी की तरह फूलने-पिचकने लगा था। बात पूरी होते न होते उनका गला भी रुंध गया था।

मोती बाबू तो सारा वाकया सुन खुद हत्प्रभ रह गए। फिर सुदर्शन बाबू को ढाढ़स बंधाते हुए बोले, 'क्या जमाना आ गया है। बताइए, अब सांझ-सकारे भी आदमी सुरक्षित नहीं। छोड़िए, जो हुआ सो हुआ। चलिए, हम आपको घर तक छोड़ आते हैं।'

'नहीं मोती बाबू, घर नहीं। सुदर्शन बाबू के भीतर छुपा साहस लौट आया था, 'चल सकते हैं तो थाने तक चलिए। रपट लिखाना जरूरी है।'

मोती बाबू कसमसाए। जुग-जमाने का हवाला देते हुए समझाने लगे, ' छोड़िए सुदर्शन बाबू, लुच्चे-लफंगों से दुश्मनी मोल लेना ठीक नहीं। सब साले लोकल ही होंगे। क्या पता कल को कोई और मुसीबत खड़ी कर दें।'

'मोती बाबू, बिल्ली का दूध पीना नहीं, रोज-रोज का परकना खतरनाक है। चुप बैठने से उनका मनोबल बढ़ेगा।' सुदर्शन बाबू ने कुछ इस तरह प्रतिवाद किया कि मोती बाबू को बोलते नहीं बना। मोती बाबू बेमन से ही सही, सुदर्शन बाबू के साथ हो लिए। थाने में कई टोका-टोकियों के बाद थानेदार से मुलाकात संभव हो पाई। परिचय जानकर थानेदार ने सुदर्शन बाबू को अपने सामने की कुर्सी पर बैठने को कहा। मोती बाबू भी बगल की कुर्सी पर बैठ गए। थानेदार ने एक गिलास पानी मंगाया। सुदर्शन बाबू को पानी पीने का इशारा करते हुए बोला, 'आपके बारे में सुना था। आप तो होम डिपार्टमेंट में हैं न?'

'जी...जी। इस तरह अपने-आपको पहचाने जाने पर उन्हें थोड़ा सुकून मिला, यहीं रामबाग में अपना घर है। आज जो कुछ हुआ...।'

'क्या हुआ? कोई प्रॉब्लम?' थानेदार ने सतर्क हो जिज्ञासा जाहिर की।

'ऑफिस से लौट रहा था। गली के नुक्कड़ पर चार लड़कों ने रिवाल्वर भिड़कर मुझसे लूटपाट की।' आवेश में लगभग फट पड़े सुदर्शन बाबू।

'आयं!' थानेदार चौंका। उसकी पेशानी पर बल पड़ गए थे। उसने कड़क स्वर में कहा, 'जरूर साले लोकल होंगे। जब तक दो पकड़ाता नहीं है, तब तक चार नए खड़े हो जाते हैं। पुलिस भी क्या करें?'

'जी, जो करेगी पुलिस ही करेगी। पुलिस का दबदबा रहे तो मजाल है कि क्राइम हो जाए?' सुदर्शन बाबू ने प्रतिवाद किया।

' जी! कहते तो आप ठीक हैं। लेकिन इसमें पब्लिक का भी सपोर्ट जरूरी है। लोगों को भी आगे आना चाहिए।' थानेदार समझदार ही नहीं विनम्र भी था।

'मुझे रिपोर्ट लिखवानी है।' सुदर्शन बाबू थानेदार से बहस में उलझने के बजाय सीधे अपनी बात पर आ गए।

'हां...हां!' थानेदार भी सीरियस हो गया, 'अच्छा क्या हुआ? कैसे हुआ? सब डिटेल में बताइए तो!'

अपने साथ हुई पूरी वारदात को सुदर्शन बाबू ने हू-ब-हू वैसे ही बताया, जैसे फिल्म की रील दुबारा चला दी गई हो। अपनी तफसील खत्म करते न करते सुदर्शन बाबू की आंखों में खौफ फिर तिर आया था। मोती बाबू जो अब तक चुपचाप बैठे थे, उनके कंधे पर हाथ रखते हुए बोले, 'सुदर्शन बाबू, हिम्मत रखिए, हिम्मत। इंस्पेक्टर साहब सालों को नहीं छोड़ेंगे।'

थानेदार सचमुच गंभीर था। उसने उसी गंभीरता से पूछा, 'अच्छा, वे चार थे कि तीन?'

'जी चार थे।'

'दो के पास रिवाल्वर था?'

'जी। दोनों मेरे दाएं-बाएं रिवाल्वर सटाए हुए थे।'

'संयोग है, कुछ बड़ी घटना नहीं हुई।' अपनापे से भरे थानेदार ने सहानुभूति जताई, 'अच्छा किए कि आप विरोध नहीं किए। नहीं तो सालों का क्या भरोसा, गोली भी चला देते।'

'हां, ये तो है।' सुदर्शन बाबू ने ठंडी आह भरी, 'यही सोचकर तो चुप लगा गए।'

'कैश कितना लूटा?' थानेदार ने जैसे तफतीश शुरू की।

'जी, तीन-साढ़े तीन सौ रहा होगा!'

'और कुछ?'

'जी, मोबाइल और घड़ी!'

'मोबाइल किस कंपनी का था?'

'जी, सैमसंग!'

'महंगा होगा?'

'तीन हजार का था।'

'और घड़ी?'

'ठीक से तो याद नहीं।' सुदर्शन बाबू ने स्मृति पर जोर देते हुए कहा, 'यही करीब पांच सौ की होगी ही।'

‘हूं।’ थानेदार पूर्ववत् गंभीर था, ‘कुल चार हजार का माल सालों के हाथ लगा है। इसका मतलब साफ है, साला कोई नया-नया लफुआ है सब। दारू पी के छिनछोरी करता है।’ थानेदार ने सुदर्शन बाबू के चेहरे पर अपनी आंखें टिकाते हुए पूछा, ‘मोबाइल की रसीद तो होगी ही। लाए हैं, क्या?’

‘रसीद!’ सुदर्शन बाबू सकपकाए, ‘रसीद तो नहीं लाया।’

‘अच्छा तो एक काम करिए। हम मुंशी जो को बोल देते हैं, आप रसीद लेकर आइएगा तो वह रिपोर्ट लिख लेंगे। और हां...।’ थानेदार ने बेहद आत्मीयता के साथ पूछा, ‘चाय पिएंगे?’

‘न...न...नहीं।’ सुदर्शन बाबू हकला गए। समझ नहीं पा रहे थे कि क्या करें। उठकर चल दें या रिपोर्ट लिखने की जिद करें।

‘चलिए सुदर्शन बाबू!’ मोती बाबू उठ खड़े हुए थे।

सुदर्शन बाबू भी खड़े हो गए। थानेदार भी खड़ा हो गया। दोनों हाथ जोड़कर नमस्कार करते हुए बोला, ‘सुदर्शन बाबू, कहिए तो साथ में एक सिपाही लगा दें। वैसे डरने की बात नहीं है।’

सुदर्शन बाबू ने भीतर उठ रही घुमड़न को काबू में करते हुए कहा, ‘नहीं हम चले जाएंगे।’

‘वो तो भगवान का शुक्र मनाइए कि कुछ ज्यादा नुकसान नहीं हुआ। नहीं तो दारूबाज लौंडों का कोई ठिकाना नहीं... साले गोली ही चला देते तब...?’ थानेदार ने उनकी सलामती को लेकर बेहद आत्मीयता से चिंता जताई।

सुदर्शन बाबू को देह में झुरझुरी छूट गई। बड़ी मुश्किल से स्वयं को संभाल पाए। मोती बाबू आगे बढ़ गए थे। सुदर्शन बाबू ने हताशा के-से स्वर में थानेदार से कहा, ‘कहते तो आप ठीक हैं। लेकिन एक बात बताइए।’ सुदर्शन बाबू ने थानेदार की आंखों में आंखें डालकर पूछा, ‘ मेरे भरोसे की कितनी कीमत होगी?’

‘जी, मैं...मैं कुछ समझा नहीं?’ थानेदार आंखें चुराते हुए हकलाया। उसके चेहरे पर उलझन साफ दिख रही थी।

‘मुझे पैसे-सामान लुटने का अफसोस नहीं। अफसोस मेरे भरोसे के लुट जाने का है।’ सुदर्शन बाबू की आवाज थरथराने लगी थी। वह अंदर तक आहत थे।

आवेग, आवेश, अतिरेक को दबाए-छुपाए सुदर्शन बाबू तेजी से बाहर निकल गए थे। मोती बाबू बाहर खड़े थे। दोनों चुपचाप घर लौट आए थे। रास्ते भर किसी ने कोई बात नहीं की थी। घर में सुदर्शन बाबू के बजाय मोती बाबू ने ही सारे वाकये की जानकारी दी। पत्नी, बच्चे सबके सब आतंक और आशंका में डूबे पूरी रात बेचैन रहे। वह रात ईश्वर को धन्यवाद देने और भविष्य में सबकी रक्षा की गुहार में गुजरी। सुबह हुई। लेकिन सुदर्शन बाबू के दिल-दिमाग

में वह रात इस कदर ठहरी हुई थी कि वह अपने-आप में नहीं लौट पा रहे थे। दिन पर दिन गुजरते गए, लेकिन सुदर्शन बाबू तो जैसे सुदर्शन बाबू रह ही नहीं गए थे। खाने-पीने, बोलने-बतियाने, सोने-जागने से एकदम निरपेक्ष-निर्विकार।

वक्त गुजरने के साथ-साथ सारी दवा-दुआ नाकाम होती जा रही थी। डॉक्टरों ने हाथ खड़े कर दिए थे। पत्नी-बच्चे उनकी इस हालत पर बार-बार रोने-कलपने के अलावा किसी चमत्कार की उम्मीद में थे। वह चमत्कार होगा भी या नहीं, कोई गारंटी के साथ नहीं कह सकता। वैसे आपने ऐसा कोई चमत्कार होते देखा हो, तो कृपया सुदर्शन बाबू के परिवार को जरूर सूचित करें। यह बड़ा पुण्य का काम होगा।

अम्मी

लड़की तब भी डरी हुई थी। लड़की अब भी डरी हुई है। इस स्पेशल ट्रेन की बोगी में, जिसे रेलवे ने 'समर स्पेशल' के रूप में चलाया था। वह जब दाखिल हुई तो इकलौती यात्री थी। अपने कूपे में, अपनी लोअर रिजर्व बर्थ पर अपना एयरबैग रखकर बैठने के साथ ही उसके दिमाग में जो पहला खयाल कौंधा था, वह यह कि उसके सामने और ऊपर वाली बर्थों के यात्री कौन होंगे? अभी तक कोई आया क्यों नहीं है?

इन सवालों के बीच, अचानक उसे खयाल आया कि वह ट्रेन के डिपार्चर शिड्यूल से काफी पहले आ गई है, लिहाजा बोगी में दूसरे मुसाफिरों की आमद नहीं हुई है। धीरे-धीरे लोग आएंगे और यह खालीपन थोड़ी ही देर में शोर-ओ-गुल में बदल जाएगा।

लड़की आश्वस्त हुई और एयरबैग की जिप खोलकर कुछ तलाशने लगी। अगले ही पल उसने वह किताब निकाली, जिसे वह पहले से ही पढ़ रही थी और हॉस्टल से चलते वक्त उसने तय किया था कि इसे वह ट्रेन में खत्म कर डालेगी। उसने किताब के पन्ने पलटने शुरू किए और फिर उस सफे पर आकर रुक गई, जहां से उसे पढ़ना था। सहसा उसे महसूस हुआ कि बोगी में एसी चालू नहीं है, इसलिए गर्मी कुछ ज्यादा महसूस हो रही है। इस गर्मी में कुछ अजीब-सी चिपचिपाहट थी। उसने तत्काल अपना हैंडबैग खोला और रूमाल निकालकर माथे पर फिराया। माथे पर पसीना नहीं था, लेकिन फिर भी उसने रूमाल को इस तरह फिराया, गोया पसीना सुखा रही हो। इस उद्यम के बावजूद, वह यह सावधानी बरत रही थी कि उसका मेकअप खराब न हो। हालांकि उसने कुछ खास गहरा मेकअप नहीं किया हुआ था, लेकिन चौबीस साल की लड़की अपने प्रति जितनी सतर्क होती है, उतनी सर्तकता तो उसमें थी ही। इसी वजह से वह चेहरे पर रूमाल फिराते हुए भी सावधानी बरत रही थी कि पसीने और रूमाल के बीच उसका सौंदर्य विद्रूप न हो। उसने आखिरी बार रूमाल अपनी गर्दन पर फिराया और अपने टॉप को दोनों हाथों से ठीक किया।

ऐन इसी वक्त उसके मोबाइल की घंटी बजी। स्क्रीन पर उसकी रूम पार्टनर दिया का नाम चमक रहा था। उसने झट से कॉल रिसीव की और एक ही सांस में बोलती चली गई, 'हां यार, ट्रेन में तो बैठ गई हूं। बर्थ भी ठीक है। बट यू नो...एसी चल नहीं रहा। बोगी भी खाली-खाली है। कोई पैसेंजर ही नहीं नजर आ रहा। हां...हां...आई नो, मैं बहुत पहले ही आ गई। बट यार, तू तो ट्रैफिक का हाल जानती ही है। थैंक्स गॉड ट्रैफिक जाम नहीं मिला, इसलिए इतना बिफोर पहुंच गई। चल कोई नहीं। टेक केयर। मैं फिर कॉल करती हूं।'

लड़की ने कॉल कट किया। हैंड बैग से ईअर फोन निकाला, कॉड मोबाइल में खोंसा और एफएम बैंड लगाकर गाने सुनने लगी। इसी दौरान एक बुजुर्ग डिब्बे में दाखिल हुए। ट्रॉली बैग को खींचते हुए वह क्षण-भर को उसके सामने रुके। लड़की ने बुजुर्ग को ऊपर से नीचे तक देखा। टी शर्ट और नीली जींस के साथ स्पोर्ट्स शूज में वह वाकई स्मार्ट लग रहे थे। दीप्त चेहरा और होंठों पर रुकी-सी मुस्कान। फुर्ती से भरे हुए। उन्होंने बर्थ के नंबरों को गर्दन झुकाकर पढ़ा और ट्रॉली बैग खींचते हुए आगे बढ़ गए। लड़की ने पलटकर देखा। बुजुर्ग लगातार बर्थों के नंबर पढ़ते हुए आगे बढ़ रहे थे।

लड़की ने किताब खोली और पढ़ना शुरू कर दिया। गर्मी बढ़ती जा रही थी और लड़की समझ नहीं पा रही थी कि एसी चल क्यों नहीं रहा? उसकी समझ में यह भी नहीं आ रहा था कि इस बाबत उसे करना क्या चाहिए? बोगी में रेल का कोई मुलाजिम भी नजर नहीं आ रहा था, जिससे एसी चलाने के लिए कह सके। उसके चेहरे पर तनाव साफ नजर आने लगा था। उसका दिमाग एसी में अटक गया था। उसने उचककर बोगी में उस तरफ देखने की कोशिश की, जिधर वह बुजुर्ग ट्रॉली बैग खींचते हुए गए थे। आखिरी छोर तक न बुजुर्ग नजर आए, न ही उनकी उपस्थिति की कोई सुग-बुग मिल रही थी।

बोगी का खालीपन खलने लगा। वह उचक-उचककर प्लेटफार्म की तरफवाली खिड़की के बाहर देखने लगी। प्लेटफार्म पर भी इक्का-दुक्का लोग क्षण-भर को ठिठकते, बोगी का नंबर देखते और आगे बढ़ लेते। लड़की की बेचैनी बढ़ती जा रही थी। वह झटके से अपनी बर्थ से उठी और प्लेटफार्म की तरफ पड़नेवाले दाएं गेट के पास जाकर खड़ी हो गई। दाएं-बाएं झांकते हुए उसने प्लेटफार्म पर दूर-दूर तक नजर दौड़ाई। अचानक बाईं ओर से नीली वर्दी में आता रेलवे का एक मुलाजिम दिखा। उसने उस पर नजर टिका दी। मुलाजिम के करीब आते ही उसने उसे टोका, 'भइया, एक्सक्यूज मी...।'

रेलवे का मुलाजिम ठिठका। उसे सवालिया निगाह से देखता खिड़की के पास आया। लड़की ने सीधे सवाल किया, 'भइया, इसका एसी क्यों नहीं चल रहा?'

उस आदमी के चेहरे से लग रहा था कि लड़की का सवाल उसे नागवार गुजरा है। लड़की भीतर ही भीतर सकपकाई। लेकिन अगले ही पल वह आदमी उसकी आंखों में झांकते हुए मुस्कराया, ' मैडमजी, यह स्पेशल ट्रेन है। इसका तो भगवान ही मालिक है।'

उस आदमी के उसकी आंखों में बेशर्मी से झांकने से या ट्रेन के बारे में किए गए उसके व्यंग्य से लड़की असहज हो गई। वह गहरे क्षोभ के साथ पलटी और अपनी बर्थ पर जाकर यूं धम्म से बैठ गई, गोया वह उसका 'सेफ्टी जोन' हो।

खाली बोगी, बंद एसी, बढ़ती गर्मी और उस रेलवे मुलाजिम के व्यवहार ने लड़की की सहजता को इस कदर अपनी गिरफ्त में ले लिया था कि उसके जी में आया, बैग उठाए और वापस लौट जाए। लेकिन अगले ही क्षण यह खयाल बुलबुले की तरह बैठ गया। उसका घर पहुंचना निहायत ही जरूरी था। पापा ने साफ-साफ बताया था, 'बेटा, बड़ी मुश्किल से लड़के को छुट्टी मिली है।'

लड़की होंठों ही होंठों में बुदबुदाई। उसकी मुश्किल मुश्किल, मेरी मुश्किल कुछ नहीं! कितनी मुश्किल हुई टिकट लेने में? सारी ट्रेनें फुल। मानो पूरा हिन्दुस्तान ही ट्रेन से सफर पर निकला हो। नो रूम। वो तो भला हो ट्रेवल एजेंट का, जो उसने इस समर स्पेशल को खोज निकाला। पांच सौ रुपए एक्स्ट्रा लेते हुए भी उसने कितना तो एहसान जताया था, 'मैडम, इसके भी फुल होने में देरी नहीं लगेगी।'

'उंह! फुल तो क्या, पूरी की पूरी बोगी सांय-सांय कर रही है। साला एजेंट...।' लड़की ने मन ही मन ट्रेवल एजेंट पर अपनी भड़ास निकाली और अपनी बर्थ पर पांव फैलाते हुए अधलेटी-सी किताब पढ़ने का उपक्रम करने लगी।

बोगी के गेट पर कुछ हलचल-सी हुई। लड़की के कान उस हलचल पर जा टिके। सामान चढ़ाया जा रहा था। इसी बीच किसी महिला की आवाज उभरी, 'ठीक से देख लो, कुछ छूटा तो नहीं।'

'नहीं...पांच ही नग तो थे...सब आ गए।' यह किसी मर्द की आवाज थी।

लड़की की उत्सुकता बढ़ गई। बोगी में दाखिल कुछ लोगों की आमद ने उसे एक बार फिर आश्वस्त किया कि धीरे-धीरे लोग आएंगे और बोगी भर जाएगी। उसके कान अब भी उन आवाजों की ओर ही थे। किताब पढ़ने के उपक्रम में भी उसकी आंखें उसी ओर देख रही थीं, जिधर से वे आवाजें आ रही थीं। सामान घसीटने की आवाज लगातार उसी की ओर बढ़ती जान पड़ रही थी।

आगन्तुक मय सामान ठीक लड़की के पास वाली बंर्थ के पास आकर रुके। लड़की ने देखा, सबसे आगे एक युवक था। लहीम-शहीम। बीस-बाइस साल का गोरा-चिट्टा। चेहरा क्लीन शेव्ड। उसके पीछे बुर्के में एक औरत थी। लेकिन

उसका चेहरा खुला था। वह उम्र-दराज थी, बावजूद इसके वह खूबसूरत थी, वक्त के पन्ने में दबी पड़ी किसी पंखुरी की तरह। लड़का बर्थों के नंबर तजबीज रहा था। इत्मीनान होने के साथ उसने अपने पीछे मुड़कर आवाज लगाई, 'भाईजान, यही है, सोलह, सत्रह, अट्ठारह।'

युवक ने जिसे आवाज दी थी, उसने वहीं से कहा, ' ठीक है। अम्मी को बिठाओ। मैं बाकी सामान लेकर आता हूं।'

युवक ने अपने दाहिने हाथ से एक बड़ी-सी अटैची की हैंडिल थाम रखी थी। उसने अटैची लड़की के सामने वाली लोअर बर्थ के नीचे ढकलते हुए बुजुर्ग औरत से कहा, 'अम्मी, अभी आप यहीं बैठ जाइए। मैं बाकी सामान लेके आता हूं।'

अम्मी आगे बढ़ी। एक बार अपने इर्द-गिर्द देखा। घूमती गर्दन टिकी तो उनकी नजर लड़की की आंखों से टकराई। लड़की ने देखा, अम्मी के होंठों पर हल्की-सी-मुस्कराहट है जैसे किताब में रखी पंखुरी सरसराई हो। दिल में उतरती हुई इस मुस्कराहट के सम्मोहन में लड़की अम्मी को एकटक देखती रह गई। अम्मी सामने वाली बर्थ पर बैठ गई थीं। उन्होंने अपने कंधे पर टंगा बादामी रंग का बैग निकालकर अपने बगल में रखा और एक बार फिर इर्द-गिर्द का मुआयना किया। लड़की को अपनी ओर देखते हुए पाकर वह फिर मुस्कराईं। इस बार लड़की झेंप गई। लगा उसकी चोरी पकड़ी गई हो। उसने झट आंखें झुकाते हुए अपनी किताब के पन्ने पलटने शुरू कर दिए।

युवक एक अटैची और एक एयरबैग लिये-दिये फिर नमूदार हुआ। इस बार उसके पीछे एक और युवक था। उतना ही गोरा। उतना ही खूबसूरत, जितना पहला युवक था। लेकिन उसके चेहरे पर दाढ़ी थी। उसने पहले युवक की तरह टी शर्ट और जींस के बजाय पठानी सूट पहन रखा था। वह पहले वाले युवक के पीछे से ही उसे हिदायत दे रहा था, 'आजम, अटैची बर्थ के नीचे रख। एयरबैग ऊपर रख दे।'

'आजम' लड़की ने मन ही मन दोहराया–तो, इस लड़के नाम आजम है!

आजम सामान जमाने लगा था। दूसरा युवक भी करीब आ गया था। उसके पास दो बड़ी-बड़ी अटैचियां थीं। उन अटैचियों को खींचकर लाने में वह पसीने-पसीने हो रहा था। आजम ने उन अटैचियों को लड़की वाली बर्थ के नीचे ढकेलकर जमाना शुरू किया। आजम की इस अप्रत्याशित हरकत से लड़की को झुंझलाहट-सी हुई। उसने इसी कोफ्त में बर्थ के नीचे पड़ी अपनी सैंडिलों को देखा। एक सैंडिल उलटी हो गई थी, जबकि दूसरी एक अटैची के कोने से दबी हुई थी। लड़की तिलमिलाकर रह गई। जी में आया, आजम को कसकर झाड़ पिलाए, 'अंधे हो, जो मेरी सैंडिल नजर नहीं आई।' लेकिन अम्मी पर नजर पड़ते

ही उसकी कसमसाहट पता नहीं कैसे काफूर हो गई। लड़की अपनी सैंडिल ठीक करने के लिए जैसे ही झुकी, अम्मी ने आजम को झिड़का, 'आजम, नीचे सैंडिल है। तुम्हें देखकर सामान लगाना चाहिए था।'

आजम को अम्मी का टोकना नागवार लगा। कोई जवाब देने के बजाय वह तन्नाया-सा दूसरे युवक की ओर मुखातिब हो गया, 'भाईजान, आप बैठिए। मैं पानी की बॉटल लेकर आता हूं।'

'क्यों ट्रेन में नहीं मिलेगी क्या?' भाईजान ने पूछा।

'ये स्पेशल ट्रेन है। इसका खुदा ही मालिक है।' आजम बगैर रुके झटके से आगे बढ़ गया।

अम्मी ने तेज आवाज में चेताया, 'जल्दी आना। ट्रेन का टाइम हो गया है।'

पता नहीं आजम ने अम्मी की हिदायत सुनी या नहीं, लेकिन अम्मी को यकीन था कि आजम ने उनकी बात अनसुनी की है। उन्होंने दूसरे युवक से, जिसे आजम ने भाईजान कहकर संबोधित किया था, शिकायती लहजे में कहा, 'इस लड़के का कोई भरोसा नहीं। अल्ला जाने कब अकल आएगी।'

वह युवक जो बुरी तरह पसीने-पसीने हो आया था, अम्मी की बर्थ पर बैठकर रूमाल से मुंह पोंछते हुए बोला, 'अम्मी, आजम की शादी कर दीजिए। अकल ठिकाने आ जाएगी।'

'इस बदमगज से कोई शादी ना करने वाली।' अम्मी ने खिसियाए लहजे में खिल्ली उड़ाई।

'क्यों? वो पाकिस्तानवाली तो राजी है?' युवक ने दलील दी।

लड़की चिहुंकी– पाकिस्तानवाली! तो इनका रिश्ता पाकिस्तान से जुड़ा है? लड़की सतर्क हो गई। उसकी सारी चेतना कान बन गई।

' खामख्वाह राजी है। आजम ही गले पड़ा है।' अम्मी ने युवक की दलील को खारिज करने की कोशिश की।

'पहल तो आपने ही की थी।' भाईजान हार मानने को तैयार नहीं थे।

अम्मी ने आंखें तरेरते हुए भाईजान को देखा, चुगली खाती चुहल छुपाए नहीं छुपी, 'पहल मैंने तेरे लिए की थी, आजम के लिए नहीं। तेरे ना कहने पर आपा ने आजम की बात छेड़ी।'

लड़की की आंखें किताब पर टिकी थीं, लेकिन वह जिस लाइन पर अटकी थी, वहीं अटकी हुई थी। उस भाईजान और अम्मी की दिलचस्प बातों के बावजूद, वह पता नहीं क्यों भीतर ही भीतर असहज होती जा रही थी। थोड़ी देर पहले वह खाली बोगी में अपने-आपको अकेला पाकर उकताई हुई थी और अपने सहयात्रियों के आने की बेताबी से इंतजार कर रही थी। लेकिन अब अचानक इनकी मौजूदगी ने उसके भीतर अजीब-सी खलबली पैदा कर दी थी। वह एकबारगी

खुद को असुरक्षित महसूस करने लग गई थी। खासकर, अम्मी के साथ बैठा वह भाईजान कतई भरोसेमंद नहीं लग रहा था। उसका कट्टर मुसलमानी अंदाज ज्यादा रहस्यमय था। लड़की ने मन ही मन सोचा– इन मुसलमानों का कोई भरोसा नहीं। सबके सब खाएंगे हिन्दुस्तान का, गाएंगे पाकिस्तान का।

'पता नहीं एसी कब चलाएंगे मरदुए।' अम्मी ने आजिजी से कोसा।

भाईजान उठे। रूमाल कॉलर के अंदर गर्दन में लपेटते हुए बोले, 'देखता हूं, माजरा क्या है?'

'आजम को भी देख। पता नहीं नीचे क्या कर रहा है?' अम्मी ने चिंता व्यक्त की।

भाईजान चलने को हुए ही थे कि ट्रेन ने सीटी दे दी। वह ठिठक गए। अम्मी ने उन्हें व्यग्रता से टोका, 'ट्रेन चलने वाली है। आजम को बुलाओ।'

'आजम आ गया।' भाईजान ने गेट की ओर देखते हुए अम्मी को आश्वस्त किया और इत्मीनान से फिर अम्मी की बर्थ पर बैठ गए।

आजम एक साथ पानी की तीन बोतल लिये कुटिल मुस्कराहट के साथ नमूदार हुआ। इससे पहले कि कोई कुछ बोले, उसने खुद सफाई देनी शुरू कर दी, 'इस प्लेटफार्म पर कोई स्टॉल नहीं है। बारह नंबर पर जाना पड़ा। बड़ी मुश्किल से ठंडी बोतलें मिलीं।'

अपनी बात खत्म करने के साथ ही, आजम बगैर किसी तकल्लुफ के लड़की की बर्थ पर धम्म से बैठ गया।

लड़की कसमसाकर रह गई। मन ही मन चीखी– इडियट! पता नहीं मुसलमानों को तमीज कब आएगी?

लड़की को ताजुब्ब हुआ कि इससे पहले उसने मुसलमानों के बारे में कभी इस तरह क्यों नहीं सोचा? उसके क्लासमेट मुसलमान रहे हैं। अभी उसके कई कलीग मुसलमान हैं। हंसी-मजाक अपनी जगह है, लेकिन उन पर कभी गुस्सा नहीं आया। कभी उनसे दहशत नहीं हुई। फिर आज अचानक उसे ये क्या हो रहा है?

'एसी नहीं चल रहा।' अम्मी के बजाय इस बार उनकी बर्थ पर बैठे भाईजान बुदबुदाए।

'ये हिन्दुस्तान है, भाईजान। हिन्दुस्तान। यहां सबकुछ ऐसे ही चलता है।' आजम ने तल्ख लहजे में व्यंग्य किया।

लड़की के जी में आया, कहे, 'तो पाकिस्तान चले जाओ। किसने रोका है?'

'अल्ला मालिक है।' भाईजान ने ठंडी आह भरी।

इससे पहले कि कोई कुछ बोलता, ट्रेन एक धचके के साथ चल पड़ी।

अम्मी ने छत की ओर मुंह उठाकर कहा, 'शुक्र है।'

लड़की अम्मी को देखने का मोह संवरण नहीं कर पाई।

अम्मी के खूबसूरत चेहरे पर हल्की मुस्कराहट कायम थी। लड़की समझ नहीं पाई, ये मुस्कराहट स्थायी तौर पर उनके चेहरे पर कैसे कायम रहती है?

अम्मी अपना बैग खोल रही थीं। बैग से उन्होंने एक छोटी-सी डिबिया बाहर निकाली। चांदी की चमकती डिबिया। लड़की के दिमाग में घंटी बजी, 'हे भगवान! इस डिबिया में बम तो नहीं है?'

अम्मी ने डिबिया खोली। उसमें पान की गिलौरियां थीं। उन्होंने पान की एक गिलौरी निकाली। मुंह में डालने को हुई कि भाईजान ने टोका, 'अम्मी, दस मिनट बाद खाइएगा। नमाज का वक्त होने वाला है।'

'तो, ट्रेन में भी ये नमाज पढ़ेंगे!' लड़की के अंदर तीखी प्रतिक्रिया हुई। कहां फंस गई इन मुल्लों के बीच? पता नहीं सारे रास्ते अब ये क्या-क्या तमाशे करेंगे?

'बड़ी देर से तलब दबा रखी थी।' अम्मी की मुस्कराहट कहीं ज्यादा आत्मीय हो आई थी। उन्होंने मुंह में गिलौरी डालते हुए भाईजान को निरस्त-सा किया, 'वजू तो करना ही है। मुंह धो लूंगी।'

लड़की को मन ही मन हंसी आई, मम्मी भी तो पान खाने के लिए ऐसे ही दस बहाने बनाती हैं।

अम्मी चांदी की डिबिया बंद कर अपने बैग में सहेजते हुए आजम से मुखातिब हुईं, 'अब्बू से बात हुई?'

'नहीं। उनका सेल नॉट रिचेबल बता रहा है।' आजम ने अम्मी को छेड़ा, 'क्यों, याद आ रही है क्या?'

इस बार लड़की के होंठों पर मुस्कान रोके नहीं रुकी। उसने आजम को देखा। आजम मुस्करा रहा था। अम्मी के चेहरे पर बनावटी गुस्सा आया। लड़की ने देखा अम्मी के चेहरे पर फिर भी मुस्कराहट यथावत थी।

'अच्छा ज्यादा मजाक सूझ रहा है। चल घर तो बताती हूं!' अम्मी की खनकती आवाज कानों में जल तरंग-सी बजने लगी।

भाईजान कुछ कहने के लिए मुंह खोल ही रहे थे कि कंबल, तकिये, चादरों के पैकेट लिये एक कर्मचारी आ खड़ा हुआ। उसने सारा सामान ऊपर की बर्थ पर रखने के साथ ही तस्दीक की, 'पंद्रह, सोलह, सत्रह, अठारह।'

'एसी क्यों नहीं चल रहा?' जवाब के बजाय आजम ने दन्न से सवाल दागा, 'इसका कोई माई-बाप नहीं है क्या?'

'इसमें एसी बैट्री से चलता है। ट्रेन चली है। थोड़ी देर में एसी चालू हो जाएगा।' कर्मचारी बगैर रुके आगे बढ़ गया।

'एसी ट्रेन की तो ऐसी-जैसी।' आजम ने खुन्नस में लानत भेजी।

लड़की को आजम की हरकतें कतई अच्छी नहीं लग रही थीं। वह जिस बेतकल्लुफी से उसकी बर्थ पर आ बैठा था, उससे तो उसे और कोफ्त हो रही थी। मन तो कर रहा था कि सारा लिहाज छोड़कर उठे और किसी दूसरी बर्थ पर चली जाए, लेकिन मन मसोसकर रह गई।

'कहां जा रही हो?' अचानक अम्मी उससे मुखातिब हो गई थीं। उनकी तवज्जो अपनी उसी मुस्कराहट के साथ उसकी ओर थी।

क्या कहे? सच बताए या झूठ? मुस्कराती हुई इस औरत में अजीब-सा जादू है। कहीं बातों-बातों में उसे उलझा न ले। इनका क्या भरोसा? मुसलमान भरोसे के काबिल होते कहां हैं?

'जी, पटना!' लड़की से झूठ नहीं बोला गया।

'पढ़ती हो?' अम्मी ने फिर सवाल किया।

'नहीं जॉब करती हूं।' लड़की समझ नहीं पा रही थी कि चाहकर भी वह अम्मी के सवालों का जवाब क्यों टाल नहीं पा रही?

'आजम देख! इस लड़की को देख, जॉब करती है। एक तू है। तेरे को कोई जॉब ही नहीं मिलती।' अम्मी ने आजम को उलाहना-सा दिया।

'मेरे को हिन्दुस्तान में दो कौड़ी की जॉब नहीं करनी।' आजम के जवाब में गजब की हिकारत थी।

लड़की का तो खून ही खौल उठा। उसने पहली बार आजम को खा जाने वाली नजर से देखा और मोबाइल का ईयरफोन कान में ठूंस लिया। लड़की के भीतर चिनगियां चटख रही थीं, 'स्साले! तेरे को जॉब की जरूरत ही क्या है? टेरेरिस्ट बनके पाकिस्तान से पैसे खाएगा।'

भाईजान ने जो अब तक चुप थे, अपनी कलाई पर बंधी बड़े-से डायल वाली घड़ी की ओर देखते हुए अम्मी को टोका, 'वजू करके आइए। नमाज का वक्त हो गया।'

अम्मी उठीं। बाथरूम की ओर बढ़ गईं।

भाईजान ने एयरबैग में से चादर निकाली और दोनों बर्थों के बीच खाली जगह में चादर फैला दी।

लड़की का दिल धड़क गया। अब वह और आजम ही वहां थे। कहीं आजम ने कोई बदतमीजी की तो? लड़की सजग हो गई, 'स्साले को वो सबक सिखाऊंगी कि जिंदगी भर याद रखेगा।'

'हैलो! क्या हुआ?' आजम बगैर उसकी ओर कोई तवज्जो दिए किसी से मोबाइल पर बात करने में मशगूल था। पता नहीं दूसरी ओर से क्या जवाब मिला कि आजम एकदम से भड़क उठा, 'जी में तो आता है कि सब स्सालों को लाइन से खड़ा करके गोली मार दें। समझा ले। ना समझे तो बता। कोई उपाय करते हैं।'

लड़की के भीतर सिहरन-सी दौड़ गई। ये दिखने में जितना मासूम है, भीतर से उतना ही खतरनाक है। कहीं किसी टेररिस्ट ग्रुप से तो नहीं जुड़ा? इसकी बातों से तो लग रहा है कि यह जरूर किसी ग्रुप का लीडर है। हो भी सकता है। जहां देखो, वहीं कोई मुसलमान टेररिस्ट निकलता है। लड़की अपनी सोच के भीतर ही ऊभ-चूभ हो रही थी। दहशत उसके तईं अपनी गिरफ्त कसती जा रही थी।

अम्मी, भाईजान दोनों आ चुके थे। आजम मोबाइल पर बात करते हुए उठा और अम्मी, भाईजान दोनों को नजरअंदाज करता बोगी में टहलते हुए आगे बढ़ गया। भाईजान और अम्मी नमाज की मुद्रा में बैठ गए थे।

लड़की का डर उसके भीतर इस कदर घर कर चुका था कि वह अपने आप में सिकुड़ी जा रही थी। किताब के पन्ने पर नजर गड़ाते हुए उसने सचमुच पढ़ने की कोशिश की, लेकिन तभी सेल की घंटी बजने लगी। पापा थे। उसने काल रिसीव करने के लिए हाथ बढ़ाया ही था, कि यह सोचकर कि अम्मी की नमाज में खलल पड़ेगा। उसने फोन काट दिया। फोन काटने का पछतावा भी हुआ। इनकी नमाज से मुझे क्या लेना-देना? जहां देखो, वहीं शुरू हो जाते हैं। मुसलमान कितना भी हाई-फाई दिखे, रहेगा मुल्ला का मुल्ला ही।

सेल पर फिर पापा का रिंग बजा। उसने झट से कॉल रिसीव किया, 'हां पापा! ट्रेन चल चुकी है। सब ठीक है। हां, जगह भी ठीक है।'

पापा से लगातार झूठ बोलती रही। पापा ने आश्वस्त होकर फोन काट दिया।

अम्मी ने चादर समेटनी शुरू कर दी। भाईजान ने अम्मी से कहा, 'नमाज में लगते ही कितने मिनट हैं। हद से हद दस मिनट।'

'हां, लेकिन ये दस मिनट भी देने में आजम की जान निकलती है।' अम्मी ने फिर उलाहना दिया।

'कोई बात नहीं...आज नहीं तो कल समझ जाएगा।' भाईजान ने दिलासा दिया।

'खाक समझ जाएगा। मुझे तो इसके लच्छन ठीक नहीं लगते। इसका खुदा ही मालिक है।' अम्मी बर्थ पर आलथी-पालथी मारकर बैठ गई थीं। भाईजान भी उसी बर्थ पर पीठ टिकाकर आराम की मुद्रा में बैठ चुके थे।

लड़की उठी। पैकेट से चादर निकाली। झक्क सफेद चादर बर्थ पर फैलाने लगी कि आजम उसके बिल्कुल बगल में आ खड़ा हुआ।

अम्मी ने आजम को टोका, 'आ, यहां मेरे पास बैठ जा।'

आजम तिनक गया, 'यहीं बैठता हूं। बर्थ दो लोगों के बैठने के लिए है।

किसी प्रतिक्रिया की प्रतीक्षा के बगैर आजम सफेद बिछी चादर पर धम्म से बैठ गया। लड़की अंदर ही अंदर तड़पकर रह गई। भन्नाती लड़की अपनी

जगह पर बैठकर फिर किताब पढ़ने लगी। लेकिन क्रोध में उफनता मन किताब में नहीं रमा। उसने ईयरफोन कान में ठूंस लिया–इनकी बातों पर ध्यान नहीं देना।

भाईजान आजम से कुछ कह रहे थे, लेकिन मोबाइल के फुल वाल्यूम में लड़की को कुछ सुनाई नहीं पड़ा। लड़की ने सोचा–इस तरह तो वे कोई साजिश भी करेंगे तो कुछ नहीं जान पाएगी। इस खयाल के साथ ही उसने वाल्यूम कम कर लिया।

अचानक लड़की ने टीटीई को सामने देखकर राहत महसूस की। चलो, ट्रेन में टीटीई तो है। कोई मुसीबत आई तो वह उससे मदद ले सकती है।

टीटीई टिकट मांग रहा था। लड़की ने बैग से अपना टिकट निकालकर बढ़ा दिया। टीटीई ने टिकट को पारखी नजर से देखा और फिर टिक लगाकर लौटा दिया।

भाईजान ने जैसे ही टिकट बढ़ाया, टीटीई ने कहा, 'आई कार्ड दिखाइए।'

लड़की सन्न रह गई।

भाईजान ने अपना आईकार्ड दिखाया। टीटीई ने आईकार्ड पढ़ते हुए पूछा, 'मोहम्मद आलम! दुबई। इंडिया का आईकार्ड नहीं है क्या?'

भाईजान कुछ कहते, इससे पहले ही आजम टपक पड़ा, 'क्यों, इस कार्ड में क्या प्रॉब्लम है?'

'कुछ नहीं... बस यूं ही पूछ लिया।' टीटीई आजम की तुर्शी से झेंप गया। टिकट पर टिक लगाकर आगे बढ़ गया।

लड़की टीटीई के इस तरह झेंपकर जाने से निराश हुई।

'तुझे इस तरह बात नहीं करनी चाहिए थी।' भाईजान आजम को समझा रहे थे।

'क्यों? क्या गलत कहा मैंने? भाईजान, आप नहीं जानते, इनकी मंशा क्या होती है? डिमोरलाइज करना चाहता था। इन स्सालों को ऐसे ही जवाब देना पड़ता है।' आजम का चेहरा लाल हो आया था। उसकी आवाज में कंपन थी।

'ले, पानी पी। गुस्से पर काबू रख।' अम्मी ने पानी की बोतल आजम की ओर बढ़ाई।

बगैर किसी हुज्जत के आजम ने अम्मी के हाथ से बोतल ली और ढक्कन खोलकर पानी पीने लगा। अचानक पानी गले से सरका और उसे तेज खांसी उठी। उसके मुंह से पानी के छींटे निकले और भाईजान के चेहरे पर जा छिटके। भाईजान ने गर्दन में फंसा रूमाल निकाला और अपना चेहरा पोंछते हुए कहा, 'लगता है, कोई तुझे याद कर रहा है?'

'हां, इसके नामुराद दोस्त सब याद कर रहे होंगे।' अम्मी के चेहरे पर मुस्कराहट कायम थी, 'पता जो चल गया होगा कि जनाबेआली कल तशरीफ ला रहे हैं।'

'अम्मी प्लीज, मेरे दोस्तों को कुछ मत कहिए।' आजम ने तीखे स्वर में विरोध किया।

अम्मी चुप लगा गईं। आजम ने भी चुप्पी साध ली। भाईजान तो यूं भी चुप्पे ही लग रहे थे। हालांकि उनकी शख्सियत में, उनकी चुप्पी उन्हें कहीं ज्यादा रहस्यमय बना रही थी। लड़की ने घड़ी देखी। रात के नौ बज रहे थे। बाथरूम जाने की तलब महसूस हुई। हालांकि एक बार मन किया कि टाल दे, लेकिन यह सोचकर कि अब सोने का वक्त हो गया है, लिहाजा टालना उचित नहीं समझा। अनमने ढंग से उठी। पैरों में सैंडिल डाला और बाथरूम के लिए चल पड़ी। अचानक उसने पाया कि आजम उसके पीछे आ रहा है। उसका दिल जोरों से धड़क उठा। इस लड़के के इरादे ठीक नहीं जान पड़ते। मन किया कि उल्टे पांव लौट जाए, लेकिन यह सोचकर कि उसका डर जाहिर हो जाएगा, वह आगे बढ़ती रही। पता नहीं क्यों, पांवों की गति धीमी पड़ गई थी। घसीटते कदमों से वह बाथरूम में दाखिल हुई।

बाथरूम से लौटकर लड़की अपने बर्थ तक पहुंची तो देखा, अम्मी ने टिफिन खोल रखा है। कई डिब्बे। उन डिब्बों में चपातियां, चिकनचिली और न जाने क्या-क्या? सबकुछ कनखियों से देखते हुए लड़की के मुंह में पानी भर आया। चिकनचिली पर जान छिड़कने वाली लड़की मन मसोसकर रह गई।

उसके बर्थ पर बैठते न बैठते अम्मी ने पूछा, 'आओ, खाना खाते हैं।'

'नो थैंक्स।' लड़की ने पता नहीं किस प्रेरणा से सख्ती से मना कर दिया, 'भूख नहीं है।'

अम्मी ने कागज के एक प्लेट में चिकनचिली और चपातियां रखकर आजम की ओर बढ़ाया। भाईजान तो बकायदे पालथी मारकर बर्थ पर बैठ गए थे। अम्मी ने कागज की प्लेट में चिकनचिली निकालना चाहा तो उन्होंने टोक दिया, 'मत निकालिए। मैं आपके साथ टिफिन में ही खा लूंगा।'

अम्मी रुक गईं। उनकी मुस्कराहट कुछ और गहरी हो गई, 'हां, अभी अम्मी के साथ खा ले। निकाह के बाद तो अम्मी को पूछेगा भी नहीं।'

'अम्मी... आप भी न!' भाईजान की दाढ़ी में गुदगुदाती हंसी चुगली खा रही थी।

लड़की मन ही मन मुस्कराई। भूख उसको भी लगी थी, लेकिन जो झूठ बोल चुकी थी, उसे छिपाये रखने के लिए भूख मारना मजबूरी हो गई थी।

आजम खा चुका था। वह खाली प्लेट लिये उठा और बेसिन की ओर बढ़ गया। लड़की ने फटाक से कंबल खोला और पैरों पर डालते हुए पूरे बर्थ पर टांगें फैलाकर लेट गई। अब देखते हैं, आजम क्या करता है?

आजम के लौटने से पहले लड़की ने आंखें मूंदकर सोने का उपक्रम शुरू कर दिया। हालांकि उसका दिल तेजी से धड़क रहा था और अधमुंदी आंखों

से आजम के लौटने का इंतजार करती वह अपने आप को आजम की किसी भी हरकत का सामना करने के लिए तैयार करने लगी। आजम लौटा। पल-भर लड़की को ऊपर से नीचे तक देखा, फिर ऊपर की बर्थ पर चादर फैलाते हुए बोला, 'मैं सोने जा रहा हूं।'

लड़की ने राहत की सांस ली।

अम्मी, भाईजान भी खाना खा चुके थे। दोनों उठे और बेसिन की ओर बढ़ लिये।

आजम अपनी बर्थ पर जाने को हुआ कि ट्रेन रुक गई। वह झुककर साइड बर्थ के काले शीशे के पार देखने लगा। शायद स्टेशन का नाम जानना चाह रहा था।

'कानपुर है।' बेसिन से लौटे भाईजान ने सूचना दी।

गेट पर शोर हुआ। शायद कुछ लोग ट्रेन में चढ़ रहे थे।

लड़की अधमुंदी आंखों से सारी हलचलों का जायजा ले रही थी।

बाईं ओर वाले गेट से घुसा एक दंपती सामान लिये-दिए सीधे साइड लोअर बर्थ के पास आकर रुका। मर्द और औरत की उम्र में कोई खास फर्क नहीं था। दोनों तकरीबन पचास के थे। मर्द ने बरमूडा और टी शर्ट पहन रखा था, जबकि औरत सूट-सलवार में थी। उनके पास महज एक अटैची और एयरबैग था। दोनों सामान बर्थ के नीचे जमाने के बाद मर्द बोला, 'मैं ऊपर लेटता हूं। नींद आ रही है।'

'पटना कितने बजे पहुंचेंगे?' औरत ने पूछा।

'समर स्पेशल है। कहना मुश्किल है कि कब पहुंचेंगे। वैसे आरा आने पर मुझे जगा देना।' मर्द एक ही सांस में बोल गया।

आजम अपनी बर्थ पकड़े खड़ा था। भाईजान भी ऊपरी बर्थ पर चादर बिछा चुके थे। अम्मी टिफिन धोकर लौट चुकी थीं और डिब्बे एयरबैग में समेट रही थीं। लड़की इस पूरे दृश्य में स्वयं को बेतरह फंसी पा रही थी। उसने बर्थ के बाईं ओर लगा रीडिंग लैम्प जलाया और किताब पढ़ने लगी, जिसे वह कब से पढ़ना चाह रही थी। वांछित पन्ना खोजते हुए, जब तक वहां पहुंची, बोगी में फिर हलचल हुई। लड़की ने किताब हटाकर हलचल का जायजा लेना चाहा कि ठीक सामने एक बेहद चुस्त, लेकिन कहीं ज्यादा खतरनाक कुत्ता अपनी जीभ लपलपाता नजर आया। उसके गले में काला पट्टा था और उसे मजबूत जंजीर से एक सिपाही ने थाम रखा था। सिपाही के पीछे दो पुलिसवाले और थे।

कुत्ते को देखते ही लड़की के शरीर में सिहरन-सी दौड़ गई। दहशत के मारे वह अपने-आप में सिकुड़ गई। उसका कलेजा धाड़-धाड़ बजने लगा। उसने कनखियों से देखा, अम्मी के चेहरे पर कायम रहने वाली मुस्कान इस वक्त गायब थी। भाईजान भी पालथी मारकर अम्मी के बर्थ पर बैठ गए थे। आजम यथावत

ऊपरी बर्थ पकड़े सिपाहियों के बगल में खड़ा था। वे दंपती, जो अभी थोड़ी देर पहले ही, बोगी में दाखिल हुए थे, उनमें से मर्द अपने बर्थ पर लेटा हुआ बिटर-बिटर ताक रहा था, जबकि औरत अपनी दोनों टांगें मोड़े कुछ अघटित होने की प्रतीक्षा में डरी हुई थी।

लड़की भी डरी हुई थी। उसने अपनी चीख अंदर ही दबा रखी थी। उसकी दहशत में ढेरों सवाल गश्त कर रहे थे। ऐसी सख्त चैकिंग क्यों? कहीं बोगी में बम, आरडीएक्स तो नहीं? कहीं आजम और उसके भाईजान आतंकवादी तो नहीं? पुलिस किसी गुप्त सूचना के आधार पर तो नहीं इस बोगी में आई है? सवाल ही सवाल थे और लड़की को लग रहा था कि ये बेहद खतरनाक कुत्ता किसी भी क्षण बर्थों के नीचे रखा विस्फोटक खोज निकालेगा।

वाकई कुत्ता लपलपाती जीभ से बर्थ के नीचे रखे एक-एक समान को सूंघ रहा था। जिस सिपाही के हाथ में उसकी जंजीर थी, वह उसे ढीला छोड़े हुए भी चौकन्ना था। आखिरकार कुत्ता मुड़ा और उसके साथ ही वह सिपाही उसके पीछे चल पड़ा। कुत्ता दृश्य से बाहर जा चुका था, लेकिन खौफ कायम था। बोगी में एक अटूट सन्नाटा छाया हुआ था, गोया हर कोई उसकी गिरफ्त में हो।

आजम उचककर अपनी बर्थ पर जा चढ़ा। भाईजान अब भी वैसे ही बैठे थे। उनके चेहरे पर एक नामालूम-सी उदासी चस्पां थी। अम्मी के चेहरे की मुस्कान भी अभी तक नहीं लौटी थी।

लड़की ने देखा, साइड बर्थ वाले दंपती में, जो मर्द था, नीचे झांकता हुआ, औरत से मुखातिब हुआ, 'सिक्योरिटी बहुत टाइट हो गई है। देखा, कुतवा कैसे एक-एक चीज सूंघ रहा था?'

'कुतवा के सूंघे से क्या होता है। आतंकवादी सब तो जहां चाहता है, वहां अपना काम करिये देता है।' औरत के स्वर में इस सिक्योरिटी चैकिंग से उपजे भय की गहरी प्रतिक्रिया थी। उसने पुलिस और कुत्ते के इस ढोंग को एकदम से खारिज कर दिया था। अब तक भाईजान भी उठ चुके थे। बगैर कुछ बोले अपनी बर्थ पर चढ़कर लेट गए। अम्मी ने भी अपने पांव फैला लिए थे। लड़की ने अम्मी को देखा, उनके चेहरे की मुस्कान गायब थी। उनकी खुली आंखें ऊपर टिकी थीं, जैसे कुछ खोज रही हों। क्या? लड़की के जेहन में यह सवाल भक से उठा और वह साइड लैम्प का स्विच ऑफ कर जवाब ढूंढ़ने की कोशिश करने लगी।

लड़की की आंखें उनींदी हो रही थीं। वह नींद में जाने वाली ही थी कि ऊपर से आजम की फुसफुसाती आवाज सुनाई दी, 'भाईजान, मुझे दुबई चलना है।'

'क्यों?'

'भाईजान, देख नहीं रहे आप। कितनी जलालत झेलनी पड़ती है यहां।' आजम की आवाज में खीझ थी।

लड़की की नींद उचट गई थी। अब वह अंधेरे के भीतर मुतवातिर शून्य में ताक रही थी।

भाईजान कह रहे थे, 'भागने से नहीं, लड़ने से बदलते हैं हालात।'

लड़की चिहुंकी। उसे पक्का यकीन हो गया कि भाईजान सचमुच खतरनाक हैं। अपने भाई को लड़ने के लिए उकसा रहे हैं। ऐसे ही उकसावे से तो लोग आतंकवादी बनते हैं। उसने होंठ भींचे और जी को कड़ा किया– हे भगवान रक्षा करना!

बोगी में फिर सन्नाटा छा गया था। ट्रेन ने रफ्तार पकड़ ली थी। कसमसाती हुई लड़की ने करवट बदलकर आंखें मूंद लीं।

लड़की की आंख कब लग गई, उसे पता ही नहीं चला।

आंख तब खुलीं, जब एक झटके से ट्रेन किसी स्टेशन पर रुकी। बोगी में किसी बिलाव के गुर्राने-सी खर्राटें की आवाज गूंज रही थी। खर्राटा वह मर्द ले रहा था, जो कानपुर में अपनी पत्नी के साथ चढ़ा था। उसके खर्राटे में इस कदर शोर था कि लड़की भीतर ही भीतर बुरी तरह तंग आ गई। उसने कनखियों से देखा, अम्मी अपनी बर्थ पर पीठ के बल अधलेटी तस्बीह के दाने फेर रही थीं यानी अब तक वह सोई नहीं थीं। शायद उन्हें नींद नहीं आ रही थी। शायद, उन्हें कोई परेशानी हो। इस उम्र में अक्सर नींद नहीं आती बुजुर्गों को, लेकिन क्या परेशानी हो सकती है उन्हें?

उसकी बला से! लड़की खुद पर झुंझलाई। घड़ी देखी। रात के दो बज रहे थे। उसने तय किया, जो हो, अब सो जाना है।

ऊपर की बर्थों पर आजम और भाईजान की कोई सुग-बुग नहीं मिल रही थी। क्या कर रहे होंगे दोनों? जागे होंगे तो जरूर कोई खुराफात सोच रहे होंगे। इनका कोई भरोसा नहीं। ऊपर से चाहे लाख शरीफ दिखें, अंदर से सबके सब एक जैसे होते हैं। षडयंत्रकारी। उनके दिमागों में कोई खतरनाक साजिश जरूर चल रही होगी। अभी नहीं, तो कभी, ये कहीं न कहीं जरूर पकड़े जाएंगे। तब पता चलेगा कि उनके तार कहां से जुड़े हैं। आई.एस.आई. से, लश्कर तैयबा से या सीधे अलकायदा से।

लड़की ने आंखें मूंदे-मूंदे फिर करवट बदली। उसकी नींद उड़ चुकी थी और वह तेज खर्राटों के बीच खुद को और बेचैन महसूस करने लगी। शुक्र था कि ट्रेन ने पूरी रफ्तार पकड़ ली थी और उम्मीद थी कि टाइम से पटना पहुंच जाएगी। पटना स्टेशन पर उसे लेने पापा आएंगे। हो सकता है मम्मी भी आएं। हालांकि उसने मम्मी को मना किया था कि आपको गठिया है। सीढ़ियां चढ़ने

में दिक्कत होगी। स्टेशन आने की कोई जरूरत नहीं। लेकिन उनका कोई भरोसा नहीं। सारा दर्द दरकिनार कर वह आ भी सकती हैं। बाद में भले ही आह-ऊह करती घंटों पीड़ा से छटपटाती रहें।

'या खुदा!' ठंडी सांसों के बीच अम्मी की आवाज सुन लड़की ने आंखें खोलकर उनकी तरफ देखा। वह अपनी दाहिनी टांग धीरे-धीरे फैलाती बर्थ पर आराम की मुद्रा में लेटने की कोशिश कर रही थीं। इस कोशिश में उनके चेहरे पर एक खिंचाव-सा आ गया था। लड़की को लगा-जरूर इन्हें भी गठिया होगा। उसके दर्द से परेशान सो नहीं पा रहीं। ये उम्र ही ऐसी होती है। कोई न कोई बीमारी लगी ही रहती है।

लड़की सोचती रही और ट्रेन चलती रही। सोच और ट्रेन की रफ्तार के बीच उसे कब नींद आई नहीं पता। वो तो निचली बर्थ पर लेटी औरत की आवाज से जागी, तो पता चला ट्रेन आरा स्टेशन पर रुकी है।

लड़की ने सबसे पहले अम्मी की ओर देखा। वह उठकर बैठ गई थीं। उनकी आंखें मुंदी थीं, लेकिन हाथ में लिये तस्बीह के दाने मुतवातिर फेर रही थीं। उनके चेहरे पर मुस्कान लौट आई थी। इबादत की आभा में उनकी खूबसूरती दप-दप दमक रही थी।

'सुनते हैं जी! उठिए आरा आ गया।' साइड बर्थ वाली औरत बार-बार मर्द को आवाज दे रही थी, लेकिन उसके खर्राटों में औरत की आवाज गुम हो जा रही थी।

लड़की ने घड़ी देखी। सुबह के पांच बज रहे थे, यानी अधिक से अधिक एक घंटा। छः बजे तक। इस अहसास के साथ ही उसके भीतर गुदगुदी-सी हुई। घर पहुंचने की या उस लड़के से मिलने की, जिससे उसकी एंगेजमेंट होने वाली है? वह साफ-साफ तो कुछ तय नहीं कर पाई, लेकिन मिली-जुली यह खुशी उसके होंठों पर गहराती गई। उसने महसूस किया कि उसकी नींद गायब हो चुकी है और वह इस सफर की तल्खी से उबरने लगी है। उसने कम्बल सिर तक खींचा और खुद को बेफिक्र छोड़ दिया। उठेगी आराम से।

ट्रेन चल चुकी थी। अम्मी जो अब तक चुप थीं, उठीं और आजम और भाईजान को आवाज लगाने लगीं, 'उठो। पटना आने वाला है।'

दोनों भाइयों की कोई आवाज नहीं सुनाई दी। अम्मी फिर अपनी बर्थ पर बैठ गईं। उन्होंने सारी रात जागते काटी थी। लड़की को पूरा यकीन है कि उन्होंने पलक तक नहीं झपकाई थी। उसने जब भी देखा था, अम्मी जागती मिली थीं। शून्य में निहारती। तस्बीह फेरती। खुदा को याद करती।

लड़की को अम्मी के चेहरे पर कायम रहने वाली मुस्कान में जादू-सा दिखा था, लेकिन जब वह मुस्कान गायब हुई थी, तब अम्मी किस कदर बेनूर नजर

आ रही थीं। शुक्र है, उनकी मुस्कान लौट आई थी। धीरे-धीरे वह मुस्कान गाढ़ी होती जा रही थी।

आजम-भाईजान ऊपर की बर्थों से नीचे आ गए थे और अपने-अपने जूते पहनने का उपक्रम कर रहे थे। बोगी में हलचल शुरू हो गई थी। साइड बर्थ वाला मर्द भी औरत की बर्थ पर बैठकर आंखें मिचमिचा रहा था। उसे अपने खर्राटों की याद तक नहीं थी। औरत अपनी चप्पलें पहनकर उतरने की तैयारी में चौकस बैठ गई थी। अम्मी ने सिराहने रखा बुर्का पहन लिया था। भाईजान बाथरूम जा रहे थे। आजम मोबाइल पर बात करने के लिए उठा और भाईजान के पीछे-पीछे चल पड़ा।

उसने कम्बल को पीछे की ओर फेंका। अम्मी की तरफ देखा। अम्मी ने मुस्कराते हुए कहा, 'उठो, पटना आने वाला है।'

लड़की मुस्कराई। उठकर बैठ गई। अम्मी एकटक उसे ही देख रही थीं। वह झेंप गई।

'नींद नहीं आई न रात-भर?' अम्मी ने पूछा।

'जी!' लड़की ने उनकी तरफ देखते हुए राजफाश-सा किया, 'आप भी तो सारी रात जागती रहीं!'

'हां!' अम्मी मुस्कराईं, 'नींद आई ही नहीं।'

'मैंने भी बहुत कोशिश की, लेकिन सो नहीं पाई।' लड़की के स्वर में बेबसी थी।

'डरी हुई थी न?' अम्मी ने अप्रत्याशित-सा सवाल कर दिया था।

लड़की समझ नहीं पाई—क्या जवाब दे? सच तो यही है, लेकिन कैसे कहे कि वह किससे डरी हुई थी? क्यों डरी हुई थी? लेकिन वह क्यों नहीं सो पाईं? इस खयाल के साथ ही उनके सवाल से बचने की जैसे राह सूझ गई।

लड़की ने झट से पूछ डाला, 'आप क्यों नहीं सोईं?'

पता नहीं लड़की की चतुराई से या उसके मासूम सवाल से, अम्मी के चेहरे की दमक कहीं ज्यादा तेज हो आई। उन्होंने लड़की के ही अंदाज में जवाब दिया, 'बच्चे जब डरे हुए हों, तो मां को नींद नहीं आती।'

अचानक एक तेज झटके से बोगी लहरायी। लड़की का जिस्म हिला, उसने बड़ी मुश्किल से खुद को संभाला।

ट्रेन धाड़-धाड़ करती पटरियां बदल रही थी। यह दानापुर यार्ड था। लड़की का दिल जोर-जोर से धड़क रहा था। अम्मी के शब्द उसके कानों में उतनी ही जोर-जोर से बज रहे थे। उसने अम्मी को गौर से देखा। उनके चेहरे पर सुबह की उजास पंख फैला चुकी थी। लड़की भीतर तक सराबोर हो गई।

पहली बार वह खुलकर मुस्कराई। उसे लगा, उसके अंदर का सारा डर अम्मी की उजास में काफूर हो गया है। उसके होंठ कांपें। लफ्जों ने साथ छोड़ दिया। वह उठी और पांवों में सैंडिल डालकर बाथरूम की ओर चल पड़ी।

बोगी में कई यात्री अलसाये-अनमने उतरने की तैयारी में दिखे। उसे आश्चर्य हुआ कि रात के सफर में कब, कहां से इतने यात्री इस बोगी में सवार हो गए। रास्ते में आजम लौटता दिखा। लड़की ने देखा, आजम मुतवातिर फोन पर बात करने में मशगूल था। उसने लड़की की तरफ देखा तक नहीं। लड़की को गुस्सा आया। जी में आया रास्ता रोककर पूछे—समझता क्या है अपने आपको? लेकिन आजम उससे कटकर बर्थ की ओर बढ़ गया।

जींस की जेब में रखा मोबाइल बजा। लड़की ने मोबाइल निकालकर देखा, पापा का कॉल था। झट से कॉल रिसीव किया, 'हैलो, पापा। हां, आप कहां हैं? अच्छा ठीक है। दस मिनट में ट्रेन पहुंचने वाली है। ओके।'

लड़की ने मोबाइल जेब में रखा और बाथरूम में दाखिल हो गई। लड़की जब अपनी बर्थ पर लौटी, आजम, भाईजान अपना सामान लोअर बर्थों पर रखकर खड़े थे। अम्मी जैसे उसकी प्रतीक्षा कर रही थी। देखते ही बोलीं, 'बेटा, अपना सामान देख लो। कुछ छूट तो नहीं रहा।'

लड़की अपना सामान पहले ही समेट चुकी थी, फिर भी अम्मी की बात टाल नहीं पाई। एक बार बर्थ पर फैली चादर को खींचकर आश्वस्त हुई। कहीं कुछ नहीं था। उसने बर्थ के नीचे से अपना एयरबैग निकाला और बर्थ पर रखकर खड़ी हो गई। लड़की ने अम्मी को देखा। अम्मी ने मुस्कराकर उसके सिर पर हाथ फेरा। अम्मी के इस स्पर्श से लड़की का रोम-रोम पुलक से भर गया। उसने बेहद विनम्रता से सिर झुका लिया।

ट्रेन के प्लेटफॉम पर रुकते ही बोगी में हड़बड़-सी मच गई। उतरने वालों का उतावलापन ऐसा कि रास्ते में लोगों की लाइन लग गई। लड़की लाइन में आजम के पीछे लग गई थी। भाईजान आजम के आगे थे। अम्मी लड़की के पीछे। भीड़ धीरे-धीरे खिसक रही थी। लड़की इस धीमी चाल पर मन ही मन भुनभुना रही थी।

गेट से पहले भाईजान उतरे, फिर आजम। सामान प्लेटफार्म पर रखकर आजम पलटा। बगैर कुछ बोले लड़की का एयरबैग ले लिया। लड़की मना नहीं कर पाई। शायद वह कुछ सोच भी नहीं पाई। सबकुछ इतनी तेजी से हुआ कि लड़की को कुछ भी अन्यथा-असहज नहीं जान पड़ा। वह ट्रेन से कूदकर प्लेटफार्म पर आई और पलटकर देखा, अम्मी हैंडिल पकड़कर उतरने की कोशिश कर रही हैं। लड़की पता नहीं किस प्रेरणा के वशीभूत लपककर अम्मी के पास आई और अपना हाथ बढ़ाकर उन्हें उतरने में मदद करने लगी।

उसका हाथ थामे-थामे अम्मी प्लेटफार्म पर रखे सामान के पास खड़ी हुईं। फिर इधर-उधर देखते हुए पूछा, 'कोई तुम्हें लेने आया है?'

'हां! पापा आए हैं।' लड़की ने प्लेटफार्म पर नजरें दौड़ाईं। देखा, पापा-मम्मी लपकते हुए उनकी ओर चले आ रहे हैं।

लड़की खुद को रोक नहीं पाई। वह तेजी से बढ़ी और बांहें फैलाकर मम्मी से लिपट गई। पापा ने भी सिर पर हाथ फेरा।

मम्मी ने पूछा, 'तुम्हारा सामान?'

लड़की पलटी। उसका एयरबैग प्लेटफार्म पर पड़ा था। अम्मी, भाईजान, आजम अपना सामान लेकर भीड़ के बीच जाते हुए दिखे। लड़की का चेहरा उतर गया। वह क्षण-भर को ठिठकी। अम्मी के साये को गेट के बाहर गुम होते देख, उसका दिल गहरी उदासी से भर गया।

पापा उसका एयरबैग लेकर चलने को तैयार थे। मम्मी ने लड़की को टोका, 'क्या हुआ?'

'अम्मी'। लड़की के होंठ हिले। मम्मी को देखा मम्मी उसे ही घूर रही थीं। लड़की ने झेंप छिपाते हुए पूछा, 'क्यों, तुम रात-भर सोई नहीं क्या?'

'तू आ गई। अब सुकून से सोऊंगी।' लड़की को महसूस हुआ, यह मम्मी नहीं अम्मी बोल रही हैं।

रैकेटवा

एसआई चंद्रा की नाइट ड्यूटी थी।

इंस्पेक्टर इंचार्ज घर जा चुका था। दूसरे एसआई, हवलदार, सिपाही या तो पेट्रोलिंग पर निकल चुके थे या जो बचे थे, बस, वे भी निकलने की ही तैयारी में थे।

संतरी ड्यूटी में तैनात एकनाथ बरामदे में बेंच पर बैठा खैनी मल रहा था। उसे सामने देख वह उठ खड़ा हुआ और खैनी वाले हाथ की मुट्ठी बांधे ही सलामी ठोंकी, 'जयहिंद, सर।'

'जयहिंद। एकनाथ, कैसे हैं?'

'ठीके हैं, सर।' एकनाथ ने खैनी वाला हाथ पीछे करते हुए उत्सुकतावश पूछा, 'घर गए थे, सर?'

'हां!' संक्षिप्त-सा उत्तर देता चंद्रा ऑफिस की ओर बढ़ गया।

मुंशी अकरम मियां काम समेटने की हड़बड़ी में अपने आप में उलझे हुए थे। दरवाजे पर खड़े चंद्रा ने अपनी मौजूदगी का अहसास कराने के लिहाज से उन्हें टोका, 'क्या मुंशी जी, सब खैरियत तो है न?'

मुंशी अकरम मियां चंद्रा की आवाज से अचकचाए। फिर लंबी सांस खींचते हुए पलटे जैसे अपने-आप में लौटने की कोशिश कर रहे हों। फिर थके-झुंझलाए-से बोल पड़े, 'क्या खैरियत पूछते हैं, चंद्रा बाबू, पुलिस की नौकरी में तो खैरियत-वैरियत भूल ही जाइए।'

'क्या बात है, मुंशी जी, आज कुछ ज्यादा ही हलकान लग रहे हैं?' चंद्रा ने एक कुर्सी पर बैठते हुए मुंशी जी से दरयाफ्त किया, 'चाय पिएंगे?'

'लगता है, बहुत थके हुए हैं, चंद्रा बाबू। सीधे ड्यूटी पर चले आ रहे हैं क्या?' मुंशी जी ने सहानुभूति जताई, 'स्साली पुलिस की नौकरी जो न कराए।'

'ये बात तो है, मुंशी जी। चाय मिल जाती तो मजा आ जाता। आप भी पिएंगे न?'

'चाय की तलब तो हमको भी हो रही है, हुजूर। शाम से ही जो जान सांसत में पड़ी है कि चाय तक पीने की फुरसत नहीं मिली।' अकरम मियां आजिजी से भरे अपनी कुर्सी से उठ खड़े हुए।

'ऐसा क्या हुआ, जो चाय तक पर आफत आ गई?' चंद्रा ने मुंशी जी को उत्सुकतावश कुरेदा।

'आफत ही कहिए, हुजूर आफत ही।' मुंशी जी हाजत की ओर इशारा करते हुए बिफर से पड़े, 'जब से ई स्साला, रैकेटवा पकड़ाया है, तब्बे से फोन पर फोन। पैरवी पर पैरवी। सब नाक में दम कर दिया है। इंस्पेक्टर साहब तो एतना आजिज हो गए, कि पूछिए मत। जाते-जाते बोल गए कि देखते हैं स्साला, कैसे छूटता है। चलान बना के रखने का हुकुम दे गए हैं। का तो ससुरा को भोरे-भोरे बुक कर देना है।'

'माने मामला गंभीर है?' चंद्रा ने बेकली से हाजत की ओर नजर घुमाई, 'किस केस में पकड़ाया है, मुंशी जी?'

'चाय बोलकर आते हैं, हुजूर।' दरवाजे की ओर लपकते हुए मुंशी जी जरा-सा ठिठके, फिर जैसे आश्वस्त करने के लिहाज से बोले, 'आकर तफसील से बताते हैं।'

नब्बे किलोमीटर बस की लंबी यात्रा से लौटे चंद्रा की देह बुरी तरह अकड़ रही थी। इच्छा हुई कि टांगें फैलाकर कुर्सी पर पसर जाए। लेकिन ड्यूटी रजिस्टर पर नजर पड़ते ही टेबल की ओर झुका और रजिस्टर उठाकर पन्ने पलटने लगा। पता नहीं क्यों लगा कि पीठ पीछे हाजत में बंद कैदी की आंखें उसकी पीठ पर चिपकी हैं। इस अहसास के साथ ही वह असहज हो आया। गर्दन घुमाकर हाजत की ओर देखा, तो उसे अपने आप पर हंसी आई। कैदी की आंखें उसकी पीठ पर नहीं, छत पर टिकी थीं जैसे कड़ियां गिन रहा हो। वह झेंपा हुआ जब तक संभलता मुंशी जी कमरे में दाखिल हो गए। गनीमत थी उन्होंने चंद्रा की झेंप को लक्ष्य नहीं किया था। अपनी ही धुन में बोलने लगे, 'ससुरा, ई सरमवो को चरबी चढ़ गया है। बोलता है, गिलास ना है। आते ही भेजते हैं।'

'कोई बात नहीं, मुंशी जी। चाय आ जाएगी।' मुंशी जी की खीझ का मजा लेता हुआ चंद्रा मुस्कराया, 'आप, रैकेटवा के बारे में बता रहे थे। क्या मामला है?'

मुंशी जी ने बात का सिरा पकड़ने से पहले, हाजत की ओर एक हिकारती नजर डाली और फिर जैसे तल्खी से भर उठे, 'बड़का रैकेट धराया है, हुजूर। बहुत बड़का रैकेट। मालो-मात्ता बहुते जब्त हुआ है। सरगना तो ना पकड़ाया, लेकिन ई जो पकड़ाया है, ई हो कम ना है। एहू को छुड़ावे खातिर केतना नेता-अफसर का पैरवी आया है, पूछिए मत। ससुरा, वीआइपीए बुझाता है।'

'अच्छा!' चंद्रा एकदम औचक कुर्सी से उठ खड़ा हुआ, 'जरा हम भी देखें, भाई, कितना बड़ा वीआईपी है?'

मुंशी जी चंद्रा की बात पर बगैर ध्यान दिए अपनी ही रौ में चायवाले को कोसने लगे, 'ई सरमवा स्साला, कब्बो ना सुधरेगा। बुझाता है, ससुरा फैक्टरिए से गिलास मंगा के चाय भेजेगा। तनी हड़का के आते हैं, हुजूर।'

मुंशी जी को वाकई चाय की तलब परेशान किए हुए थी, या घर जाने की बेचैनी, चंद्रा यह तो नहीं समझ पाया लेकिन उनकी यह हरकत उसे मजेदार लग रही थी। लिहाजा, उसने मुंशी जी को टोका नहीं। उलटे मुंशी जी के बाहर निकलने के साथ ही वह भी हाजत की ओर बढ़ गया।

पीली-बीमार रोशनी में हाजत हमेशा की तरह मनहूस दिख रही थी। सलाखों के पीछे बैठा शख्स दीवार की फर्श से पीठ टिकाए अभी भी छत को ही घूरे जा रहा था। थोड़ा करीब जाने पर उस शख्स की सूरत पर भी मनहूसियत तारी दिखी। बढ़ी हुई दाढ़ी, बिखरे बाल और मुचड़े कपड़े उसकी मनहूसियत की तस्दीक कर रहे थे। औचक देखो तो उसका चेहरा भी बहुत साफ-साफ नजर नहीं आ रहा था।

इससे पहले कि मनहूसियत की गिरफ्त कसे चंद्रा ने पुलिसिया रौब गालिब करने के लिहाज से घुड़की दी, 'क्या नाम है, रे तेरा?'

हाजती जैसे अपनी बेखयाली से बाहर आया हो। छत से फिसलती उसकी आंखें चंद्रा के चेहरे पर आकर टिक गईं।

चंद्रा उसके जवाब की प्रतीक्षा में व्यग्र-सा दिखा। लेकिन जवाब उसने फिर भी नहीं दिया। चंद्रा का धीरज जवाब दे गया। वह एकदम से आक्रामक हो आया, 'क्यों बे, अपने-आपको बड़ा अफलातून समझता है क्या? हाजत में पड़े-पड़े रात भर में सारी हेकड़ी निकल जाएगी।'

हाजती पर चंद्रा के इस रौब का भी जैसे कोई असर ही न हुआ हो। वह चंद्रा को यथावत ताके जा रहा था। उसकी यह ढिठाई चंद्रा को बेहद नागवार गुजरी। उसने एक भद्दी-सी गाली उसकी ओर उछालने के लिए मुंह खोला ही था, कि ऐन इसी वक्त मुंशी जी चाय की दो गिलासें लिये नमूदार हो गए। एक गिलास चंद्रा की ओर बढ़ाते हुए उन्होंने चंद्रा को टोका, 'हुजूर, काहे मुंह लगाते हैं, ई सबसे? छोड़िए, पता नहीं किस नेता-अफसर से कनेक्शन हो इसका। जुग-जमाना ठीक नहीं। नौकरी करना है तो आगा-पीछा सब देखना पड़ता है।'

चंद्रा कसमसाकर रह गया। मुंशी जी अनुभवी थे। उसके खैरख्वाह भी। लिहाजा वह बगैर हील-हुज्जत किए, चाय का गिलास मुट्ठियों में भींचता ड्यूटी रूम में लौट आया। मुंशी जी भी चाय सुड़कते हुए उसके पीछे-पीछे चले आए। चंद्रा के कुर्सी पर बैठते न बैठते वह बोल पड़े, 'हुजूर, अब आप आ गए हैं, तो फिर मैं चलूंगा। थाना अब आपके हवाले है।'

'वायरलेस बाबू कहां हैं, मुंशी जी? कहीं नजर नहीं आ रहे?' वायरलेस रूम में किसी की सुग-बुग न पाकर चंद्रा ने सहज जिज्ञासा प्रकट की।

'सीडी सिंह को तो जानबे करते हैं, हुजूर। होंगे कहीं नशा-पानी के जुगाड़ में।'

मुंशी जी अब कतई रुकने के मूड में नहीं थे। 'जयहिन्द' ठोंकने के साथ ही वह तीर की तरह ड्यूटी रूम से निकल भागे।

चाय खत्म हो चुकी थी। खाली गिलास टेबल पर रखकर, चंद्रा ने एक बार फिर हाजत की ओर नजर दौड़ाई। उसे साफ महसूस हुआ कि हाजती की आंखें अब भी उसी पर टिकी हुई हैं। चंद्रा को अजीब-सा लगा। थोड़ा असहज भी हुआ। इस बार हाजती को जान-बूझकर नजरअंदाज करने की गरज से वह स्टेशन डायरी का मुआयना करने लगा। डायरी में कुछ खास नहीं था। सरसरी तौर पर डायरी के पन्ने उलटते-पलटते हुए भी वह कनखियों से हाजती का जायजा लेने का मोह संवरण नहीं कर पा रहा था। उसने गौर किया कि हाजती मुतवातिर उसे ही देखे जा रहा है। एकबारगी जी में तो आया कि उठे और इस ढीठ हाजती की ऐसी-तैसी कर दे। इससे पहले कि वह ऐसा कुछ करने के लिए खुद को तैयार कर पाता, अप्रत्याशित तौर पर हाजती ने जोर की आवाज लगाई, 'चंद्रा साहेब, एक चाय मुझे भी मिलेगी क्या?'

चंद्रा को जैसे बिजली का तार छू गया हो। वह चिहुंका। हाजती उसका नाम कैसे जानता है? शायद, अभी मुंशी जी से बात के दौरान उसने सुना हो। लेकिन ...लेकिन उसकी आवाज में जैसी बेतकल्लुफी है, उससे तो लगता है, वह उससे जाती तौर पर वाकिफ हो। इस खयाल के आते ही चंद्रा की उत्सुकता बढ़ गई। वह बगैर एक पल भी गंवाए तपाक से उठा। आदतन, वर्दी की कमीज दुरुस्त करते हुए हाजत की ओर लपका और सीधे हाजत की जालियों वाले गेट के पास आकर हाजती को यूं घूरने लगा, मानो हाजती की इस गुस्ताखी के लिए वह उसे खड़े-खड़े भस्म कर देगा। लेकिन यह क्या? हाजती तो अभी भी उसके रौब में आने के बजाय उसे देखता हुआ मुतवातिर मुस्कराए जा रहा था। चंद्रा इस बार हाजती की मुस्कराहट को नजरअंदाज नहीं कर पाया। देह में एक झुरझुरी-सी उठी और सहसा महसूस हुआ कि यह मुस्कराहट तो कहीं देखी है। कब? कहां?

चंद्रा को तत्काल कुछ याद नहीं आया।

'वक्त के साथ बहुत कुछ बदल जाता है, चंद्रा साहब!' हाजती के होंठों की मुस्कराहट संजीदगी में तब्दील हो गई थी, 'चेहरा, चरित्र, शख्सियत, शिनाख्त क्या कुछ नहीं बदल जाता?'

यह आवाज तो वाकई जानी-पहचानी-सी है। आवाज को अंदाज से पकड़ने की कोशिश करते चंद्रा ने इस बार हाजती के चेहरे को गौर से पढ़ने की कोशिश की। बढ़ी दाढ़ी, बिखरे बाल, चेहरे पर थकान की पस्ती, आंखों में पसरा निचाट बियाबान और लिबास की बेतरतीबी के बीच शिनाख्त का कोई सुराग नजर नहीं आ रहा था। आखिरकार, अपनी लाचारी के आगे चंद्रा ने हथियार डाल दिए। जिज्ञासा के आतंक को काबू करते पूछ बैठा, 'तुम...तुम... मुझे जानते हो?'

'जानते तो आप भी हैं मुझे। ये अलग बात है कि पहचान नहीं पा रहे।' हाजती ने सीधे जवाब देने के बजाय, रहस्य कुछ ज्यादा ही गहरा कर दिया था।

'हां, वाकई मैं तुम्हें नहीं पहचान पा रहा।' चंद्रा की आवाज में उत्सुकता और बेबसी का मिला-जुला भाव शामिल था, 'कौन हो तुम?'

'भोला।' हाजती ने बिना किसी लाग-लपेट के अपने नाम पर जोर देते हुए दुहराया, 'भोलानाथ।'

कोई विस्फोट-सा हुआ और चंद्रा का पूरा का पूरा वजूद लरजकर रह गया। एकाएक, स्मृतियों के सारे तार झनझना उठे। आंखों पर विश्वास ही नहीं हुआ कि हाजत में बंद शख्स भोला है।

फटी-फटी आंखों से हाजती को देख रहे चंद्रा के लिए यकीन करना मुहाल हुआ जा रहा था कि यह वही भोला है, जिससे वह अपनी सांसों की तरह वाकिफ है, कि जो उसके भीतर ठहरे हुए वक्त की तरह पैवस्त है! अपने देखे भोला और इस भोला में जमीन-आसमान का इतना फर्क? वह तो जिस भोला को जानता है, वह निहायत खूबसूरत नौजवान हुआ करता था। कसरती बदन, चमकती आंखें, दमकता चेहरा, क्लीन शेव्ड दाढ़ी, तरतीब से संवारे बाल। और बात-बात पर ठहाके लगा पड़ने वाला बिंदास दोस्त! और...और यह भोला किस कदर बुझा-बुझा, बेनूर, बुत-सा लग रहा है! शरीर बुरी तरह फैला हुआ। आंखें अंदर को धंसी, जिसमें रोशनी कम स्याही ज्यादा हो। बेतरतीब बाल-दाढ़ी के पीछे छुपा एक कांतिहीन चेहरा।

अंदर तक बुरी तरह बेयकीन चंद्रा की आवाज सीली-सीली-सी हो आई। बड़ी मुश्किल से पूछ पाया, 'भोला, यह क्या हाल बना रखा है तुमने?'

'शुक्र है! आपने पहचाना तो सही!' भोला ने खिलंदडे अंदाज में चुटकी-सी ली। लेकिन संबोधन में सम्मान की औपचारिकता भी बरकरार थी।

चंद्रा को भीतर तक कुछ चुभा। दोनों के बीच जो फासला था, उसे किसी सिमेंट से पाटना मुमकिन तो नहीं था। लेकिन इस वक्त थाने की हाजत में, एक अपराधी की तरह भोला को देखना किसी दुःस्वप्न की तरह था। इस दुःस्वप्न का सच उसकी आंखों के सामने था और इतना भयावह था कि उसे खुद को भरोसा दिलाने के लिए खुद से लड़ना पड़ रहा था कि भोला किसी रैकेट का सदस्य है और पुलिस छापेमारी में पकड़ा गया है। बतौर अपराधी कल सुबह ही उसका चालान हो जाएगा। यानी वह एक मुजरिम है। एक ऐसा मुजरिम जिसकी आखिरी जगह जेल थी।

भोला के बारे में इस तरह सोचना बेहद यातनादायी था। वह शख्स जो आज हाजत के अंदर है, वह तो कभी खुद पुलिस वर्दी में हाजत के इस पार होना चाहता था। वह शख्स, जो अपनी हिम्मत और दिलेरी के चलते कभी भी किसी

से भी भिड़ जाने में हिचकता नहीं था, वह कब, कैसे खुद से हार गया? चंद्रा की हिम्मत नहीं हुई कि वह भोला से सीधे आंख मिला पाए। बड़ी मुश्किल से खुद को संयत कर पाया। खुद में साहस बटोरता बड़ी कठिनाई से पूछ पाया, 'सुना है, तुम किसी रैकेट के सदस्य हो?'

'ये पुलिसिया इंटरोगेशन तो नहीं?' भोला मुस्कराया।

'यकीन मानो, मैं कुछ नहीं जानता। आज ही छुट्टी से लौटा हूं।' चंद्रा ने सफाई-सी दी।

'कहां, गांव गए थे?' भोला के स्वर में गजब की स्निग्धता आ गई थी। उसकी आंखों में पहली बार चमकती कौंध साफ नुमाया थी, 'मां-बाबू जी कैसे हैं?'

'बाबू जी तो सालभर पहले ही गुजर गए, भोला। मां है। अक्सर बीमार रहती है। उसी को देखने गया था।' चंद्रा भी आत्मीयता की अंतरंग रौ में डूब-डूब होने लगा था, 'और तुम्हारे बाबू जी कैसे हैं, भोला?'

'वो भी बस अब-तब में ही हैं।' भोला की आवाज थोड़ी मद्धिम हो आई थी, कुछ-कुछ मायूसी में डूबी-सी, 'लकवा मार गया है। एकदम बिस्तर पकड़ लिए हैं।'

'अरे! वो तो अच्छे-खासे, हट्टे-कट्टे थे। फिर लकवा कैसे मार गया?' उसकी आंखों में भोला के बाबू जी की भरी-पूरी देह-धजा साकार हो आई।

'चंद्रा बाबू, हालात जो न करा दे, वह कम। बस, यही समझ में आया कि बाबू जी सदमा नहीं झेल पाए और लकवे की चपेट में आ गए।' भोला के स्वर में कोई गहरा अफसोस पैवस्त था।

'सदमा?' चंद्रा चिहुंका, 'ऐसा क्या हुआ, भोला, जो बाबू जी सदमा नहीं झेल पाए?'

'गरीबी... लाचारी... हताशा, चंद्रा बाबू।' टांगें फैलाते भोला ने ठंडी आह भरी, 'शायद मेरी नाकामी ने उन्हें तोड़ दिया था।'

चंद्रा सिहर गया। एक बेचैन खामोशी ने घेर लिया उसे।

वर्दी के अंदर ऐंठी देह शिथिल पड़ने लगी। भोला का सामना कर पाने का साहस नहीं हो पा रहा था, लिहाजा आंखें चुराते हुए पूछा, 'कुछ खाया-पिया कि नहीं?'

'नहीं। आज मेरा मंगल का व्रत है।'

'अरे हां! तुम तो हनुमान जी के भक्त ठहरे!' चंद्रा को जैसे बेसाख्ता याद आया और उसी रौ में चुहल कर बैठा, 'मतलब ब्रह्मचर्य बरकरार है?'

'नहीं भई, ब्रह्मचर्य तो कब का टूट गया।' भोला का खिलंदड़ापन फिर लौट आया था, 'अब तो बाल-बच्चे वाला हूं।

'अरे वाह!' चंद्रा की आंखें चमकीं। उसने उलाहने के स्वर में छेड़ा, 'लेकिन यार, तुमने अपनी शादी तक की कोई खबर नहीं दी।'

'सब आनन-फानन हुआ।' इस प्रसंग को टालने की गरज से भोला ने बात बदल दी, 'और... अपनी सुनाओ?'

'अपनी शादी तो यार, नौकरी लगने के तुरंत बाद ही हो गई थी।' चंद्रा थोड़ा सकुचाया, 'तुम्हारा तो उन दिनों कुछ अता-पता ही नहीं चल पा रहा था।'

बिना किसी शिकायत के भोला ने सहज उत्सुकतावश पूछा, 'कितने बच्चे हैं? फैमली कहां है?'

'एक बच्चा है। फैमली गांव में ही है। मां की वजह से साथ रख पाना संभव नहीं होता।' चंद्रा भी सहज हो आया था।

'हां, ये बात तो है!' भोला ने सहमति जताई, 'मां की देख-भाल भी तो जरूरी है।'

अचानक कोई आहट-सी हुई। चंद्रा सतर्क हो पलटा। सामने से वायरलेस बाबू सीडी सिंह आते हुए दिखे। उनकी चढ़ी हुई आंखें, उनके चढ़ाकर आने की चुगली खा रही थीं। मुंह में गिलौरी पान भरा था। मतलब सीडी सिंह पूरी उड़ान पर थे। चंद्रा से आंखें मिलते ही सीडी सिंह ने दाहिना हाथ माथे पर ले जाते हुए 'जयहिन्द' के साथ एक जोरदार अभिवादन ठोंका। लेकिन पान की पीक और नशे की मिली-जुली हालत में सब कुछ लड़खड़ा गया। चंद्रा ने लपककर सीडी सिंह को थामा और उन्हें लिये-दिए वायरलेस रूम की ओर चल पड़ा। इस बीच सीडी सिंह उसकी गिरफ्त से छूटने का उपक्रम करते हुए बड़बड़ाते रहे, 'आई एम फाइन, सर! आई एम ओके, सर!'

'ठीक है। ठीक है।' सीडी सिंह को उनकी कुर्सी पर बैठाने के साथ ही चंद्रा ने उनका कंधा थपथपाकर आश्वस्त किया, 'आप आराम से बैठिए। मैं सब संभाल लूंगा।'

'थैंक्यू, सर।' आंखें झपकाते सीडी सिंह ने सैल्यूट के अंदाज में दहिना हाथ माथे से लगाया, 'बट आइ एम ऑलराइट, सर।'

चंद्रा सीडी सिंह की हालत पर तरस खाता वायरलेस रूम से बाहर निकल आया। दिन-भर के सफर की थकान। थाने में भोला से सामना और अब सीडी सिंह को झेलने की खीझ से मन बुरी तरह विचलित हो आया था। इस आजिजी में ही बेसाख्ता खुद को लानतें भेजीं, 'स्साला, मैं भी किस नौकरी में आ फंसा!'

यह पहली बार नहीं था, जब चंद्रा ने खुद को कोसा था। सात साल की इस नौकरी में अब तक एडजस्ट न कर पाने के कारण, अक्सर उसके भीतर खीझ पैदा होती और वह खुद को लानतें भेजने लगता। कई बार तो इच्छा होती कि इस नामुराद नौकरी को ठोकर मारकर चल दे। लेकिन सोचना जितना आसान

था, अमल कहीं ज्यादा कठिन। आखिर इसी नौकरी को हासिल करने के लिए कितने पापड़ बेलने पड़े थे। क्या-क्या नहीं झेलना पड़ा था। यहीं आकर सारी हेकड़ी हवा हो जाती।

इस वक्त भी वह बेचारगी के इसी आलम में ऊभ-चूभ हो रहा था। थका-हारा ड्यूटीरूम में आया और एक कुर्सी पर धम्म से पसर गया। मरियल बल्ब की रोशनी में रूम निहायत बियाबान और धूसर नजर आ रहा था। चंद्रा को लगा, ड्यूटीरूम की उदासी उसके दिल-दिमाग पर तारी हो रही है। उसने घबराकर आंखें मूंद लीं। आंखें मूंदते ही क्षण-भर को जैसे सब कुछ अंधेरे में डूब गया। लेकिन अगले ही क्षण आंखों में भोला का चेहरा तिर आया। लगा, जैसे भोला उससे कुछ तलब कर रहा है। इसके साथ ही उसके भीतर एक हूक-सी उठी और आत्मा तक उतर आई बेचैनी ने उसे झिंझोड़कर रख दिया। वह उसी बेखुदी में उठा और दबे पांव ड्यूटीरूम के दरवाजे तक पहुंचकर ठिठक गया। पलटकर उस कुर्सी को निहारा, जिस पर वह अभी-अभी पसरा हुआ था। उसे महसूस हुआ जैसे उसका वर्दी वाला जिस्म वहीं कुर्सी पर अब भी पसरा हुआ है और वर्दी के बाहर यह उसकी निरावृत्त रूह खड़ी है। वह तिलिस्माती अंदाज में खुद पर मुस्कराया और की-बोर्ड पर टंगी चाभी उतारकर हाजत की ओर बढ़ गया।

भोला अभी भी हाजत की दीवार से पीठ टिकाए बैठा था। अलबत्ता उसकी गर्दन फर्श की ओर झुकी थी। शायद उसे नींद आ रही थी। चंद्रा ठिठक गया। मुट्ठी में चाभी का खुरदुरापन महसूस करता, जी में आया कि उलटे पांव लौट जाए। लेकिन उसी वक्त भोला ने गर्दन उठाई और उसे सामने खड़ा देख पलकें झपकाते हुए सफाई-सी दी, 'पता ही नहीं चला, कब आंख लग गई।'

'यहां, इस हाजत में सो पाओगे, भोला?' चंद्रा के स्वर में दोस्ताना सहानुभूति थी।

'नींद तो आने से रही।' भोला मुस्कराया, 'बस रात ही तो काटनी है।'

भोला का यूं मुस्कराना चंद्रा को भीतर तक बेध गया। ऐसी बेनूर मुस्कराहट पहली बार देख रहा था वह। भारी मन से हाजत का ताला खोलते हुए आग्रह-सा किया, 'आओ, ड्यूटीरूम में बैठते हैं।'

'चंद्रा बाबू, आप भूल रहे हैं, मैं एक अपराधी हूं।' भोला ने चेताया, 'यह ठीक नहीं होगा।'

'मैं जानता हूं तुम भागोगे नहीं।' इस बार चंद्रा ने खुलकर छेड़ा, 'आओ, वहीं बैठते हैं।'

हाजत का ताला खोलने और गेट ठेलकर अंदर करने की उसकी बेफिक्री को भोला चुपचाप देखता रहा। फिर अनमने भाव से उठा और भारी कदमों से चंद्रा के साथ हो लिया। ड्यूटीरूम में मरियल बल्ब की पीलिया रोशनी औंधे

पसरी पड़ी थी। एक कुर्सी की ओर इशारा कर चंद्रा ने भोला को बैठने के लिए कहा, तो वह क्षण-भर को झिझका। फिर थोड़े संकोच के साथ बैठ गया। दोनों के बीच टेबल भर का फर्क था। चंद्रा टेबल पर दोनों कुहनियां टिकाते हुए भोला से आत्मीय स्वर में मुखातिब हुआ, 'भोला, यह किस चक्कर में फंस गए, तुम?'

'सब किस्मत का चक्कर है, चंद्रा बाबू।' भोला ने ठंडी आह भरी। वह भोला के चेहरे को यूं पढ़ने लगा जैसे उस पर कोई नामालूम-सी इबारत लिखी हो। भोला उसे अपनी ओर इस तरह एकटक देखता पाकर कसमसाया, ' क्या देख रहे हैं, चंद्रा बाबू? समथिंग इज रांग?'

'न...न...नहीं भोला।' चंद्रा हड़बड़ा गया। तत्काल समझ में नहीं आया, क्या जवाब दे, लिहाजा बगैर कुछ सोचे बोल गया, 'खुद को यकीन दिला रहा था कि तुम वाकई मेरे सामने हो।'

भोला मुस्कराया। इस मुस्कराहट में गहरी अंतरंगता थी, 'लगता है, शायरी का शौक अब तक बरकरार है?'

'शायरी! और इस नौकरी में?' चंद्रा के स्वर में तल्खी चस्पां हो आई थी, 'वो तो कब की हवा हो गई। अब तो बस गाली-गलौज...जांच-पड़ताल... आईपीसी...।'

'लगता है नौकरी रास नहीं आ रही?' तपाक से भोला ने बात लपक ली।

'याद है, इसी नौकरी के लिए हम कितने लालायित थे?' चंद्रा के भीतर एक टीस-सी उभरी।

'किस कदर रात-दिन एक कर दी थी, न हमने?' भोला ने भी यादों का सिरा थाम लिया था, 'लंबी दौड़...ऊंची कूद...ऊठक-बैठक...बाप रे बाप...शाम होते-होते तो लगता था कि देह टूट गई है...लेकिन दूसरे दिन फिर पता नहीं कैसे हिम्मत जुट जाती थी, नहीं?'

'क्या गजब जुनून था? होस्टल के सारे लड़के हम दोनों की तैयारी देखकर जलने लगे थे। भोला, याद है वो मंटू तिवारी? स्साला, क्या व्यंग्य छोड़ता था, भोला-चंद्रा की नाल तो एके जगह गड़ी है।' चंद्रा की आंखों में अतीत करवट लेने लगा था।

'हां, और वो बबलू ठाकुर? याद है उसकी, ससुरा कितना डिस्टर्ब करता था? इधर हमलोग रात-भर थ्योरी की तैयारी करते थे और वो रूम के बाहर खड़ा होकर बिरहा गाने लगता था। मैं गुस्से से उसे मारने उठता, तो तुम मुझे जबरन रोक लेते थे। तुम रोकते नहीं तो स्साले का थोबड़ा बिगाड़ के रख देता।' भोला का स्वर उत्तेजित हो आया था, गोया वह अतीत के उसी दृश्य में खड़ा हो।

'स्साला ठाकुर तो यही चाहता ही था कि हम लोग किसी तरह डिस्टर्ब हों। लेकिन तुम...तुम्हारी समझ में भी कहां आता था? जब देखो तब, भिड़ने पर उतारू

रहते थे।' चंद्रा ने शिकायती लहजे में भोला को टोका, 'मैं नहीं रोकता तो तुम न जाने कितनों की खोपड़ी तोड़ चुके होते। मुझे तो आश्चर्य होता था कि तुम्हारे अंदर इतना गुस्सा काहे भरा है?'

'मुझसे अनेत बर्दाश्त नहीं होता था।' भोला ने चंद्रा को याद दिलाया, 'देखा नहीं था, छाती नाप में तुम्हारा आधा इंच कम लिखने वाले से मैं कैसे भिड़ गया था?'

चंद्रा की आंखों में वह दृश्य कौंध गया। वह एकदम से हिल गया, 'हां, भोला। उस दिन तुम नहीं लड़े होते तो मैं तो फिजिकल में ही छंट जाता।'

'चलो, तुम तो नहीं छंटे। स्साला मैं ही छंट गया।' भोला ने जैसे खुद पर तंज-सा कसा, 'सब किस्मत का खेल है।'

'तुम भी कहां छंटे थे भोला? वो तो बस...।' चंद्रा से अपनी ही बात पता नहीं क्यों पूरी नहीं की जा सकी। वह एकबारगी चुप लगा गया।

'एक ही बात है।' संक्षिप्त-सा उत्तर देकर भोला ने सायास अपनी आंखें छत पर टिका दीं।

इससे पहले कि बात का सिरा छूट जाए, चंद्रा ने व्यग्रता से भोला को टोका, 'आखिर ऐसा क्या हुआ भोला, जो तुम गांव गए तो फिर दुबारा लौटकर नहीं आए? कोई खबर तक नहीं दी?'

भोला की आंखें यथावत छत पर टिकी थीं। पता नहीं, उसने चंद्रा की बात पर ध्यान दिया या नहीं, क्योंकि वह अभी भी गहरी चुप्पी में था। उसे यूं चुप देख, चंद्रा ने पहलू बदला। एक इच्छा हुई कि वह अपनी बात फिर दुहराए। लेकिन फिर यह सोचकर कि शायद उसकी बात भोला को नागवार गुजरी है, उसने प्रसंग बदल देने की सोची। लिहाजा यूं ही पूछ बैठा, 'तुम बता रहे थे कि बाबू जी को लकवा मार गया था? कब हुआ ये सब?'

'उसी समय जब मैं गांव गया था।' कमरे के सन्नाटे में भोला की गूंजती आवाज जैसे कहीं दूर-दराज से आती जान पड़ी। भोला कहीं वाकई अपने अतीत में जा चुका था, 'मेरे ए.एस.आई. की नौकरी में सेलेक्ट होने से बाबू जी बहुत खुश थे। उनका बहुत बड़ा सपना पूरा हो गया था। सारे गांव में उनकी गर्दन ऊंची हो गई थी। वह अपने भाग्य पर इतरा रहे थे। बहन की शादी, गिरवी रखा खेत...सिर पर चढ़ा कर्ज...सब कुछ निबटा लेने की हिम्मत बंध गई थी उनकी। ऐसे में मेरी हिम्मत नहीं हुई कि मैं उन्हे वो सच्चाई बताऊं, जिसे लेकर मैं उनके पास गया था। लेकिन कब तक छुपाता? आखिर एक न एक दिन तो बताना ही था।'

अचानक भोला की सांसें तेज चलने लगी थीं। अपनी सांसों पर काबू पाने की गरज से वह क्षण-भर को रुका। चंद्रा ने देखा, भोला की आंखें उसके चेहरे

पर आ टिकी हैं। इस बार उसने भोला की आंखों में सीधा झांका। वहां दर्द का एक कातर कतरा अंटका पड़ा था। इस आलम में भी भोला मुस्कराया। चकित चंद्रा उसकी ताब सह नहीं पाया। उसने अपनी आंखें चुराने की कोशिश की।

भोला ने एक लंबी सांस खींचते हुए अपनी बात जारी रखी, 'मैंने बहन को बताया कि एक लाख रुपए लगेंगे। फाइनली नौकरी उसी को मिलेगी जो एक लाख देगा। बहन को कुछ समझ में नहीं आया। वह यह जानकर हैरान थी कि सारी परीक्षा, इंटरव्यू पास करके भी नौकरी क्यों नहीं मिल सकती? मैं उसे समझाता भी तो क्या? उसने सारी बात बाबू जी को बता दी। बाबू जी को तो जैसे काठ ही मार गया। वह बड़ी देर तक गुमसुम पड़े रहे। मैं समझ नहीं पाया, बाबू जी से कैसे बात करूं? उनका सामना कर पाने की हिम्मत ही नहीं हो रही थी। मैं चुपचाप घर से बाहर निकल गया। देर रात तक इधर-उधर भटकता रहा। जब लौटा तो बाबू जी मुझे देखते ही फफक पड़े। बाबू जी की हालत देखकर मेरा कलेजा फट गया। अचानक उनके मुंह से 'गों-गों' की आवाज निकलनी शुरू हो गई। आनन-फानन उन्हें अस्पताल लेकर भागा। डॉक्टर ने जांच-पड़ताल के बाद बताया कि हाई बीपी के चलते ब्लड माथे में जम जाने से उन्हें लकवा मार गया है।'

'ओह, यह तो बहुत बुरा हुआ।' चंद्रा गहरे अफसोस से भरा, एकदम सन्न रह गया। उसके चेहरे पर पीड़ा के भाव उभर आए।

भोला ने भी चुप्पी खींच ली थी। शायद उसके भीतर भी पीड़ा पछाड़ खा रही थी। ऐसे में चंद्रा की हिम्मत नहीं हुई कि वह दुबारा भोला को टोके। यह चुप्पी सायास दोनों के बीच बड़ी देर तक बनी रही।

आखिरकार इस चुप्पी को भोला ने स्वयं तोड़ा, 'काफी रात हो गई है। मैं चलता हूं। आप भी आराम करो।'

'पुलिस की ड्यूटी में आराम कहां, भोला?' चंद्रा को भी इस चुप्पी से उबरने की राह मिल गई। उसने घड़ी पर नजर डालते हुए कहा, 'चार बज रहे हैं। अब तो सुबह क्वार्टर में जाकर ही सो पाऊंगा।'

'अरे चार बज गए?' भोला चिहुंका। खुद को यकीन दिलाने के लिए अपनी कलाई घड़ी पर नजर डाली। फिर एक झटके से उठ खड़ा हुआ, 'अब चलूं।'

चंद्रा ने मायूसी से भोला को निहारा। फिर वह भी उठा और हाजत की चाभी लेकर भोला के साथ हो लिया।

ड्यूटी रूम से हाजत की दूरी महज कुछ कदमों की थी, लेकिन यह फासला तय करना भी कठिन हुआ जा रहा था। चंद्रा के पांव अनायास ठिठक गए। वायरलेस रूम के अंदर सूं-सूं की आवाज जारी थी। सीडी सिंह की गर्दन कुर्सी पर लुढ़की नजर आ रही थी।

भोला हाजत के गेट पर खड़ा था। वह लपककर उसके पास पहुंचा।

'जानना चाह रहे थे न कि मैं गया तो फिर क्यों नहीं लौटा?'

भोला भी छूट गई कड़ी खुद ही जोड़ते हुए बोला, 'एक लाख का इंतजाम तो न होना था, न हुआ। हां, बाबू जी के इलाज के लिए जब पटना आया तो अचानक उस दलाल से भेंट हो गई, जिसने एक लाख का इंतजाम करने को कहा था। उसी ने बताया कि तुम्हारी नौकरी हो गई है।' अपनी ही रौ में भोला बोलता चला गया, 'उसी दलाल ने मुझे भी सांत्वना दी कि मिलते रहो। शायद, आगे मैं तुम्हारे किसी काम आ सकूं।'

'और तुम उसके रैकेट में शामिल हो गए?' चंद्रा ने आह भरी।

'इस रैकेट में खाकी, खादी सब शामिल हैं।' भोला ने दो टूक जवाब दिया।

चंद्रा से आगे कुछ भी नहीं कहा गया। हाजत का ताला लगाते हुए हालांकि उसके हाथ थरथरा रहे थे और चाभी तक घुमाना भी मुहाल हुआ जा रहा था। उसने जैसे-तैसे ताला बंद किया और भोला की ओर मुड़कर देखे बगैर ही, ड्यूटीरूम की राह पकड़ ली।

चाभी 'की-बोर्ड' पर टांगकर मुड़ा कि ऐन दरवाजे पर संतरी निहोरा सिंह को देखकर सकपका गया। इससे पहले कि निहोरा सिंह अंदाज लगा पाता, उसने तपाक से पूछा, 'क्या बात है, निहोरा? सब खैरियत तो है?'

'हुजूर, कुछ खटका-सा लगा, इसीलिए दौड़े कि देखें क्या बात है?' निहोरा सिंह अपनी गर्दन इधर-उधर घुमाते हुए जायजा लेने के अंदाज में बोले।

'अरे भाई, यहां सब ठीक है।' पुलिसिया चतुराई के बावजूद चंद्रा अनायास सफाई दे बैठा, 'बस, जरा हाजत का ताला चेक कर रहा था।'

निहोरा सिंह ने आश्वस्ति में सिर हिलाया और कंधे पर टंगी राइफल संभालते हुए उलटे पांव लौट गए।

निहोरा सिंह के जाते कदमों की आहट जब तक सुनाई पड़ती रही, चंद्रा यूं ही ठिठका रहा। और जब सन्नाटा सघन हुआ हुआ तो यकाएक चन्द्रा को यह वक्त बेहद भारी लगने लगा। इस विषाद से उबरने के लिए वह ड्यूटीरूम के बाहर निकला और बरामदे में आकर खड़ा हो गया।

मन पर तारी अवसाद छंटता-सा लगा। एक लंबी सांस खींचते हुए उसने ढेर सारी हवा खींची और पूरी देह को ऐसा झटका दिया कि एक-एक नस तड़तड़ा उठी। देह सीधी कर मेन गेट पर ड्यूटी दे रहे निहोरा सिंह की पोजिशन जानने की उत्सुकता में उसकी आंखें एक परछाईं पर जा टिकीं। गेट के पार कोई था, जिससे निहोरा सिंह बतियाने में मशगूल थे।

सहसा, कई खयाल एक साथ उठे– इस वक्त कौन हो सकता है? गश्त से लौटा कोई सिपाही या यूं ही ठिठक गया कोई राहगीर?

टोह लेने की गरज से चंद्रा लंबे डग भरता मेन गेट की ओर बढ़ा। उसे करीब आते देख निहोरा सिंह सिटपिटा गए। इसके उलट निहोरा सिंह के पास खड़े व्यक्ति पर कोई असर नहीं हुआ। वह निहायत बेफिक्र चंद्रा को देखे जा रहा था। चंद्रा को उस शख्स की यह ढिठाई नागवार गुजरी। उसने बेहद तल्ख लहजे में उस शख्स से दरयाफ्त किया, 'क्या है जी? काहे यहां चक्कर काट रहे हो?'

दरम्याने कद का वह शख्स, बगैर हिचके, दो कदम आगे बढ़ा और चंद्रा के ऐन सामने आकर खड़ा हो गया। धुंधली रोशनी में उसका चेहरा बहुत साफ नजर नहीं आ रहा था। लेकिन चंद्रा ने महसूस किया कि उस शख्स पर न वर्दी का खौफ है, न उसके सख्त लहजे का रौब।

वह शख्स वाकई बेखौफ था। उसके जवाब में एक बेलाग लापरवाही थी, 'वह क्या है, सर, कि अपना एक आदमी पकड़ाया है। उसी से मिलने आए हैं।'

चंद्रा को मानो अपने कानों पर यकीन ही नहीं आया। अचकचाया वह उस शख्स को किसी अजूबे की तरह घूरने लगा। तो यह भोला से मिलना चाहता है? कौन है यह? क्यों मिलना चाहता है भोला से? क्या लगता है भोला का? सवालों के झंझावातों के बीच चंद्रा की आंखें उस शख्स के चेहरे पर अटक गईं। उसे गौर से देखते हुए, चंद्रा की स्मृति के तार झनझनाए।

यह तो वही दलाल है। खुद अपनी नौकरी के लिए उसने इसी को एक लाख रुपए दिए थे। चंद्रा को अपने पांव तले की जमीन खिसकती जान पड़ी। इससे पहले कि वह शख्स उसे पहचान पाए और वह उसके सामने बेपर्द हो जाए, वह झटके से मुड़ते हुए बोला, 'सवेरे उसका चालान हो जाएगा। जेल में जा के मिलना।'

चंद्रा को अपनी ही आवाज अजनबी-सी लगी। उस शख्स के प्रति न घृणा व्यक्त कर पाया, न रोष। यह अजीब बेबसी का वक्त था। वह अपने भीतर उठते हाहाकार के साथ तेज कदमों से ड्यूटी रूम की तरफ भाग छूटा। बरामदे में पहुंचते न पहुंचते उसकी नजर हाजत पर जा लगी। भोला वैसे ही दीवार के सहारे बैठा था। लेकिन अभी उसकी गर्दन एक ओर झुकी हुई थी। शायद उसकी आंख लग गई थी।

चंद्रा के सीने में हूक उठी। उसे लगा, वह भीतर ही भीतर बिखर रहा है। लेकिन क्यों? भोला अपराधी है और वह पुलिस वाला यह नियति किसने तय की? जवाब उसके पास नहीं था। अगर कुछ था तो बस भोला के प्रति सहानुभूति और स्वयं के प्रति गहरा अपराधबोध।

इस मन:स्थिति में डूबता-उतराता वह सीधे वायरलेस रूम में घुसा और सीडी सिंह को झकझोरने लगा। सीडी सिंह उसे सामने देखकर कुनमुनाये और उसी हालत में कुर्सी से उठने का उपक्रम करने लगे।

उसने उन्हें बैठे रहने का संकेत करते हुए कहा, 'बहुत थक गया हूं। डेरा जा रहा हूं। पीछे आप संभाल लीजिएगा।'

सीडी सिंह काफी हद तक नशे से बाहर आ चुके थे। उन्होंने पूरी मुस्तैदी से चंद्रा को आश्वस्त किया, 'जाइए न सर, हम हैं। जो होगा देख लेंगे।'

बगैर एक पल की देरी किए चंद्रा उल्टे पांव क्वार्टर लौट पड़ा। लेकिन क्वार्टर के एकांत में भोला भी उसके साथ चला आया। उसका चेहरा, उसके हालात और उससे मिलने आया दलाल, सबके सब उसके दिल-दिमाग में उथल-पुथल मचाने लगे थे। आंखें बंद कर सोने की तमाम कोशिश नाकाम हो गई। बार-बार करवट बदलने के बावजूद उसे किसी कल चैन नहीं पड़ रहा था। घंटों मशक्कत के बाद आखिरकार आजिज आकर उठा और कुर्ता-पायजामा में ही निकल पड़ा।

थाने में चहल-पहल बढ़ गई थी। गश्त से लौटी जिप्सियां सुस्ता रही थीं। फरियादियों की आमद-रफ्त शुरू हो गई थी। कुछ सिपाही फरियादियों से सौदा तय करने में मशगूल थे। इंस्पेक्टर इंचार्ज की जीप नजर नहीं आ रही थी, मतलब वह थाने में मौजूद नहीं था।

चंद्रा लपकता हुआ थाने के बरामदे में पहुंचा। सामने हाजत पर नजर डाली, तो वहां दीवार से पीठ टिकाए शख्स को देखकर जड़ हो गया। यह...यह...भोला नहीं था। तो...तो... क्या भोला का चालान हो गया? क्या वह जेल भेज दिया गया?

एकबारगी चंद्रा का दिल बैठ गया। चेहरा फक पड़ गया। देह की समूची ताकत निचुड़ती-सी जान पड़ी। वहां ठहरना कठिन हो गया। घसीटते पांव वह बरामदे की सीढ़ियां उतरने लगा।

अचानक पीछे से किसी ने टोका, 'चंद्रा बाब!'

यह मुंशी अकरम मियां थे। चंद्रा पलटा। अकरम मियां उसके पास आ चुके थे। उसे ऊपर से नीचे देखते हुए बोले, 'हुजूर खैरियत तो है? सुबह-सुबह आ गए, कोई खास बात?'

चंद्रा ने भरसक स्वयं को संभाला। मुस्कराने की जबरन कोशिश के बीच बात बनाने की कोशिश की, 'बस ऐसे ही। इंस्पेक्टर साहेब से भेंट नहीं हुई है। सोचा, चलो सलाम बजा दें।'

'अरे हुजूर, इंस्पेक्टर साहेब तो आए भी और गए भी।' अकरम मियां ने रहस्यमय मुस्की मारते अपनी दाईं आँख दबाई, 'सारी हेकड़ी हवा हो गई।'

'क्यों, क्या हुआ?' चंद्रा से रहा नहीं गया, सो बेसाख्ता पूछ बैठा।

'हुआ क्या हुजूर, वही रैकटवा वाला मामला था। इंस्पेक्टर साहेब भोरे-भोरे आए। उसको हाजत से बाहर निकाला और प्रेमपूर्वक विदा कर दिया।' अकरम मियां रस ले-लेकर कुछ इस अंदाज में बताने लगे गोया इंस्पेक्टर की हेकड़ी

की खिल्ली उड़ा रहे हों, 'फिर तुरंत मोबाइल से एसपी साहेब को खबर किए कि रैकेटवा को छोड़ दिया। हुजूर, उस वक्त इंस्पेक्टर साहेब का चेहरा देखते बन रहा था। साफ बुझा रहा था कि एसपी साहेब फोनवे पर भरपेट दे दिए हैं।'

चंद्रा अकरम मियां को भौंचक देखता रहा, यह शख्स किसकी खिल्ली उड़ा रहा है–इंस्पेक्टर की, एसपी की या उस सिस्टम की, जिसके बूते चलता है यह रैकेट?

'हुजूर, जाइए जाकर सोइए।' अकरम मियां ने तुर्श लहजे में अपनी बात पूरी की, 'इस हमाम में सबे नंगा है।'

वाकई चंद्रा की हिम्मत अकरम मियां से आंखें मिलाने की नहीं हुई। वह चुपचाप सीढ़ियां उतरा और भारी कदमों से अपने क्वार्टर की ओर चल पड़ा।

अचानक जैसे कोई सरगोशी-सी हुई, 'क्या सोच रहे हैं, चंद्रा साहेब?'

चंद्रा ठिठका। आस-पास, आगे-पीछे कोई नहीं था। फिर यह आवाज कहां से आई?

❑❑❑